舵手证券图书
www.zqbooks.com

知您领航财富人生

舵手俱乐部 www.duoshou108.com

外汇制胜之道

(美)艾德·蓬西 著
魏强斌 文 子 译

山西人民出版社

图书在版编目(CIP)数据

外汇制胜之道 /(美) 艾德·蓬西著; 魏强斌, 文子译.
—太原: 山西人民出版社, 2012.12
ISBN 978-7-203-07858-6

Ⅰ. ①外… Ⅱ. ①艾… ②魏… ③文… Ⅲ. ①外汇交易–基本知识 Ⅳ. ①F830.92

中国版本图书馆 CIP 数据核字(2012)第 179685 号

著作权合同登记号 图字:04-2012-016

外汇制胜之道

著　　者：(美) 艾德·蓬西
译　　者：魏强斌　文　子
责任编辑：武　静

出 版 者：山西出版传媒集团·山西人民出版社
地　　址：太原市建设南路 21 号
邮　　编：030012
发行营销：0351-4922220　　4955996　　4956039
　　　　　0351-4922127　(传真)　4956038　(邮购)
E－mail　：sxskcb@163.com　发行部
　　　　　sxskcb@126.com　总编室
网　　址：www.sxskcb.com

经 销 者：山西出版传媒集团·山西人民出版社
承 印 者：三河市航远印刷有限公司

开　　本：710mm×1000mm　1/16
印　　张：16.25
字　　数：200 千字
版　　次：2012 年 12 月第 1 版
印　　次：2012 年 12 月第 1 次印刷
书　　号：978-7-203-07858-6
定　　价：39.80 元

如有印装质量问题请与本社联系调换

谨以此书献给我的母亲,是她让我明白凡事皆有可能

也献给我的父亲,是他让我懂得辛勤工作的价值

目录

前言 ……………………………………………………………（1）
致谢 ……………………………………………………………（3）
作者简介 ………………………………………………………（4）

第一部分　世界上最活跃的交易市场

第1章　外汇入门 ……………………………………………（3）
　　从股票到外汇 ……………………………………………（4）
　　进入华尔街 ………………………………………………（4）
　　欢迎加入激烈的竞争行列 ………………………………（5）
　　足球和外汇 ………………………………………………（6）
　　股票市场令人头痛之事 …………………………………（6）
　　欢迎来到外汇交易世界 …………………………………（9）
　　一个新的开始 ……………………………………………（11）

第2章　外汇小百科 …………………………………………（13）
　　加拿大元与美元 …………………………………………（13）
　　欧元与美元 ………………………………………………（14）

交易术语 …………………………………………………（15）
　　理解汇率的简单方法 ……………………………………（26）

第3章　关于外汇的一些问题和答案 ………………………（27）
　　为什么大资金会选择交易外汇？ ………………………（27）
　　外汇交易为何突然如此受欢迎 …………………………（28）
　　交易者如何在外汇市场赚钱？ …………………………（28）
　　为什么外汇是以货币对的形式进行交易？ ……………（29）
　　我怎样才能一次交易两个货币？ ………………………（30）
　　为什么可以全天24小时交易？ …………………………（30）
　　交易日是怎样构成的？ …………………………………（31）
　　格林威治标准时间 ………………………………………（33）

第4章　技术面分析与外汇市场 ……………………………（34）
　　技术面分析背后的理论 …………………………………（34）
　　统计调查 …………………………………………………（35）
　　对未知的恐惧 ……………………………………………（35）
　　交易形态和技术指标 ……………………………………（36）
　　市场心理学 ………………………………………………（38）
　　超越技术分析 ……………………………………………（39）
　　趋势 ………………………………………………………（40）
　　均线组处于适当次序 ……………………………………（40）
　　菲波纳奇策略 ……………………………………………（42）

第5章　交易准备 ……………………………………………（44）
　　"多面手"交易员 …………………………………………（44）

积累经验 …………………………………………………………（45）
选择交易哪个货币对？ ……………………………………（46）
商品货币 ……………………………………………………（47）
不要限制自己 ………………………………………………（49）
交易和命运 …………………………………………………（50）
幸灾乐祸 ……………………………………………………（51）

第二部分　趋势市的交易策略

第6章　理解趋势和倾向 ……………………………………（55）
交易环境 ……………………………………………………（55）
保持客观的重要性 …………………………………………（57）
从一种"倾向"开始 …………………………………………（59）
如何充分利用趋势？ ………………………………………（61）
自我实现预言 ………………………………………………（61）
趋势之流 ……………………………………………………（62）
如何判断市场是否处于趋势市？ …………………………（63）

第7章　趋势的解构 ……………………………………………（65）
趋势形成的原因 ……………………………………………（65）
不要与趋势对抗 ……………………………………………（68）

第8章　外汇多重时间框架策略 ……………………………（70）
它为什么有效？ ……………………………………………（71）
菲波纳奇和趋势线的综合运用 ……………………………（74）
超买并不等于"卖" …………………………………………（76）

抓顶和抄底 …………………………………………………………（76）
进场信号 ……………………………………………………………（77）
设置止损 ……………………………………………………………（78）
出场 …………………………………………………………………（79）
欢迎来到真实的交易世界 …………………………………………（81）
优化出场点 …………………………………………………………（81）
执行计划 ……………………………………………………………（82）
"马后炮" ……………………………………………………………（84）
落袋为安 ……………………………………………………………（84）
吹毛求疵的家伙 ……………………………………………………（86）
什么时候离场观望？ ………………………………………………（87）
补仓 …………………………………………………………………（87）
幻想与现实 …………………………………………………………（90）
虚假信号 ……………………………………………………………（90）
暂时的成功和失败 …………………………………………………（92）
止损的恰当设定 ……………………………………………………（92）

第9章　FX-Ed 趋势技术 ………………………………………（100）
趋势可以自我持续 …………………………………………………（100）
观点的差异 …………………………………………………………（101）
"大资金"参与其中 …………………………………………………（101）
共同特性 ……………………………………………………………（101）
做多还是做空 ………………………………………………………（104）
识别趋势 ……………………………………………………………（104）
过滤趋势 ……………………………………………………………（106）
催化剂 ………………………………………………………………（108）

设置止损 ·· (109)

波动率止损 ·· (109)

"公平"地设定止损幅度 ··· (111)

ATR 的计算 ·· (111)

入场点 ··· (112)

止损点 ··· (113)

交易实例 ·· (114)

不要捕小鱼 ·· (119)

回到交易 ·· (120)

结局 ·· (121)

消息与趋势 ·· (122)

表象会骗人 ·· (123)

机会不止一次 ··· (125)

分批平仓（分步平仓）练习 ·· (127)

随意性出场和策略性出场 ·· (127)

从错误中学习 ··· (128)

分步出场技巧 ··· (128)

补仓 ·· (130)

需要考虑的重要点位 ·· (130)

结论 ·· (131)

第三部分　非趋势交易技术

第 10 章　终极指标 ·· (135)

价格是关键 ·· (135)

为什么支撑位变成阻力位 ·· (139)

快乐原则与交易 ·· (139)
价格行为 ·· (140)
别站在货运火车的前面 ·· (143)

第 11 章 日内突破交易的关键 ·································· (146)
上升和下降三角形 ··· (146)
趋势过滤器 ··· (148)
时间段过滤器 ··· (149)
总结 ·· (152)

第 12 章 旗形和三角旗形 ······································ (153)
三角旗形 ·· (153)
旗形 ·· (161)
过滤入场点 ··· (166)
总结 ·· (168)

第 13 章 波动率收敛策略 ······································ (169)
波动的周期 ··· (169)
观点推动市场 ··· (169)
波动率突破策略 ·· (175)

第 14 章 整数点位震荡策略 ···································· (180)
为什么整数会吸引我们的注意 ······························· (180)
为什么整数点位有效 ·· (181)
整数点位和外汇 ·· (182)
首次反弹是最好的反弹 ·· (183)

利用移动平均线 ………………………………………… (184)

策略的运用 …………………………………………… (185)

第15章 利差优势交易策略 ………………………………… (192)

像大玩家一样思考 …………………………………… (192)

利率差异 ……………………………………………… (193)

利差优势交易的过程 ………………………………… (193)

变化的利率差额 ……………………………………… (194)

什么是大买卖？ ……………………………………… (195)

赚取息差 ……………………………………………… (195)

美元/日元 …………………………………………… (196)

长期交易 ……………………………………………… (197)

展望未来 ……………………………………………… (198)

第16章 区间回归交易策略 ………………………………… (200)

交易假突破 …………………………………………… (200)

交易策略 ……………………………………………… (201)

设定策略参数 ………………………………………… (201)

建仓交易 ……………………………………………… (202)

简单但有效 …………………………………………… (204)

第四部分 掌控你的交易命运

第17章 如何获得惊人的收益 ……………………………… (209)

注意看路 ……………………………………………… (210)

设定适当的目标 ……………………………………… (211)

分解你的目标 …………………………………………………… (212)

　　盈利的可持续性是关键 ………………………………………… (213)

　　当我达到目标时该怎么样? ……………………………………… (215)

第18章　外汇竞技场 …………………………………………… (216)

　　输赢的几率相等 ………………………………………………… (216)

　　庄家具有优势 …………………………………………………… (217)

　　把竞技场扩大 …………………………………………………… (217)

　　其他交易导师的观点 …………………………………………… (218)

　　让我们来做数学 ………………………………………………… (219)

　　改变劣势 ………………………………………………………… (220)

　　大众为什么不这样做? ………………………………………… (221)

　　最小的努力获得最大的收益! ………………………………… (222)

　　我们可从"智慧钱"那学到什么 ……………………………… (222)

　　现在离开那里并且获胜 ………………………………………… (223)

第19章　来自生活的交易启示 ………………………………… (224)

　　海滩上的惊惶 …………………………………………………… (224)

　　永无止境的比赛 ………………………………………………… (225)

　　总结 ……………………………………………………………… (227)

第20章　无知导致亏损 ………………………………………… (228)

　　高胜率的可笑之处 ……………………………………………… (228)

　　知道何时撤退 …………………………………………………… (229)

　　"95%胜率的策略" ……………………………………………… (230)

　　提防回溯检验的陷阱 …………………………………………… (231)

假设的回报 ··· (231)

第21章　两个交易者的故事 ································· (233)
　　个人交易者与机构交易者 ································· (233)
　　业余交易者与专业交易者的区别 ························· (234)

第22章　最后的建议 ·· (236)
　　好的交易不等同于盈利的交易 ···························· (236)
　　正确执行是关键 ·· (237)
　　对你的行为负责 ·· (237)
　　保持简单 ·· (238)
　　交易中的身心之道 ·· (238)
　　结束语 ··· (239)

前言

目前市面上大部分关于交易的书籍都只涉及一些普通概念,对于交易的专业知识是能回避则回避。还有大量的书主要是介绍外汇交易的起源和历史,却鲜有提供一些实用又实际的交易建议。《外汇制胜之道》能让读者非常清晰地理解外汇交易的一些具体技巧。这些技巧都是真实行情的交易策略,可以告诉读者何时入场、何时出场以及如何管理交易等。

本书为交易者提供了一套基于真实市场趋势的循序渐进的方法。由于本书对书中的交易策略都作了非常详细的介绍,所以任何一个希望能像专业交易者一样交易的人,都能非常容易地学会这些方法。本书是为那些需要具体而实用的策略来交易外汇的新手及富有经验的交易者所作的。

《外汇制胜之道》以在华尔街交易的旋风之旅开始,读者将被带入一个令人振奋的专业交易世界。之后,作者会把交易比作日常生活中的某些场景,通过这种强有力的比喻,来解释外汇市场这个"竞技场"。

通过以上介绍,读者已经做好了充分的准备,现在艾德开始介绍用于趋势市场的一些具体交易策略。趋势会制造一些最具获利性的交易机会,而读者也会得到很多从这类机会中获利的具体方法。艾德详细的阐述,配以超过 160 幅的图表,将使读者准确地知道他在做什么、为什么要这样做,而不会存有任何疑惑。在本书中,艾德与读者分享了他思考过程的全部细节,所以没有什么内容是需要读者依靠自己想象的。

紧接着,这本书深入研究了各种各样的交易方法,所有这些方法都基于典型的市场倾向。作者还为读者介绍了"终极指标"和"日内突破的关键"两部分内容。之后又介绍如何正确利用三角形态和假突破过滤器,以及交易整理形态,如旗形和三角旗形等。书中提供了很多的图表及其说明,使得读者可以回顾一个专业交易者的交易过程,并努力提高自己的技术。

随后,艾德介绍了基于波动率的"波动率收敛策略"(Squeeze Play)和分别被称为"整数点位震荡策略"(Round Trip)和"区间回归交易策略"(Boomerang)的两个日内交易方法。而另一个"利差优势交易策略"(Interest Rate Edge),则告诉读者如何像对冲基金一样交易,它揭示了那些"智慧钱"(smart money)赚取利润的方法和原理。

配备了如此多的策略和技术后,现在本书将向读者呈现如何把这些知识转化为能力以及利润的方法。在"如何获得惊人的收益"一部分中,艾德非常精确地介绍了专业交易者如何年复一年持续赚大钱。之后,他又介绍了博弈论在外汇交易中的实际用途——这是非常重要的一个课题,也是成功交易的关键之一。

在"无知导致亏损"一部分中,艾德在外汇交易的各种陷阱以及如何规避这些陷阱方面,给出了一个业内人士的深刻见解。在随后的"两个交易者的故事"中,读者将学习如何效仿并超越成功专业交易者的行为模式,以及如何跳出业余交易者的思维定势。

虽然《外汇制胜之道》里充满来自一个华尔街专家的有用建议,但是由于作者的语言非常通俗易懂,所以几乎所有人都能看懂。

致谢

我要感谢帮助我完成本书的每一个人。特别是要感谢：

凯文·康明斯（Kevin Commins），感谢他建议我写作本书，也要感谢他给了我创作真正独特东西的自由。

埃米莉·赫尔曼（Emilie Herman），是她辛苦的工作和鼓励突显了我的优点，掩盖了我的缺点。

约塞普·吉罗（Josep Giró），一位艺术家，他把我创作成了一个卡通片人物，达成了我毕生的一个梦想。

最重要的是，要感谢我的学生们，是他们不断推动我成为我能成为的最好的外汇交易导师。

感谢你们，感谢大家。

作者简介

艾德·蓬西(Ed Ponsi)是 FXEducator.com 的总裁,曾做过 Forex Capital Markets(FXCM)的首席交易导师。作为一名经验丰富的专业交易者和货币经理,艾德曾为对冲基金、机构交易者以及各种不同技能水平和经验的个人做过顾问,还定期为网站 FXStreet.com、TradingMarkets.com 和杂志《SFO》撰稿,并多次出现在电视、电台、网络和出版物中。

艾德之所以出名,是因为他在教学时的毫不保留。他那充满活力和幽默的教学方式,使他超越了那些西装革履的同行们,成为今天金融界最受欢迎的导师之一。他那直截了当、倜傥不羁的举止和风度使他获得了"外汇交易界的摇滚巨星"的绰号。

艾德备受大众欢迎的 DVD 系列——《外汇导师:跟艾德·蓬西做外汇交易》(FXEducator:Forex Trading with Ed Ponsi)现在可从网站 www.fxeducator.com 上获得,也可从遍及全球的精选经销商处买到。欲了解更多信息,请发电子邮件给我们,邮件地址为 info@fxeducator.com。

第一部分

世界上最活跃的交易市场

外汇交易是你所能从事的最刺激、最具盈利性的活动之一。我们的交易着眼于整个世界,对世界主要经济体增长的强弱进行相互比较。这个市场非常庞大,其规模和成交量远远大于其他任何股票或期货市场。目前世界上还没有其他什么市场可以和它相提并论。

外汇交易的风险很高,可以快速地获得或失去财富。为了在这个领域获胜,我们首先必须要了解它。

Copyright © 2006 Josep Giró. All rights reserved.

第1章 外汇入门

请叫我以实玛利(Ishmael)……①

开个玩笑。我敢肯定当任何一个人有幸可以写一本书时,这个人一定会暗中(或许也不是那么隐秘)希望这本书可以像梅尔维尔(Melville)②的捕鲸故事一样成为经典。

你也许是个经验丰富的交易者,也可能刚刚才接触外汇。不管你属于哪一类情况,请你记住:每个人都是从相同的出发点开始。那些在任何市场都能赚钱的交易者,每一个都是从新手开始的。没有人生来就能深切地懂得如何交易。

或许你认为交易要获得成功,需要超群的智力。虽然聪明并不是一个缺点,但也不是成功的保证。那些非常聪明的交易者常常会过度分析交易的形势。

或许你认为成功需要经受良好而正规的教育,但事实并不是这样。你将要学到的东西不会在任何学校里教授。交易者是通过不断钻研,通过各种磨炼和犯错,通过对市场、策略和技术的深刻分析来学习的。最重要的是,交易者从实践中学习。

或许你还认为你必须遍读你能找到的所有交易类书籍。我就曾读过几十本交易方面的书,但其中大部分都不值得浪费你的时间。我读过的这些书中,其中大部分涉及的有用要点都被淹没在蜂拥而至的废话丛中。所以我决定不论何时,只要

---

① 旧约中亚伯拉罕之子,在以撒出生后被弃。他传统上被认为是阿拉伯人的祖先。——译注
② 美国的小说家、诗人,曾出版过《白鲸》等众多小说和诗集。——译注

是我写交易方面的书，一定不会写得像这些书一样。我会以大部分人都能理解和领会的方式，为读者呈献大量非常有用的信息，做到深入浅出。

我的观点是，除非某个交易内容被讲解得非常清楚，否则就毫无用处。所以我帮助你们获得成功的目标是，通过把你们将要学习的一些概念与日常生活联系起来，为你们提供最浅显的解释。这是我教学方法的一大特色，你们将会看到它反复地出现在这本书中。

从股票到外汇

和美国大部分的交易者一样，我首先接触的是股票交易。我的第一笔交易，是买入100股在纳斯达克上市的生物科技股票，结果是出现了小额亏损。

我很幸运，因为我是从20世纪90年代中期开始交易的，这是历史上股市最为火爆的时期之一。在这样的环境下，交易者只要跟对了趋势，就不难赚钱。这是一个非常宽容的市场，即使是最蹩脚的交易者也能摆脱困境。好坏交易者的区别在于是真的做得好还是仅靠运气。很多我认为有才华的交易者，在交易情况不太理想时就开始踌躇不前。我意识到，我与他们一样，只是幸运的交易者，而幸运只是暂时的。我不想成为幸运的交易者，我想成为一名优秀的交易者，在任何市场下都能赚钱。我想在华尔街工作。

进入华尔街

在寄出了几十份简历以后，我通过了华尔街一家公司的面试，并被录用为该公司的一名交易员。那时候，我还没有住在纽约，每天早上4点左右就得起床，然后一路奔波去上班。

我要在世界贸易中心的车站下火车，然后与几个同事一起喝咖啡，并快速翻阅几份《华尔街日报》和《投资者商业日报》。进入办公室后，我们要回顾大量的图表,讨论目前的市场趋势,并研究各种经济指标——简言之,我们要尽可能地做好每件事,为每天早上 9:30 开始的"激烈战争"做好准备。

在华尔街这样的环境里工作一段时间,是极其宝贵并无可替代的经历。这里有很多人既富有才智,又努力进取,还散发着大量具有创造性的能量。这种能量,让你在空气中就能感受到,就像静电一样。我们过着可以全天候交易的生活,并学习一些能改变我们对市场、交易以及世界整体看法的观念。我在这个环境里学习到的大部分东西,都能很好地运用于其他交易市场,比如外汇,并成为本书中大部分内容的基础。

后来,我被另一家位于曼哈顿的公司吸引,进而跳了槽,开始了在另一个交易部门的工作。我搬到了纽约,把我每天单向坐车就需 2 个小时的上下班路程缩短为了两个街区。

新的交易厅非常大,里面放有几百张桌子和几百台终端。有如此众多的交易员在一起,中间没有隔墙或其他什么隔栏,能极大地促进知识和信息的交流。

我找到最好的交易员并毫不顾忌地向他们提出各种问题,然后尽可能快地理解并运用这些信息。我被领入了一个前所未见的世界,我接触到的这些新观念远远超越了我从前的认识,很多让我迷惑不解的东西逐渐变得清晰起来。我开始达到一个较为稳定的水平,这是我早期交易所不及的,那时候虽然能盈利,但却不稳定。

欢迎加入激烈的竞争行列

我也意识到了在这种环境下交易的缺点,因为在这个房间里有太多的人想要表达太多的观点和意见。在这个巨大的房间里,装满了一群雄心勃勃又格外争强好胜的"大男子主义者"。有些交易者特别自我,以致无法自控地大声表达他脑袋里每一个慌乱而琐碎的想法;而其他交易者则只是表达一些无法抑制的愤怒和沮丧。猛敲电脑键盘的特殊声音,伴随着字母键零散的嘀嘀声,所有这些嘈杂的声音充斥着整个房间,深深刻进我的脑海中。

这里也会出现忌妒,失败的交易员会设法干扰或阻碍成功的交易员。有一个交易员尤其喜欢想办法来影响我集中的注意力,因为他感觉我的成绩会让他显得很难堪。如果他能使出和破坏我的交易一样的劲头,来提高自己的交易水平,他或许早已经成功了。后来,他离开了公司,谋了一个销售的职位。

终于,市场出现了拐点,轻易就能赚钱的时代开始过去。一些初级交易员开始一个接一个地离开。市场环境正在改变,交易者必须适应这个改变,否则只有面对失败。

足球和外汇

在纽约生活和工作的众多好处之一,就是可以接触形形色色来自世界各地的人和文化。那时我接触的新(至少对我而言是新的)事物之一,就是外汇市场。

当我知道外汇交易在其他国家非常受欢迎,并且已经持续多年时,我被震惊了。对大多数国家而言,外汇市场(不是股票市场)是一个重要的交易市场。你可以把外汇看作足球。足球是世界上最受欢迎的运动项目——除了美国。足球在美国被称为"英式足球",它受欢迎程度远远低于在世界其他国家。而外汇是个交易市场,它广泛地受到了海外各国的欢迎,在当时却并没有受到美国的关注。

一个交易员朋友告诉我他已经决定离开股票,转战外汇市场了,他说我的交易风格也非常适合迎接这项新的挑战。我当时只是笑了笑,并没有预见到很快我就会采取和他一样的行动。那么我到底为什么想要放弃交易股票呢?

股票市场令人头痛之事

在生活中,必然有一些我们必须要学会如何处理的不愉快事件。我们必须上学,必须支付我们的账单,必须监视我们的体重等等。我们带着诸如"应付它"或

"这就是生活"的想法来接受这些令人不快的事件,过不多久,我们就不再把它们当作负担,而是看作再正常不过的事情。

对于股票交易者而言,有很多不如意的情况都会被认为是正常的,仅仅是"游戏的一部分"。股票交易者不会再三考虑这种情况,因为这种情况已经成为他们日常生活中根深蒂固的一部分。

部分订单被执行

比如,"部分执行"就是股票交易中常出现的一个普通事件。当一个交易者设置了一定数量的股票订单,我们假设是2000股,但是只有其中一部分订单被执行,比如300股,这就是所谓的"部分执行"。这种情况随时都会发生。对此,最符合逻辑的解释可能是,在那个特定的价格,只有300股可供交易。

用我们交易界的行话说,就是因为市场太过"瘦小",才不能吸收全部订单,这话的意思就是在那个价格没有足够多的股票可供交易。这种情况非常让人泄气,尤其当交易者想要大单进场时,但是股票交易者却把这种情况当作非常正常的事情,只是通往成功路上需要跨越的又一个障碍而已。

但是外汇市场就非常具有流动性,或者说"肥壮"。除了最大型的交易者,外汇交易者几乎不会碰到"部分执行"的情况。

成交滑移价差

"成交滑移价差"是股票和期货交易者每天必须面对的又一个问题。成交滑移价差是指"预计交易成本和真实支付成本总额之间的价差"。

比如,假设你以50美元每股的价格买入1000股XYZ股票。为了保护自己,预防价格朝不利于你的方向移动,你在49美元的价位设置了保护性"止损"订单(一张卖出的订单)。所以你最坏的情况就是亏损1美元每股,在此次交易中就是亏损1000美元,对吗?

不对!如果价格跌到49美元以下,还没有触及你49美元的指定价格(记住,比起外汇市场,股票市场成交量较小),就会出现以下两种情况中的一种:要么你的订单再也不会被执行了,要么就会在49美元附近的价格被执行。奇怪的是,执行价格几乎总是比你想要的价格差一点。成交滑移价差会蚕食交易者的利益,是主要令股票和期货交易者头痛的地方。

成交滑移价差很少出现在外汇市场。很多外汇做市商有"无成交滑移价差"的承诺,给了外汇交易者很大程度的价格确定性。

专营经纪人(The Specialist)

要进行成功的专业股票交易,还有一个障碍,就是专营经纪人。这个"专营经纪人"是一个单独的个人,他会控制上市股票的所有交易活动。在华尔街生涯的早期阶段,我有一段无法忘怀的交易经历,我那时十分看好一只曾经高涨的股票,后来却因为丑闻而下跌。

有一天,我在纽约证券交易所做多(意思就是我在价格将上涨的预期下买入股票)4000股股票,买入后,价格开始朝着我设的保护性止损位下跌。后来,价格达到我的止损位,4000股股票只止损一小部分。

当我看着电脑屏幕,发现这只股票还在快速下跌,而我仍然持有3900股股票时,想象一下当时的我有多么惊讶和郁闷。从这一天起,我知道了专营经纪人有只让一部分止损订单成交的权利。

很显然,专营经纪人判断那个价格很可能继续下跌(因为关于那个上市公司的坏消息刚出现在网上,而且明显还有进一步的负面报道出来),所以他只执行了我的订单的最小订单要求量(仅100股),把我置于了非常痛苦的境地。

外汇市场就没有这些专营经纪人。

价差

在股票市场上,专营经纪人同时也控制着价差(买入价和卖出价之间的差额),他还可以自行决定是否扩大或缩小这个价差。由于专营经纪人是与你进行交易,所以仅仅因为你想了结获利的头寸,他就可以通过扩大价差来把你搞得非常不快。哎呀,真是谢谢啦,专营经纪人!

在外汇市场,价差通常是"固定的",给予了交易者更大程度的确定性。

上涨方能抛空的规则

股票交易者的成功路上还有另外一个绊脚石,就是上涨方能抛空的规则。股票交易者可以在他们想要的任何时候"做多"(设置一张订单,如果该股票上涨,就能盈利),但是想要"卖空"(设置一张订单,如果该股票下跌,就能盈利)的话,股票交易者就必须经过一系列的谋划,这个过程耗时费力,让人非常抓狂。

这条规则要求每笔卖空交易只能在高于,或者至少等于前一交易价格的价格成交。当某只股票的价格正在急速下跌时,它会阻止卖空者在已经下跌的动量上增加筹码。由于此时股票的价格已经报跌,卖空操作不能进行,这就常常导致交易者失去卖空某只股票的机会。

为了规避这条规则,专业股票交易者会使用被称为"子弹式交易"(bullets)、"转换交易"(conversions)或"结合卖权"(married puts)的各种混合工具。这些工具可以帮助他们完成想要完成的任务,但是它们也不总是有效,而且也不是免费使用。

外汇市场没有上涨方能抛空的规则。你可以随意地买入或卖出,也不需要使用"子弹"、"转换"或者"结合卖权"等工具。

欢迎来到外汇交易世界

虽然这些阻碍导致股票交易比我们大多数人希望的要难很多,但是一些好的交易者也能很好地越过这些障碍。然而我也常常听到股票交易者抱怨专营经纪人如何破坏了他的交易(他们用的某些词句简直可以刺痛你的耳朵),或者他们是如何因为"成交滑移价差"损失利益的,或者本来已设下了一张完美的入场单,却因

"部分执行"而遭到挫败,再或者就是由于上涨方能抛空的规则,而失掉了卖空的机会。

如果这些障碍都不存在,会怎么样呢?如果他们离开这个竞技场,从而可以放松并停止焦虑,并且继续做好手上的工作,又会怎么样呢?那将会是什么样呢?

我准备找出问题的答案。一天,收盘铃响过后,我与一个离开股票市场,专做外汇的交易员朋友喝了几杯酒。我们的对话大概是这样:

"它叫作外汇,是外币兑换的简称。我只不过是抓住趋势,然后充分盈利而已。"

"我在电视上看到过。不过也就是一些绿色和红色的柱线吧?"

"别这么不开化好不好?你最后一次看见有人在交易大厅看绿色和红色的箭头是什么时候?"

"好吧,我知道了。那么外汇最特别的地方在哪里?"

"艾德,你一定要亲自试试外汇交易。这个市场非常庞大,非常具有流动性,并且全天 24 小时都开市。你绝没有见过像它一样的市场。"

"这才是我担心的地方。我现在的股票交易做得挺开心的,所以为什么我要转到外汇去?"

"因为它的流动性。我可以随时进场,随时出场,绝不会遇到'部分执行'的情况。"

"你从来没有遇到'部分执行'吗?是这样的,对吗?"

"它还没有发生过。而且我也没有遇到过成交滑移价差。我的订单总是在我设置订单的那个指定价格被执行。"

"你在说谎吧!你是在哪里交易啊,在迪斯尼乐园吗?"

"对于这个市场的流动性如何,你还没有概念。它几乎从不跳空。"

"好吧,就当你是对的。那么它又如何交易呢?它是随机性的还是具有趋势的?"

"这就是最重要的地方!它的趋势一直不断持续下去!"

"跟你差不多?"

"真搞笑。如果你不相信我,你可以去开个模拟账户,然后自己看吧。"

"你说的是什么?"

"他们有模拟账户。你可以用他们提供的报价,在真实交易时间里进行交易,没有任何风险。这是参悟这个市场的一个非常棒的方法。而且免费使用!"

"意思就是我去他们的公司交易他们的模拟账户,而他们会试着卖我一些产品,对吗?听起来就可怕。"

"你真是天才!事情不是这样的。你在你自己家里交易这个模拟账户。你把软件下载到你电脑上就可以了。"

"嗯。再也没有发脾气,没有摔椅子。当我试着决定是否要提高止损时,没有字母键的声音穿过我的耳朵。或许我会进入这个市场试试看。"

一个新的开始

旅行开始了。就像过去我交易股票一样,快乐和烦心的事相伴而来。我花了一些时间来适应外汇市场的"感觉",因为它的交易方式与股票非常不一样。开始的时候,我试着用与股票交易完全一样的方式来交易外汇,连续几个月都亏钱。在我适应了外汇市场的不同节奏后,事情终于变得有条不紊起来。你看,个别股票的波动就像长耳大野兔——这一刻它们还站着,下一刻就开始蹲下来,然后掉头逃走了。

比起股票市场,外汇市场的规模要大很多。所以,它发动起来需要的时间要长一些。一旦某个货币对开始发动趋势,就会在一个方向上持续波动相当长一段时间。

有个好消息就是,我以前掌握的关于股票交易的大部分知识可以迁移到外汇市场上。图表仍然是那种图表,趋势仍然是那种趋势。我在纽约公司的股票部门工作时学到的非常重要的风险管理观念,也仍然适用。

首先，在外汇市场交易，感觉就像访问某个国家。我担心它感觉起来像是我在造访一个遥远的星球。市场各方对经济新闻反应的区别之大，让人吃惊。我来自一个非常不同的环境，在那里，交易者只有很少的时间对新闻事件作出反应。在新闻发布期间做股票交易时，你如果操作不及时，订单就很可能不被执行。

在外汇市场，我似乎有太多的时间来对新闻和事件作出反应。我确实有足够的时间来思考正在发生的事情，并分析相关的数据。此外还有一个更好的地方在于，外汇市场对新闻事件的反应通常合情合理。所以作为一个毋庸置疑的"新闻迷"，我似乎已经找到了完美的交易工具。

这几乎好得让人难以置信。它是一个全新的市场，然而有些地方看起来却是如此熟悉……

第 2 章　外汇小百科

如果你曾到国外旅游，就有一次很好的货币交易机会。在大多数情况下，旅行者必须把他们本国的货币，兑换成他们将要去游览的国家的货币。请注意，这个交易涉及了两个货币，但是只有一个汇率。

比如，当一个美国的游客穿越国界进入加拿大时，他必须把美元兑换成加拿大元。这个游客的行为在本质上，就是在卖出美元，买入加拿大元。

加拿大元与美元

在 2002 年，我们游客的每一美元可以兑换约 1.60 的加拿大元。我们就可以说那时美元/加元的汇率约为 1.60 加元每美元。如果想要精确一点，可以加上几个小数位，这个汇率就表示为 1.6000。

在之后的几年里，这个汇率发生了巨大的变化，到 2006 年时，已跌到 1.10。这就意味着在 2006 年，一个去加拿大旅游的美国游客，他的每一美元只能兑换到约 1.10 的加拿大元。

如果想要测量这个汇率非常微小的变化，也可以把它表示为 1.1000。我们可以肯定地说，在 21 世纪的初期，美元兑加元在大幅度贬值（见图 2.1）。

这将怎样影响我们的游客呢？因为美元/加元的汇率下跌，美元能购买到的加拿大商品和服务将减少。

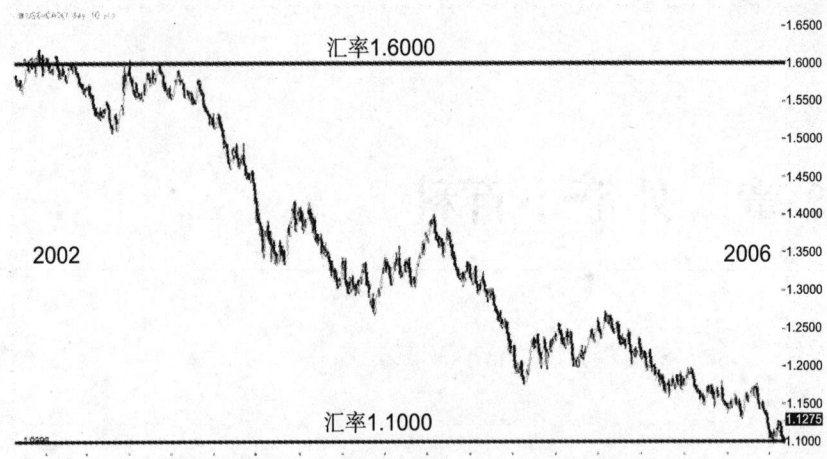

图 2.1　美元/加元的汇率从 2002 年开始暴跌到 2006 年底

资料来源:FXtrek IntelliChart™. Copyright © 2001–2006FXtrek.com, Inc.

过去乘坐飞机降落在多伦多的美国人,非常乐于在机场的外汇兑换亭换到厚厚的一叠钞票,因为那里的商品和服务相对于美国的价格,似乎便宜很多。

后来,由于加元对美元走强,所有情况都改变了。最后,加元与美元接近等值。

虽然这个变化对美国的游客不利,但是加拿大的游客却很欣喜地发现,美国的商品和服务现在已经相对便宜了。由于美元走软,加元的相对购买力提高了。

美国人现在很少去加拿大旅游。即使在汇率相对高一些的时候去了,花费也可能比以前要少。而加拿大游客则更喜欢造访美国,因为加元能购买到比过去更多的美国商品和服务。

欧元与美元

欧元的崛起也导致了同样的情形。在 2002 年、2003 年和 2004 年这几年,欧元大幅增值,欧元兑美元的汇率从 0.85 上涨到 1.35(见图 2.2)。由于汇率的这个转变,美国人发现去欧洲度假的费用变得更加高昂,而到美国旅游的欧洲人则发现他们的购买力已经大大地提高。

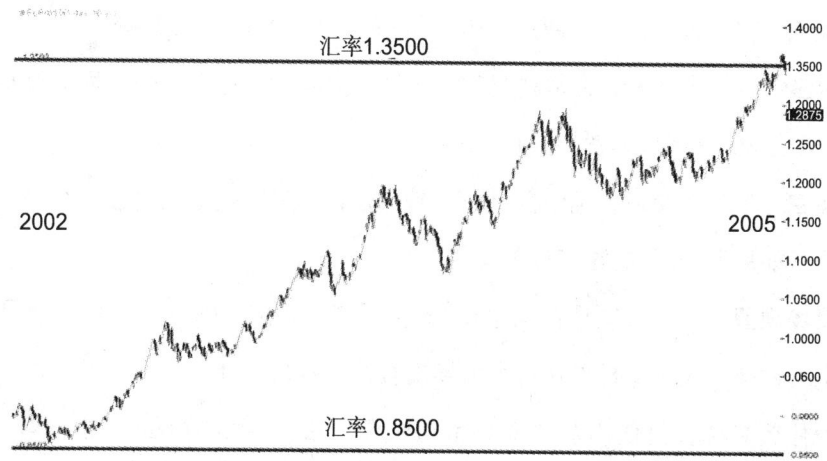

图2.2 欧元兑美元的汇率从0.85上涨到1.35

资料来源:FXtrek IntelliChart™. Copyright © 2001-2006FXtrek.com, Inc.

这导致欧洲的游客蜂拥进美国购物,尤其是在圣诞节期间。一个欧洲游客向我解释说,对他来讲,他飞到纽约、住进酒店、购物然后返回欧洲的费用,还没有他呆在家里、在当地购物的费用高。

毫无疑问,财富可以在上述巨大的汇率波动中获得或失去,但是现在我们将看到即使是一个微小的汇率波动,也会导致非常巨额的收益或亏损。外汇交易者就是这样赚钱的。

交易术语

交易者拥有他们自己的语言。他们使用的语言会让"新手"或者不做交易的人感到迷惑不解。交易行话几乎是一种"秘密"的"握手方式",可以让其他交易者知道你是这个圈里的人。

这些交易术语看似奇怪,其实也是有道理可言的。很多术语可以让交易者只用一两个快速的音节就表达一个简单的意思。在任何涉及交易的讨论中,你会经常听到诸如"做多"、"做空"和"离场观望(平仓,对冲)"。实际上,每个交易者永远都在"做多"、

"做空"或"离场观望(平仓,对冲)"。那么这些词汇到底是什么意思呢?

做多 当一个交易者说他在"做多",意思就是他设置了一张这样的订单——只要汇率上涨,这张订单就能盈利。

卖空 当一个交易者说他在"做空"或"卖空",意思就是他设置了一张这样的订单——如果汇率下跌,这张订单就会盈利。

离场观望 当一个交易者说他在"离场观望(平仓,对冲)",意思就是他既不做多也不做空。这个交易者在这个市场没有持有敞口头寸。

为什么交易者要使用这些专用术语?为什么不用"买(buy)"来代替"做多(long)",用"卖(sell)"来代替"做空(short)"呢?

当你想到无论汇率是向上还是向下波动,交易者都能赚钱,答案就很简单了。比如,假设你走进我的办公室,问我今天将要做哪种交易,我告诉你今天我将要卖。

"卖"这个词是不是有两种不同的意思?可能是我为了获利,要把上星期买入的某个货币对卖掉;也可能是我打算开仓卖空,换句话说,就是我预期今天某个货币对的汇率将下跌,为了从中获利,我卖出了这个货币对。

但是,如果你问我同样的问题,而我告诉你"我将卖空",这就没有任何歧义。我卖空后,如果汇率下跌,我当然就会赚钱;如果汇率上升,我当然也会亏钱。这是确定无疑的。

假如你问我今天打算做什么,我告诉你我打算买。同样的,这个词也有两个潜在的含义。我可能是打算买入,因为我认为汇率将上升;也可能是汇率跌下来了,我要卖掉上周的空头头寸。为了兑现利润,了结头寸,我必须买回上周被我卖出的那个货币对。这就叫做"空头回补"。

如果我回补了我的空头头寸,且没有持有其他头寸,我就是"离场观望",我在市场上将不持有任何敞口头寸。

如果我回答你"我今天将做多",这就只有一个含义。它意味着如果汇率上涨,我将盈利;如果汇率下跌,我将亏损。由于这些术语可以表示非常明确的交易活动,所以消除了任何可能存在的歧义。

一个点是什么？

一个点（pip）是外汇市场价格的最小增量。它是"percentage in point"的首字母缩写。你可以回顾之前那个例子，美元/加拿大元的汇率是1.10，为了精确测量，我们把它表达为1.1000。

这样表达之所以更加精确，是因为它表示出了汇率允许的最小增量。比如，假设汇率从1.1000上涨到1.1001，我们就可以说汇率上涨了一个点——汇率允许的最小变化量。

主要货币对

这里有一张表，表中列出了一些交易最为活跃的货币及其代码。请注意，这张表只列出了一部分货币，其他还有很多货币正在全世界进行交易。

EUR = 欧元

GBP = 英镑

USD = 美元

JPY = 日元

CHF = 瑞士法郎（译注：后面简称瑞郎）

CAD = 加拿大元（译注：后面简称加元）

AUD = 澳大利亚元（译注：后面简称澳元）

NZD = 新西兰元（译注：后面简称纽币）

昵称

很多货币都有非常有趣的昵称。交易者喜欢使用俚语，所以为了明白他们在说什么，你需要知道这些昵称。下面举了几个例子：

美元　　　　　　　　"greenback"或者"buck"

英镑　　　　　　　　"cable"或者"sterling"

欧元	"single currency"
瑞郎	"Swissy"
加元	"loonie"
澳元	"Aussie"
纽币	"kiwi"

这些昵称的起源是非常有趣的讨论话题。比如,欧元称为"single currency",即"统一货币",是因为它是一只被很多国家使用的货币。

"kiwi"是一种无法飞行、主要在夜间活动的鸟,它是新西兰的象征。

很久以前,英镑被认为是世界的主导货币。那时候,它通过横跨大西洋的电缆(cable)频繁地在北美和欧洲之间来回汇兑。很多年以后,这个昵称"cable"就存留下来了。而英镑最初的价值等于一磅标准纯银(sterling silver),所以也有"pound sterling"或者简化的"sterling"的昵称。

"loonie"是加拿大金色的、青铜镀金的一元硬币。这个昵称源于硬币的一面是一幅非常与众不同的鸟的图片,这种鸟叫潜鸟(loon)。

中央银行

每个国家(或者像欧洲这种情况,是很多国家的货币联盟)都有各自相应的基准利率,而这个利率是由各国的中央银行决定的。外汇交易者会密切关注基准利率的走势,因为它们对外汇的影响非常大。

欧洲联盟:欧洲央行(ECB)

英国:英格兰银行(BoE)

美国:联邦储备银行(Fed)

日本:日本银行(BoJ)

瑞士:瑞士国家银行(SNB)

加拿大:加拿大银行(BoC)

澳大利亚:澳大利亚储备银行(RBA)

新西兰：新西兰储备银行（RBNZ）

这些中央银行会通过提高基准利率来对抗通货膨胀，降低基准利率来刺激经济增长。这些行为会造成汇率的波动，从而被很多外汇交易策略所利用。

热门的货币对

下面列出了一些最热门的货币对：

EUR/USD	欧元－美元
USD/JPY	美元－日元
GBP/USD	英镑－美元
USD/CHF	美元－瑞郎
AUD/USD	澳元－美元
USD/CAD	美元－加元
NZD/USD	纽币－美元
EUR/JPY	欧元－日元
EUR/GBP	欧元－英镑
GBP/CHF	英镑－瑞郎
EUR/AUD	欧元－澳元

每个货币对中的第一个货币称为"基础"货币，第二个货币称为"报价"或"相对"货币。比如，以欧元/美元为例，欧元就是这个货币对的基础货币，美元则是相对货币。

为了避免出现混乱，欧元/美元中的货币必须按照它们相应的顺序进行排列。你不会看到这个货币对以"美元/欧元"这样的顺序出现，除非你交易外汇期货。

是谁在决定哪个货币作为基础货币，哪个作为报价或相对货币呢？其实这是国际标准化组织（ISO）的职责。由 ISO 决定货币的代码以及货币在每个货币对中的位置。

无论图表中哪个货币对上涨，都意味着这个货币对中的基础货币在相对于相对货币走强。每个货币对都是如此(见图2.3)。

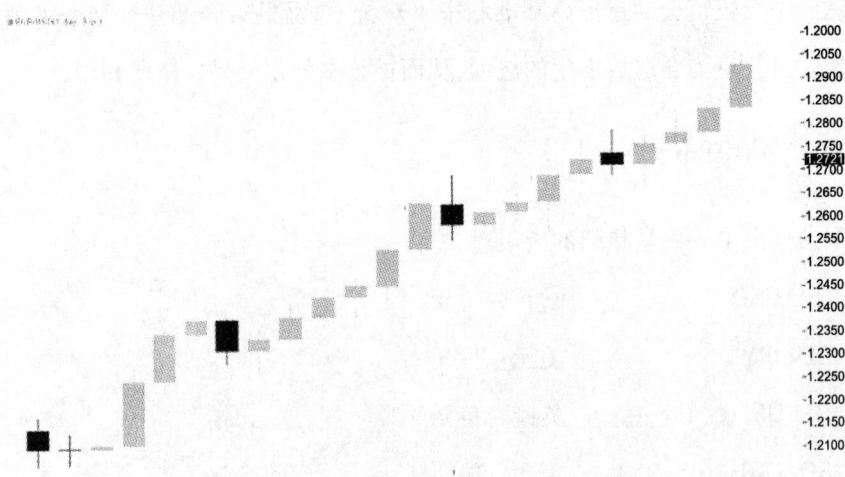

图2.3　基础货币相对于相对货币走强

资料来源:FXtrek IntelliChart™. Copyright © 2001 – 2006 FXtrek.com, Inc.

反之亦然——如果基础货币相对于相对货币走软,图表中显示出来的就是那个货币对的汇率在下跌(见图2.4)。

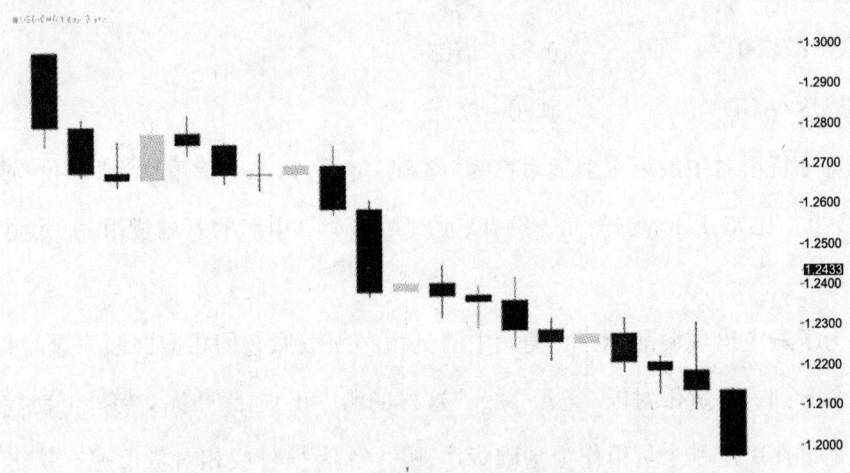

图2.4　基础货币相对于相对货币走软

资料来源:FXtrek IntelliChart™. Copyright © 2001 – 2006 FXtrek.com, Inc.

"手数"

在股票市场,交易者买卖股票;在期货市场,交易者买卖合约;在外汇市场,交易者买卖"手数"。在外汇市场上,交易者可以持有的最小仓位是"一手"。

每一手包括 10 万单位的货币。所以如果你做多一手欧元/美元,意思就是做多 10 万单位的基础货币,以及做空 10 万单位的相对货币或报价货币。因此,如果交易者做多一手欧元/美元,实际就是做多 10 万欧元,同时做空相同数量的美元。

入场点

入场点是多头或空头的开仓点位。这是交易开始的地方。

止损或保护性止损

设置止损的目的是为了在汇率发生了不利波动时,了结头寸。这样操作可以控制损失并使损失最小化。

盈利目标

设置盈利目标的目的是为了在汇率发生了有利波动的情况下,了结头寸。它也被称为"获利"订单。

现货或现金市场

现货价格是物品或商品现在或"当场"的价值。这与期货合约不同,期货合约是为未来的物品或商品定价。

比如,假如你想买一瓶水,你很口渴,所以你现在就要。售货员收你一瓶 1 美元。因此,这 1 美元就是商店这 1 瓶水的"现货"价格——你将现在或"当场"支付的价格。

另一方面,假设你想为你将在未来需要的水锁定一个价格,你与店主协商,把通货膨胀、供给和需求,以及未来的一些不确定性因素考虑进去,你们达成协议,确定每瓶水 1.05 美元的价格。现在,你们需要为水签订一份期货合约。

提到外汇"现货"或者"现金"市场,是为了区别于期货市场。

流动性

在一个具有流动性或"成交密集"的市场中,买入和卖出都能轻易地完成。这是因为在外汇市场这种具有流动性的市场中,有更多的买家和卖家。只拥有很少买家和卖家的市场就被认为"缺乏流动性"。

财务杠杆

通过财务杠杆就可以用相对较少的资本控制较大数额的资本。

例如,一手货币对包含价值 10 万单位的货币——10 万欧元或 10 万美元等等。但是要交易一手欧元/美元,我们真的需要拥有 10 万的欧元或美元吗?

不,我们只需要那个数额的 1/200 就可以交易一手了。采用这种方式进行交易的人就在使用 200:1 的财务杠杆。

财务杠杆的大小,可根据交易者的个人需要和"心理舒适区"(comfort zone,又译作"自在区")进行调整。

支撑位

支撑位是图上的一个点位,汇率在这个点位表现出止跌的倾向。支撑位不是一个精确的价格点位,而是一个价格区间。试着把这个支撑位想象成你脚下的地板(见图 2.5)。

阻力位

阻力位是图上的一个点位,汇率在这个点位表现出止涨的倾向。就像支撑位,阻力位也是一个价格区间,而不是一个精确的价格水平。试着把阻力位想象成你头顶上的天花板(见图 2.6)。

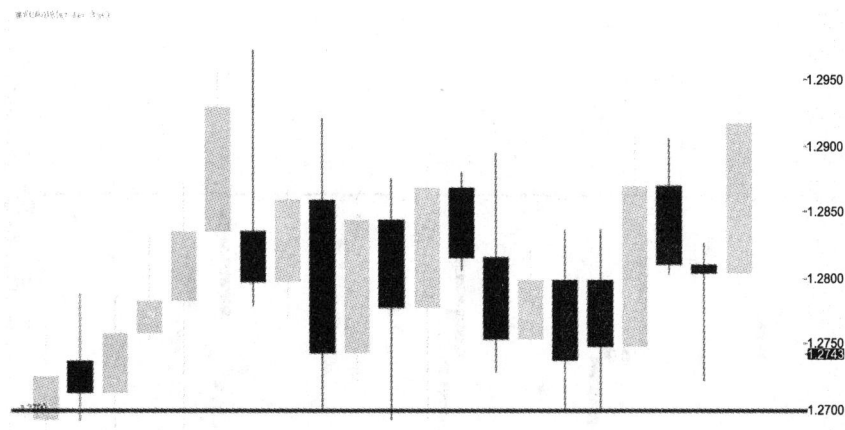

图 2.5 欧元/美元在 1.2700 附近反复受到支撑

资料来源：FXtrek IntelliChart™. Copyright © 2001 – 2006 FXtrek.com, Inc.

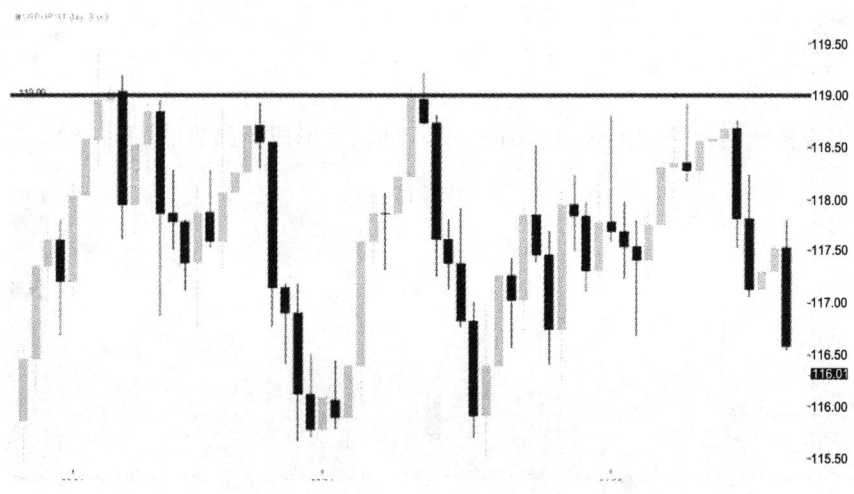

图 2.6 美元/日元在 119.00 附近反复受阻

资料来源：FXtrek IntelliChart™. Copyright © 2001 – 2006 FXtrek.com, Inc.

突破

当汇率向下突破支撑位或者向上突破阻力位时，就发生了突破（见图 2.7）。

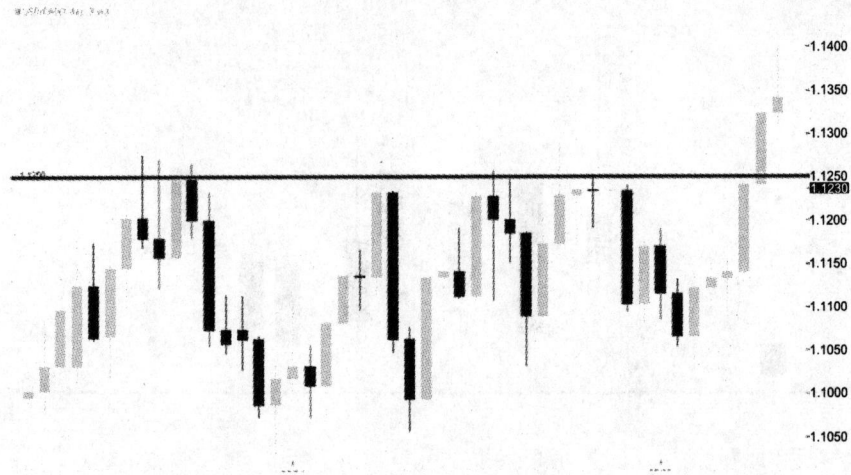

图 2.7　美元/加元发生的突破

资料来源：FXtrek IntelliChart™. Copyright © 2001 – 2006 FXtrek.com, Inc.

趋势

汇率持续在一个向上或向下的方向波动时,就形成了趋势(见图 2.8)。

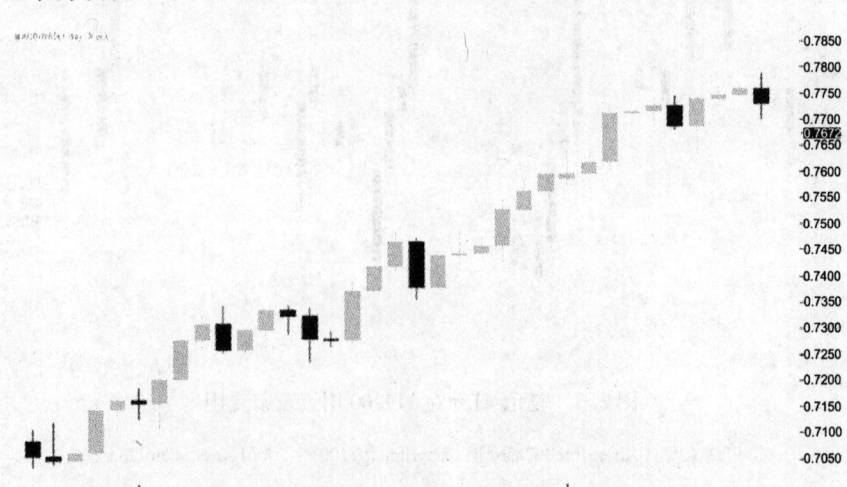

图 2.8　澳元/美元形成的上涨趋势

资料来源：FXtrek IntelliChart™. Copyright © 2001 – 2006 FXtrek.com, Inc.

区间

当汇率的波动没有明确的方向,并处于明显的支撑位和阻力位之间时,就形成了一个区间(见图2.9)。

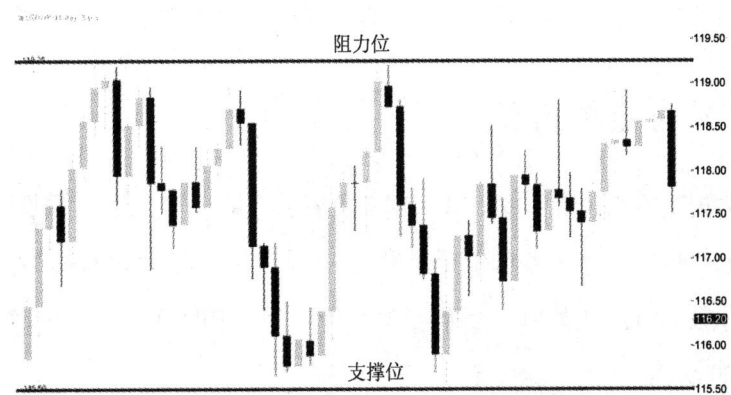

图2.9　美元/日元在支撑位和阻力位之间震荡

资料来源:FXtrek IntelliChart™. Copyright © 2001－2006FXtrek.com,Inc.

盘整

当汇率困在一个狭窄的区间内波动,就出现了盘整。盘整通常会导致突破(见图2.10)。

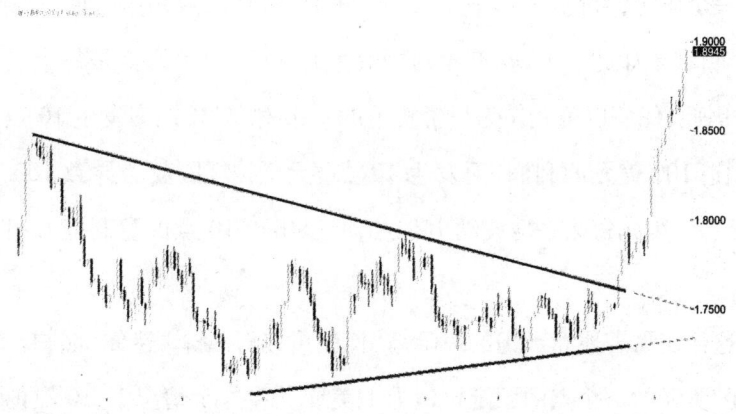

图2.10　英镑/美元在突破前的盘整

资料来源:FXtrek IntelliChart™. Copyright © 2001－2006FXtrek.com,Inc.

波动率

波动率测量的是一个货币对在一定时间内的预期波动总量。一个波动率较大的货币对通常会进行快速有力的波动,而波动率较小的货币对的倾向则更具有可预见性。

理解汇率的简单方法

如果你把基础货币看作数字"1",就能更容易理解汇率。例如,假设欧元/美元的汇率是 1.2904。其中的基础货币是欧元,因为它是这个货币对的第一个成员。把欧元看作数字"1",正如"1 欧元等于 1.2904 美元"中的"1"。意思就是 1 欧元的价值约 1.29 美元。

试着把这个方法运用于所有的货币对。如果英镑/美元的汇率是 1.9012,我们就可以说 1 英镑等于 1.9012 美元。如果美元/日元的汇率是 115.00,就可以说 1 美元的价值正好等于 115 日元。

汇率的波动如何影响外汇交易者的账户盈亏?

当交易欧元/美元这个货币对时,美国的交易者会注意到,这个货币对的每一个点都有一个固定的价值,即 10 美元。实际上,所有以美元作为报价(第二个)货币的货币对,都是如此。英镑/美元、澳元/美元和纽币/美元都是每个点固定等于 10 美元。因此,任何以美元作为报价货币的货币对,只要汇率发生 10 点的有利波动,就会创造 100 美元的利润,而发生 10 点的不利波动,就会导致 100 美元的损失。由于欧元/美元每天平均波动 100 点,所以出现 10 点的盈利或亏损是非常容易的事情。

如果这比交易者愿意承担的风险高,他就可以开一个"迷你"账户。在迷你账户中,欧元/美元的一个点的固定价值为 1 美元。在这个情况下,10 点的有利波动就会创造 10 美元的利润,10 点的不利波动就会导致 10 美元的亏损。

现在,你已经知道了外汇的很多知识,但你可能还有一些问题……

第3章 关于外汇的一些问题和答案

外汇与其他任何市场都不一样,交易要想获得成功,交易者首先必须理解它。在学习外汇交易的过程中,不可避免地会产生一些疑问。在这一章节,我将解答一些最常见的问题。

为什么大资金会选择交易外汇?

外汇市场(它还有很多名字,包括FX、外汇、全球市场和货币市场)似乎还是市场出现的新面孔,但它成为全球对冲基金和机构投资者的交易选择已经很多年了。"大资金"总是选择外汇交易,因为这个市场规模足够庞大,他们在大单进出市场时,不会扭曲价格,影响汇率。然而,这个市场对个人交易者来说,似乎还是全新的事物,因为过去阻碍普通人进入这个市场的一些条件,最近才被取消。

在过去几年里,外汇交易的人数在迅速上升——而且是合情合理的。外汇市场的日成交量,估计有1.9万亿,并且还在增长。这是目前世界上任何一个交易市场都无可匹敌的。

外汇交易者还可以使用巨大的财务杠杆,这个杠杆可以比200:1高很多。财务杠杆可以"放大"交易者的交易头寸,也可以"放大"收益和亏损。

相比而言,一个普通的股票交易账户,通常只有2:1的财务杠杆。由于这个超高的财务杠杆,参与外汇交易的门槛就非常低了。交易者只要几百美元就可以开户。

外汇交易为何突然如此受欢迎?

过去,外汇市场只对大型企业、对冲基金和其他机构投资者开放。世界上大部分大型银行都在参与这个市场,并且历时多年。直到最近以前,个人交易者都不能进入该市场,因为他们没有办法与"大玩家们"在同一个水平的竞技台竞争。

在20世纪90年代,外汇市场终于向零售客户(国内俗称"散户"——译者注)敞开了它的大门。在线外汇做市商把巨额的交易头寸分成一些个人交易者能够买卖的小头寸,从而打开了外汇市场的大门(并创造财富)。

这意味着个人现在可以与世界最大型的银行并肩交易,甚至还可以使用与专业交易员相同的方法和策略。交易环境突然改变,使得交易者在股票和期货之外又有了新的选择。

交易者如何在外汇市场赚钱?

外汇交易者是从汇率的变化中赚钱。因为外汇交易者可以获得巨大的财务杠杆,所以汇率很小的变化也可以导致巨额的盈利或亏损。

在这个市场,财富可以快速地获得或失去。即使汇率的变化只是一分钱的百分之几,也会被放大成一笔可观的收益或亏损。

大部分交易者会把自己归为两种主要交易类型中的一种,要么是技术面交易者,要么是基本面交易者。技术面交易者注重技术分析,主要是研究各种图表(历史价格行为)和指标。他们认为建仓时需要的所有相关信息都包含在图表中。

基本面交易者主要使用基本面分析,不太严谨的说法就是研究经济(尤其是利率)。他们认为货币最终会因为其基本经济状况的强势或疲软,以及利率和货币政策的变化而走强或走软。

大部分个人交易者都喜欢外汇交易的技术面,提到基本面分析,通常都会感到恐惧。这或许是因为图表是一个直观的形态识别工具,只要有经验,就可以快速解读。

同时,对于经济的状况,通常需要非常冗长、枯燥的文字和数据才能描述清楚。唉！经济学之所以被称作"沉闷的科学",是有原因的。

千万别被经济和基本面给吓着了。通常来讲,问题不在这个因素本身,而是它呈现的方式。

虽然这本书主要介绍外汇交易的技术策略和方法,但我仍然希望并支持你能同时结合考虑外汇的技术面和基本面。换句话说,你在图表上(技术面)看到的东西不是碰巧出现的——它也有一定的原因(基本面)。

不幸的是,大部分交易者往往把技术面分析和基本面分析当作非此即彼的选择题,但事实上,它们并不是相互独立的。我们将在后面介绍一些交易策略时,详细地阐述这个观念。

为什么外汇是以货币对的形式进行交易？

这是一个很多新手开始都会感到困惑的问题,但这个问题却非常简单。当你交易某一货币对时,就会涉及到两个货币。回想一下我们之前提到的那些游客——他们把本国的货币兑换成将去游览的国家的货币,一次这样的交易就涉及到两个货币,但只有一个货币对。

每次外汇交易,都会涉及到两个货币和一个汇率。要阐明这个原因,最好的方法就是尝试进行一笔只涉及一个货币的交易。例如,如果你住在美国,你步行到当地的杂货店并询问营业员："你会给我多少美元来兑换 20 美元？"

营业员斜睨了你一眼后,会以为你想换 20 美元的零钱,而 20 美元正是你能换到的金额——不多也不少。没有谁会用超过 20 美元的钱来换一张 20 美元的钞票,所以你不能从这次交易中获利。

想象一下试图只交易一个货币的难度。任何一个心智健全的人会用多于 1 英镑的钱来交换另一个 1 英镑吗？请注意，我们不是在讨论收藏的硬币或附带利息的贷款，而仅仅是单纯的货币兑换。

相反，一个聪明的交易者会用少于 1 英镑的钱来交换 1 英镑，但是只有傻子才会接受这种提议。这就解释了为什么我们不能一次只交易一个货币。

这是因为一个货币自身的价值不会改变，但是会相对于另一个货币改变。换句话说，你包里的 1 美元明天还是只值 1 美元，但是相对于其他货币，它的价值在不断变化。这就是为什么我们必须以货币对的形式来交易外汇的原因。

我怎样才能一次交易两个货币？

很多交易者发现把一个货币对看作一个单一的工具，比如一只股票，是很有帮助的。例如，如果一个股票交易者认为 IBM 股票的价值将上涨，他就会"做多"IBM 股票。

同样的，如果一个外汇交易者认为欧元将对美元上涨，他也可以"做多"欧元/美元这个货币对。或者如果这个交易者认为欧元将对美元下跌，他也可以"卖空"欧元/美元这个货币对。

你可能会听到一个外汇交易者说，"我正在做多美元"或"我正在做空欧元"。这听起来似乎是这个交易者正在进行只有一个货币的交易，但他实际是在交易两个货币。如果你在交易美元、欧元或其他什么货币，你就一定在交易它与另一个货币组成的货币对。

为什么可以全天 24 小时交易？

外汇现货市场的主要优势之一就是，它是一个连续 24 小时交易的市场。交易者可以自行决定交易时间，可以早上，可以中午，也可以晚上，不用遵守其他市场非常刻板的交易时间表。

即使是有全职工作的兼职交易者也可以交易外汇。无论你住在世界的什么地方，无论你作息时间如何，你都可以参与外汇交易。

当我们面对像外汇这样庞大且极具流动性的市场，一定要知道一天中哪个时段的交易最为活跃，尤其是在做日内交易时——这种交易的持仓时间通常很短。

交易日是怎样构成的？

由于外汇市场全天 24 小时开放，所以我们不能说这个市场在一天中的哪个特定时间开市或闭市。不像股票或期货市场，外汇市场没有"开市铃"。

由于我们要分析和处理的图表需要开盘价和收盘价，所以外汇交易者必须指定一天中的某一个时间作为分界点。

对大多数交易者来说，外汇交易日是开始于美国东部（纽约）时间下午 5:00，伦敦时间晚上 10:00。因为外汇是 24 小时交易，所以交易日的结束时间也是纽约时间下午 5:00，伦敦时间晚上 10:00。

为什么选这个时间呢？想想看，纽约时间星期天下午 5:00 正是澳大利亚和新西兰星期一的早上。根据国际日期变更线，这个地区比其他任何较活跃的外汇交易地区更早进入星期一早上。因此，它标志着交易日的开始。

总的来说，每天这个时段的成交量比较低，因为世界三大外汇交易中心——英国、美国和日本——此时都在休息。不过，澳元和纽币在这段时间也会有一些波动。

亚洲时段

几个小时后，大约在美国东部时间晚上 7:00、伦敦时间的午夜，日本市场开市，外汇市场开始活跃起来。这被看作是亚洲时段的开始。

日本是世界第三大外汇交易中心，约占世界外汇成交总量的 10%。很多世界大型银行和对冲基金都在东京设有办事处。日元货币对在这个时段开始活跃起来。

欧洲时段

在美国东部时间早上3:00左右,亚洲交易日接近尾声时,欧洲市场开市,之后不久伦敦交易日也跟着开始。这被看作是欧洲时段的开始。

到目前为止,英国仍然是世界最重要的外汇交易市场,而伦敦被认为是世界外汇交易的中心。世界外汇交易约30%的成交量来自于伦敦的交易部门。

美国时段

大约在纽约时间早上8:00,伦敦时段过去一半时,美国的外汇交易者开始活跃起来。这被视为美国交易时段的开始。纽约是世界第二大外汇交易市场,约占世界外汇交易总量的15%。

在美国时段的早段,交易尤为活跃,因为这个时段与欧洲时段重叠。这时,世界最大的两个外汇市场——伦敦和纽约都在活动。

美国的经济信息通常是在这个时段的早段进行发布,这会引发外汇市场巨幅波动。随着市场逐步吸收这些新信息,汇率发生着剧烈的波动。

在纽约时间中午过后,交易通常会变得漫无目标、震荡不止,因为此时伦敦时段已接近尾声,市场的流动性和波动性都逐渐降低。在纽约时间下午到傍晚这段时间,伦敦交易者已经下班回家,而此时正是日本的晚上,纽约交易者虽然在这时也比较活跃,但是已经完成了当天大部分的交易。

美国星期五下午这段时间,通常是市场最沉闷的时段,因为世界大部分的交易市场,此时已步入星期五晚上或星期六。流动性低,常会导致市场来回震荡,因为在流动性低的市场中,通常无法撼动汇率的订单现在比较容易做到。

最后,当美国市场闭市时,一个新的交易日刚好又在西太平洋开始了。澳大利亚和新西兰市场开始活跃起来,再度开始了一个新的交易进程。这种过程会持续近一周,从美国东部时间星期天下午开始,一直持续到美国东部时间星期五下午结束,这时世界大部分交易市场都已关闭。

格林威治标准时间

有这么多不同的时区,外汇交易者该怎么度量时间呢?由于外汇交易者分散在世界各地,所以他们会使用格林威治标准时间(GMT),这样,所有的交易者都有了一个共同的时间参照点。

一年里,格林威治标准时间有时会早于美国东部时间4小时,有时是5个小时。这是因为格林威治标准时间不承认夏令时间。

一旦你习惯了使用这个时间,就很容易记录时间,而且很多外汇交易平台也提供数字式的格林威治时间。表3.1显示的就是根据格林威治标准时间换算的外汇交易日。

表3.1 世界各地的外汇交易活跃时间

外汇市场	开始变得活跃	开始变得沉闷
澳大利亚/新西兰	21:00GMT	5:00GMT
日本/亚洲	23:00GMT	7:00GMT
欧洲/英国	7:00GMT	16:00GMT
美国/加拿大	12:00GMT	21:00GMT

第4章 技术面分析与外汇市场

为什么有如此多以前从事股票或期货的交易者,现在都选择了交易外汇?很多人发现技术面分析在外汇市场格外有效,并从这个全球市场中不断获利。为什么技术面分析在外汇市场如此有效?技术分析只是通过分析过去的价格行为,来帮助预测未来的价格行为。很多时候,使用技术面分析的交易者,只是寻找过去行为的重复。

这一章主要介绍交易者如何在外汇市场上把这个方法运用到最佳效果。

技术面分析背后的理论

外汇市场的长期波动通常与经济周期有关,而这种经济周期往往会自我重复,所以它们可以被适当准确地预测。由于技术面分析的整个前提在于通过历史价格行为来预测未来的价格行为,所以重复是关键。

在股票市场,一个公司的基本面可以在短时间内彻底改变。这就使得股票过去的价格与未来价格走势的预测毫不相干。在一个公司或一只股票的一生中,不存在可预测的经济周期。因此,在股票市场上,技术分析变成了碰运气的事情。

在外汇市场,我们是基于主要国家的基本面进行交易。这些国家的基本面变化得非常缓慢,使得经济周期繁荣—萧条的特性比较容易预测。

统计调查

调查5个人和调查5000个人,你觉得哪个结果会更准确?如果这个调查是在公平公正的条件下完成的,那么样本较大的那个调查反映的信息通常更准确。

外汇市场比起其他市场,规模更大,流动性更甚,这给了技术分析者们一个可利用的更大的样本信息。比起任何一个股票市场或期货市场,这里的交易数量更大,换手率也更高。外汇市场可以提供更多的数据点,使得一个诸如技术分析的统计抽样变得更为准确。

此外,外汇市场极高的流动性,使得小交易者就能扰乱市场并且暂时扭曲技术指标的可能性大大降低,而这种情况通常出现在流动性较低的市场中。一个股票交易者可以轻易地影响一只换手率较低的股票价格,但一个外汇交易者想要对汇率施以影响,则困难得多,费用也高昂。

举个例子,假设一只日均成交量仅为20 000股的股票,如果一个交易者下了一张订单,要买入这只股票10 000股,你认为会出现什么情况呢?由于这张买单的数量等于该股票日均成交量的50%,所以一旦订单被市场吸纳,这只股票的价格会即刻猛涨上去。更确切地说,一个交易者就可以显著影响那只股票的价格。

虽然这种情况在股票市场很常见,但在外汇市场却是前所未闻。外汇市场庞大的市场容量,使得这种情况几乎不可能出现。事实上,已经有很多政府和央行试图干预汇率,最后都以失败告终。

对未知的恐惧

对未知存有恐惧是很自然的事情,这是正常人的正常行为表现。我还记得我最初决定投身外汇交易时,各种各样的担心搞得我心烦意乱。那些图表是什么样子的?难道我必须放弃目前的交易风格,去学一些神秘难懂的新交易方法?

这些都是想要体验外汇优势的交易者通常担心的地方,他们都不愿意离开自己已经得心应手的领域。当我们看到外汇的图表,注意到的第一件事情就是它们与其他交易品种,比如股票或期货的图表没有太大的区别。

交易形态和技术指标

对于经验丰富的股票和期货交易者来说,好消息就是几乎所有你已知道的关于技术分析方面的东西,都能运用到外汇市场上。外汇图表上也有常见的一些形态,比如头肩顶、双顶和双底,以及对称和不对称三角形。

外汇交易者使用移动平均线、布林带、MACD——都与股票和期货交易者使用的指标相同。这里也有突破和回落、回调和盘整、区间和趋势等概念。例如,图4.1中显示的就是技术分析者们非常熟悉的一个形态——欧元/美元走势中的双顶形态。

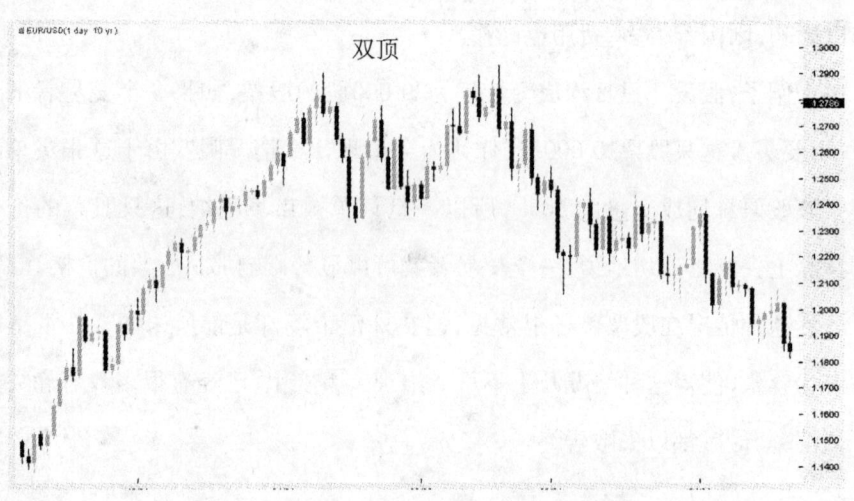

图4.1 欧元/美元走势中的双顶形态

资料来源:FXtrek IntelliChart. Copyright © 2001－2006FXtrek.com, Inc.

富有经验的股票和商品交易者,会在外汇交易的图表上看到很多很熟悉的形态。例如,在图4.2中可以看到,美元/日元的走势在超过3年的时间里,形成了一个较大规模的头肩顶形态。

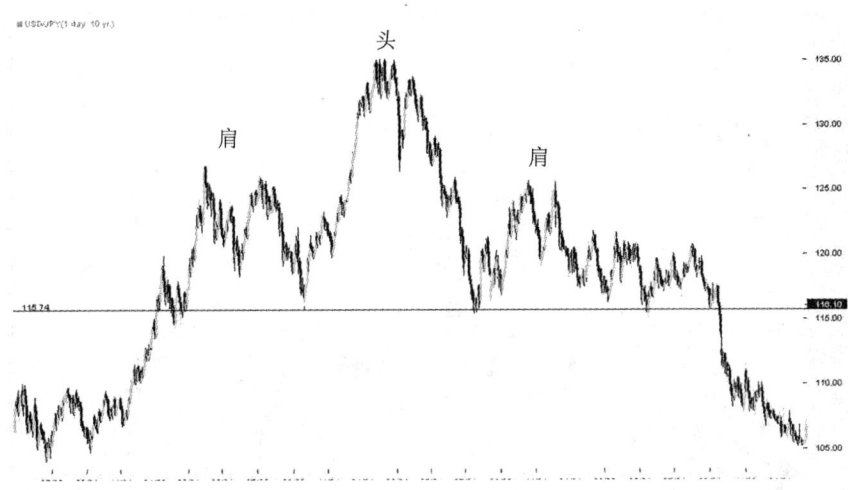

图 4.2　美元/日元走势中出现大型的头肩顶形态

资料来源：FXtrek IntelliChart. Copyright © 2001 - 2006 FXtrek.com, Inc.

外汇交易者也像股票和期货交易者一样,通过支撑位和阻力位来判断入场单或出场单的最佳位置。在图 4.3 中,美元/加元在 1.2000 的价位水平反复受到支撑。熟悉蜡烛图形态的交易者会注意到一系列锤头线、十字星、纺锤顶等反转蜡烛线出现在支撑水平附近。

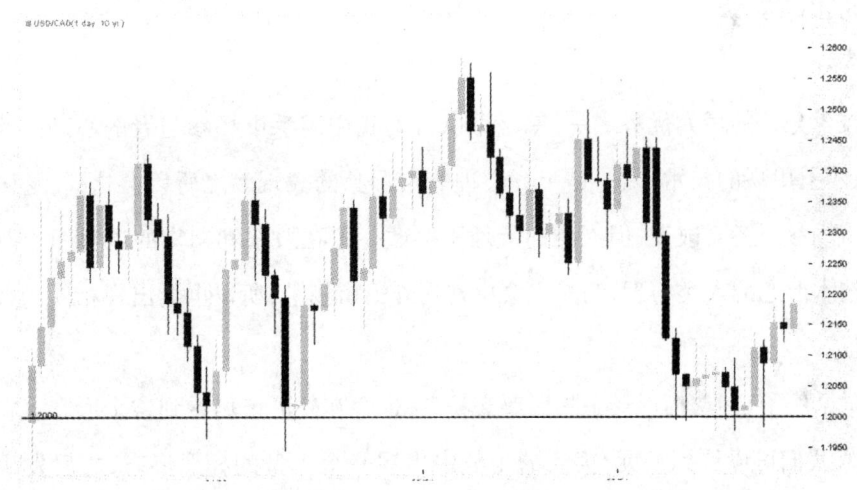

图 4.3　美元/加元在 1.2000 附近反复受到支撑

资料来源：FXtrek IntelliChart^{TM}. Copyright © 2001 - 2006 FXtrek.com, Inc.

一些包含趋势线和通道的策略在外汇市场也很受欢迎。比如,在美元/瑞郎的日线图中,我们可以看到两个非常明显的通道,一个上升,一个下降。请注意,图中第一个通道被跌破,上升趋势演变为一个双顶后,随即出现下降趋势。

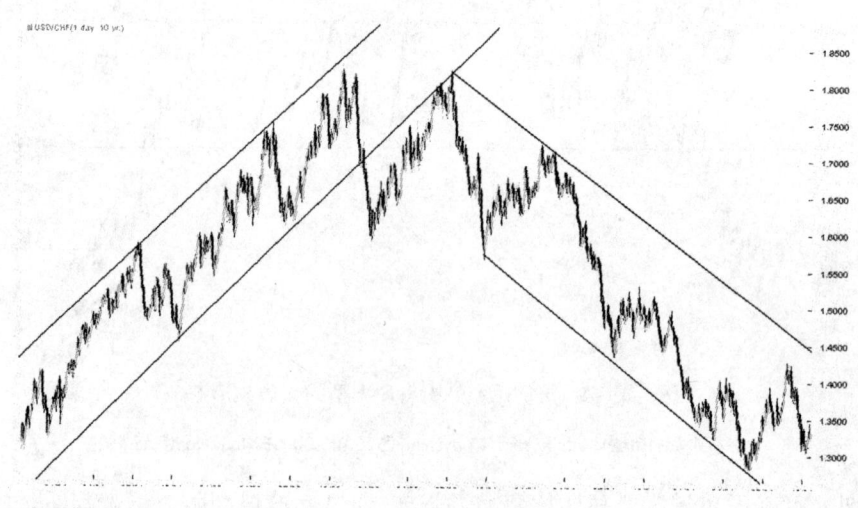

图4.4　美元/瑞郎走势中形成两个非常明显的通道

资料来源:FXtrek IntelliChart™. Copyright © 2001 – 2006 FXtrek.com, Inc.

市场心理学

技术分析的最大优势之一,就是可以帮助我们洞悉市场参与者的心理。我们知道,图上出现的技术形态,是市场心理非常形象的表现。之所以会这样,是因为虽然市场参与者会改变,但人类的天性不会改变。在股票和期货的走势图上创出各种技术形态的人类心理,当然也会出现在外汇市场上,所以也会出现相同的技术形态。

举个例子,喜欢杯形形态的股票交易者,也会在外汇市场看到这个形态。在图4.5中,我们可以看到澳元/美元的走势中出现一个大型的杯形形态,之后发生了突破。

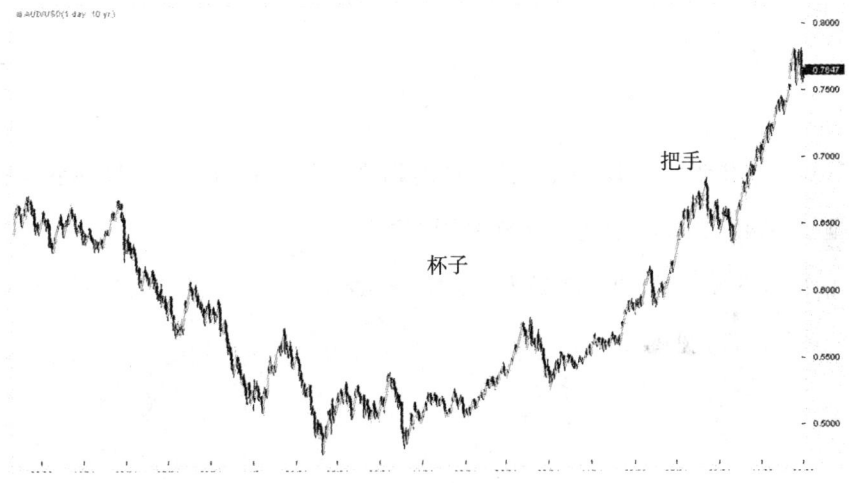

图 4.5　澳元/美元走势中形成一个大型的杯形形态

资料来源：FXtrek IntelliChart™. Copyright © 2001 – 2006 FXtrek.com, Inc.

超越技术分析

当我们观察一张走势图时，请一定记住，是根本的基本面在决定着这张图的走势。我们进行外汇交易时，交易对象不是上市公司，而是基于整个国家的基本面。一个国家经济基本面的变化速度要远远慢于一个公司的基本面变化速度。

如果一个公司的股票价格疲软，可以采取各种各样的方法来提振股价。例如，我们可以通过更换 CEO、重组公司、增加董事会成员等，来快速扭转公司局面。

要改变一个国家的命运，则是一个极其复杂且非常耗时的过程。基于这个原因，我们寻找的技术形态反复出现在外汇走势图上的概率，远远大于反复出现在股票走势图上的概率。而为什么外汇市场的趋势通常会持续数月，甚至数年，也正是出于这个原因。

趋势

货币对往往倾向于形成强劲且持续的趋势。外汇市场就以这种趋势而闻名,这也是趋势跟踪者倾心于这个市场的主要原因。

比如,在3年多的时间里,欧元持续对美元走高。这一波上升趋势是发生在美国经济疲软时期(见图4.6)。

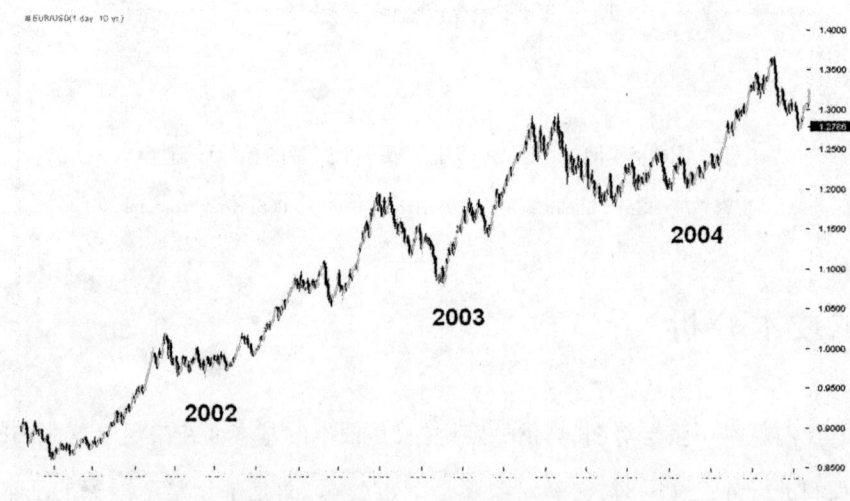

图4.6 欧元/美元的一个长期上升趋势

资料来源：FXtrek IntelliChart™. Copyright © 2001–2006FXtrek.com, Inc.

均线组处于适当次序

判断一个货币对是否处于趋势市的一个方法是,使用移动平均线,它也被称为具有"适当次序"的移动平均线。让我们为一个上升趋势定义这个适当次序：10期简单移动平均线位于20期简单移动平均线上方,20期简单移动平均线位于50期简单移动平均线的上方,50期简单移动平均线位于200期简单移动平均线的上方。即：

$$10 > 20 > 50 > 200$$

在下降趋势中,这个次序就要反过来,即:

$$200 > 50 > 20 > 10$$

现在我们将再看看欧元/美元的日线图(图4.7)。在图中左边,移动平均线基本很平缓,并且混杂在一起,没有特别的排列次序。在图中右边,移动平均线自己形成了一个上升趋势的适当次序。请注意,较短期(10日和20日)的移动平均线正在向图的右上角倾斜。

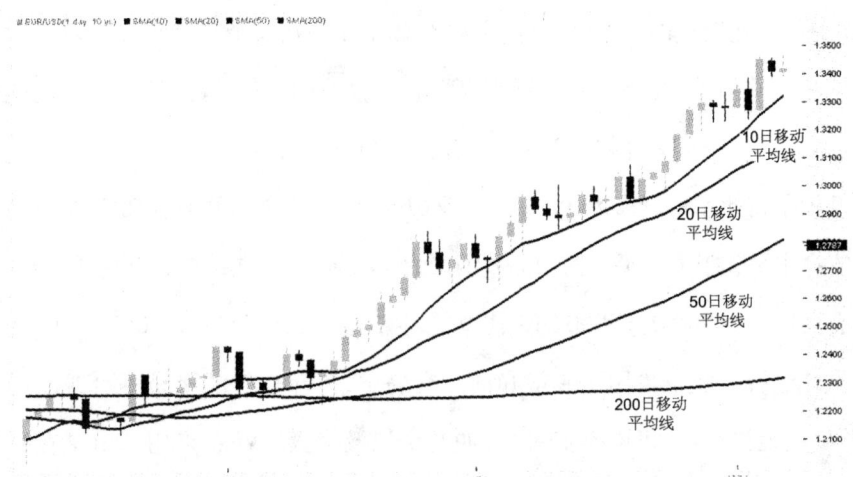

图4.7 欧元/美元的移动平均线形成了一个上升趋势的适当次序

资料来源:FXtrek IntelliChart™. Copyright © 2001 - 2006FXtrek.com, Inc.

图中左边的移动平均线,造型就像意大利面条,这表示该货币对正处于区间震荡。因此,在区间震荡期间,只能使用震荡交易策略。当移动平均线自己形成了一个适当次序,而较短期的移动平均线开始向对角,而不是旁边移动时,那么现在这个货币对就有了明确的趋势方向。交易者此时就应该把震荡交易策略转为趋势交易策略。

在图中左边(区间震荡时),可以选择在支撑位做多,在阻力位做空。但是进入图中右边那种情况后,就不能如此。一旦货币对选择了方向,交易者就只能顺着这个方向进行交易,并且只能做多,不能卖空。

所以,交易者要确保在顺着趋势进行交易,尽量避免进行与趋势方向相反的交易。与趋势对抗是傻子才有的行为,在任何交易市场都行不通,尤其是像外汇这样拥有强劲趋势的市场。

菲波纳奇策略

谈到外汇市场的技术分析,就不得不提到菲波纳奇技术,否则就不完整。你也许知道,菲波纳奇(Fibonacci)是著名的意大利数学家,他有几项被公认的重大革新,其中包括他发现的一组数字序列,这组数字序列在整个自然界无处不在。从建筑到音乐到几何学,几乎所有领域都存在着菲波纳奇比率,可以从一朵花的花瓣数量上看到,也可以从一棵树的树叶的生长方式上看到。

菲波纳奇比率61.8%和38.2%,以及61.8和38.2之间的中点50%,被认为是重要的支撑水平和阻力水平。使用菲波纳奇的交易者认为,在一次显著的单边波动后,汇率会发生一个幅度等于菲波纳奇比率的回撤,通常都是38.2%、50%或61.8%。

虽然这种方法较少用于股票和商品交易中,但却是外汇交易不可或缺的一部分,并广泛地被银行、机构投资者、对冲基金以及个人交易者采用。由于在外汇市场受到普遍欢迎,因此菲波纳奇技术创造了一种自我实现的预言。

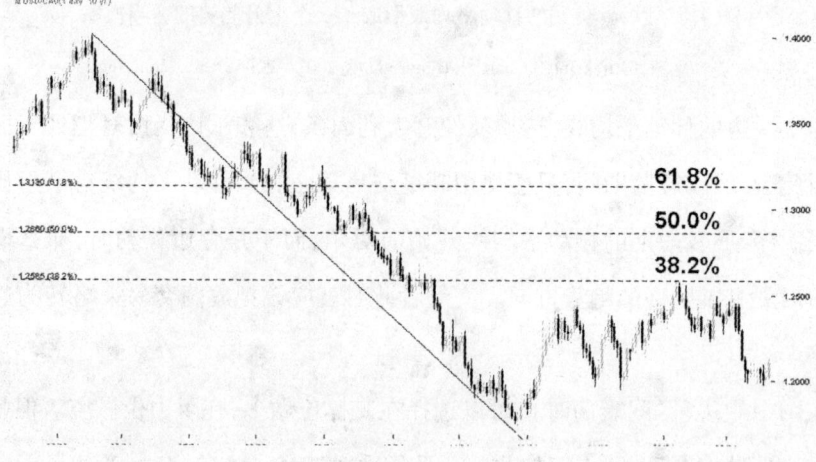

图4.8 美元/加元下跌趋势中发生38.2%水平的菲波纳奇回撤,之后继续下跌

资料来源:FXtrek IntelliChart™. Copyright © 2001－2006FXtrek.com, Inc.

在图4.8中,美元/加元经历了一波急剧下跌的行情。之后,该货币对止跌上涨,直到遭遇阻力位,该阻力位位于此前下跌趋势38.2%水平的菲波纳奇回撤位。

这是巧合吗?你要知道,我是一个天生的怀疑论者。但是,事实是自从我开始交易外汇并运用菲波纳奇技术后,我发现它预测重大阻力位和支撑位的准确率之高,让人不可思议。

这里还有一个例子,就是英镑/美元。这个货币对在到达顶点之前,上涨了2000点。之后,该货币对发生了回调,在获得支撑时,回调幅度正好为38.2%。然后在接下来的三天里,该货币对又上涨逾400点(见图4.9)。

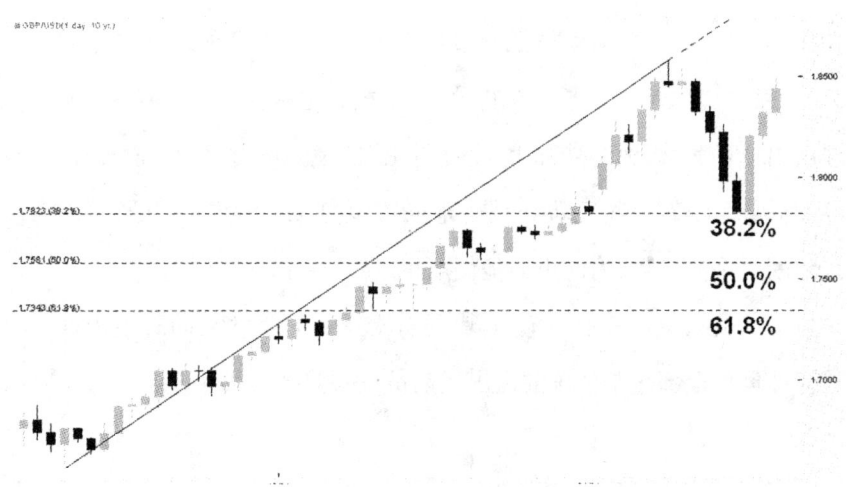

图4.9　英镑/美元在上升趋势中回撤到了38.2%的菲波纳奇支撑位,然后回升

资料来源:FXtrek IntelliChart^{TM}. Copyright © 2001－2006FXtrek.com,Inc.

第 5 章　交易准备

在棒球运动中,有些运动员是通过惊人的速度为自己的球队得分的。他们常被称为"速度之魔",非常擅长盗垒得分,可以极大地威慑对手。有些运动员则以擅长把球击出球场著称,他们被称为"全垒打王"。他们可以只挥一次球棒,就改变整个比赛的局势。还有一些运动员,是以防守能力著称。他们可以通过极为出色的接球来阻断对手的进攻,因此也为他们赢得了"金手套"的称号。

很多运动员只擅长其中一个领域,只有真正的高手才能同时精于这三个。这种精通棒球运动全部重要位置的杰出运动员,被称为"多面手"。

"多面手"交易员

在外汇领域,那些精通技术分析并熟练掌握各种交易策略的交易者,可以找到极佳的入场点和出场点。精通基本面分析的个人交易者,可以预测经济基本面发生变化时,外汇市场的转折点。而擅于严格风险管理的交易者,则可以在任何交易环境下,保护自己的账户不受损失。

那些精通以上三种技术——技术分析、基本面分析和风险管理的交易者,就是真正的"多面手"交易者。

我是由衷地希望能帮助你成为你能成为的最好的交易者。你可以通过掌握外汇交易这三种最重要的技术,来达成这个目标。

首先，要详细地学习可以在外汇市场获得成功的真正技术。这就是本书的目的——学会识别外汇市场目前的状况，运用相应的交易策略，并适应市场的变化。

其次，尽你所能地学习所有关于外汇基本面的知识。千万别被基本面分析吓着了。是否深入地理解基本面，常常是区别优秀交易者和伟大交易者的标志。

最后，就是风险管理，这是所有非常成功的交易者都具备的一个要素。良好的风险管理可以让你远离麻烦，也可以让你安然度过艰难时期，并获得宝贵的经验。

虽然这本书的重点是介绍技术面交易策略，但千万别忽略了交易的其他方面。对于精通三种技术——技术面、基本面和风险管理的交易者，请参考我的DVD系列《外汇导师：跟艾德·蓬西做外汇交易》。

积累经验

哪个驾驶员发生事故的几率更高呢？是经验丰富、见多识广的驾驶员，还是连哪个是油门、哪个是刹车都不太清楚的小屁孩儿？

答案当然是后者。新手随时都可能发生事故，而经验丰富的驾驶员则可以在事故发生之前就预料到可能出现的麻烦。在开车和交易中，没有东西可以替代经验。

一次良好的交易训练可以教会你很多东西，但就是不能直接给你经验。幸运的是，只要使用练习账户或"模拟"账户，任何人都不需要拿血汗钱冒险，就可以积累交易经验。大部分外汇做市商都会提供这种账户，包括实时的图表、报价和新闻。

我真希望在我开始交易外汇时就有这种模拟账户。在过去，交易者必须用真实的资金来学习交易并犯错。我曾工作过的一个公司就提供一种版本较早的练习账户，叫做"交易模拟器（trading simulator）"，但它完全无法与今天的模拟账户相提并论。

模拟交易是那些初涉外汇的交易者熟悉这个市场的好方法。我强烈推荐每个交易者在进行真实交易之前，至少进行几个月的模拟交易。即使你已经在用真实资金进行交易，但如果交易不顺，也不妨回到模拟交易上来。

外汇市场也有"迷你"账户可供选择，所以外汇新手也可以进行风险最小的真实交易。只需要几百美元，就可以开这样一个账户。这是所有交易市场中进入门槛最低的市场之一。

在开设迷你账户之前，至少要成功交易模拟账户几个月。交易获得成功跟碰运气可不一样。如果你的模拟账户盈利，但是盈利的过程中承担了极高的风险，这还不足以让你升级到真实交易。

一旦你积累了一定的经验，交易能够获得成功，并且驾轻就熟、得心应手，那么就试着开一个迷你账户。如果交易迷你账户都能连续几月获得成功，且没有承担过大的风险，你就可以考虑开一个标准账户。

这个过程不能着急。如果你在这个过程中有任何感到不自在的地方，那么你就还没有为"升级"到下一步做好准备。别着急，慢慢来，市场会一直等着你做好准备。

请记住，在你积累了足够的经验之前，你都像是坐在父亲汽车驾驶座上的那个小屁孩一样——早晚都要出事。

选择交易哪个货币对？

当你第一次交易外汇时，你可以只从一个货币对开始。最好的办法就是选择点差较小的货币对，比如欧元/美元。这个点差是货币对的买入价和卖出价的差值。

点差是个较难对付的敌人，那些点差很大的货币对只适合长线交易。一旦打平点差，你就达到了交易的"盈亏平衡点"。在点差很小时，很容易达到。

以欧元/美元作为开始（当然是模拟账户），当你开始习惯这个货币对的波动方式后，就可以扩大交易的选择范围，试试英镑/美元。你会发现这个货币对的交易方式与欧元/美元类似，不过波动率更高。有些交易者喜欢这种波动率更高的货币对，但有些交易者就无法接受。

由于没有哪两个交易者完全一样，所以哪个货币对更适合你的交易风格，应该由你自己决定。任何时候你想尝试新的货币对或交易方法，都一定要在模拟账户上进行。找到哪个货币对最适合你的性格，也是学习成为一名合格外汇交易者过程中的一部分。

一旦你慢慢熟悉了这两个货币对的波动，就再试试美元/日元和美元/加元。

你会看到这两个货币对的波动方式,与欧元/美元和英镑/美元完全不同。日元货币对有它们自己的"性格特点",很容易在整数位出现支撑/阻力位。

如果你喜欢交易美元/日元,就可以尝试一下欧元/日元。这个货币对类似于美元/日元,但是它波动的速度常常更快,波动率也更高。

商品货币

接下来,再看美元/加元是不是你喜欢交易的货币对。由于这个货币对的趋势会持续很长时间,所以它已经成为我的最爱之一。这个货币对与石油价格的相关性非常强,因为当能源价格上涨时,加元通常会走强,而当能源价格疲软时,加元也会走软。那些与商品(比如石油)价格相关性非常强的货币,被称为"商品货币"(见图5.1)。

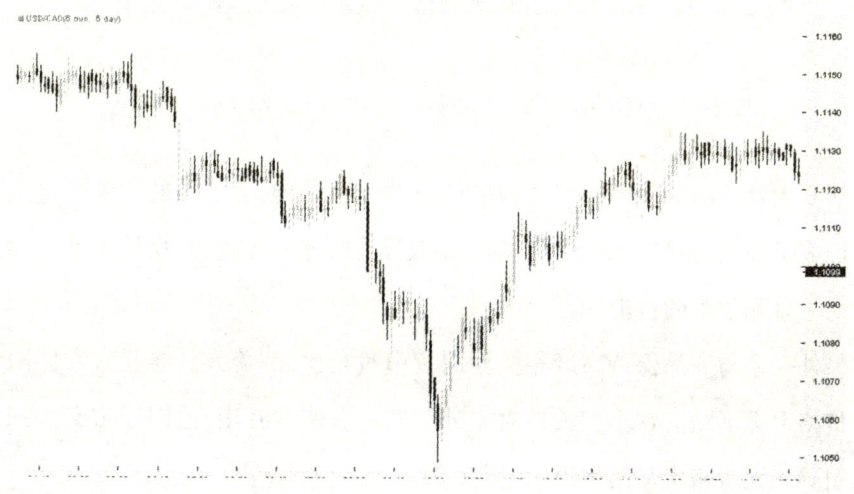

图5.1 在这张美元/加元的5分钟图上出现了急剧的日内反转,这与美国能源部每周发布的库存报告相符合。该报告引发了原油价格的大幅波动,从而也影响了美元/加元。

资料来源:FXtrek IntelliChart™. Copyright © 2001 – 2006FXtrek.com, Inc.

如果你想交易与石油价格相关性更强的货币对,那就试试加元/日元。就石油的出产和消费而言,加拿大与日元完全相反,而这也会反映在加元/日元的汇率中(见图 5.2)。

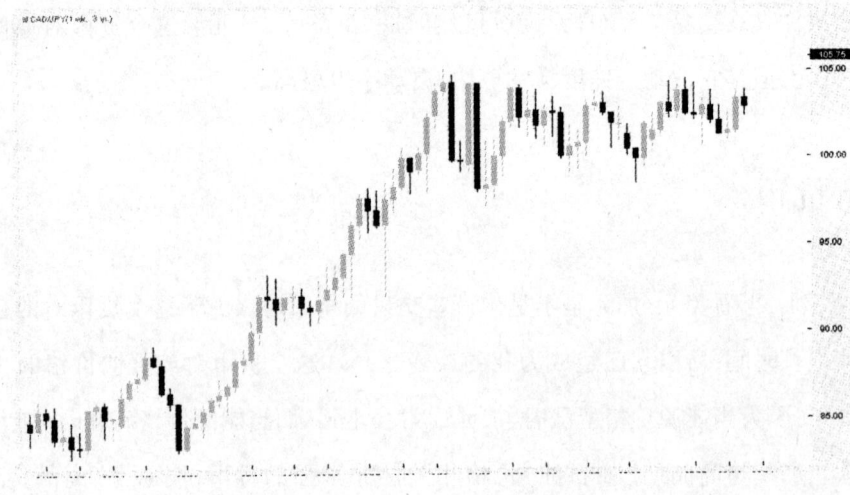

图 5.2　在 2005 年 – 2006 年的这张周线图上,加元/日元随着石油的价格一起上涨而后盘整。

资料来源:r·Xtrek IntelliChart™. Copyright © 2001 – 2006FXtrek.com, Inc.

加拿大是石油的主要出产国和出口国,加元会受益于走高的能源价格。这与日本形成了强烈的对比,日本消费的石油几乎全部来自于进口,所以上涨的能源价格会给予日元重重的打击。

另外一个与商品保持高度相关性的货币对是澳元/美元。澳元常常伴随着黄金的价格上涨下跌。这个相关性对于外汇交易者非常有用,他们经常会看到黄金价格引导澳元价格走势的情形(见图 5.3)。

图 5.3　2006 年春,澳元/美元随着黄金的价格上涨。在几乎同时达到顶点后,黄金和澳元/美元又相继回落。

资料来源:FXtrek IntelliChart™. Copyright © 2001－2006FXtrek.com, Inc.

不要限制自己

正如前面讲过的,新手应该从一个货币对开始,然后逐渐扩大交易的范围。但是有些交易者,甚至包括经验非常丰富的交易者,每天都在交易同一个货币对,而不管市场状况怎样。

如果这很适合你的交易风格,也很好,只是要考虑到每个货币对都不会总是处于最佳交易时机。每个货币对都会经历不同的时期,它有时方向非常明确,这时做交易相对比较容易,而有时的交易则极其困难。当你认识到这一点时,你就会明白把自己限制在一个货币对上,是多么不明智的做法。

这样来想一想吧:假设你有一个车库,库里停满了各种各样的车。你有大量不同的选择,可以在不同的情况下开不同的车。当某一天你想开车去高速公路上兜风,你可以选择保时捷或者法拉利。如果你想开越野车,可以选择 Jeep(吉普)或路虎。你的选择会反映当时的具体状况——你应该不会在雨里开敞篷车吧?

如果有人不考虑具体情况,每天都选择开相同的车,而这个人有整整一车库不同的车,但不管是下雨、下雪,还是天晴,他都永远只开一辆。甚至轮胎都扁了,还在开。你会怎么想?

这些不同的货币对就正如那个车库里的车。当然,在你刚开始学习驾驶时,你是应该只开同一辆车,这样才能快速熟悉这种交通工具,并专注于手上和脚上的任务。一旦你学会如何驾驶了,你就可以根据情况来变换你的选择。

交易也是这样,我们要选择最适合目前情况的"车"。如果一个货币对显示出持续的趋势,且交易相对较容易,而另一个货币对的波动没有规律、方向不明确,那么我们就应该选择前者,放弃后者。

我们选择的货币对终究会结束趋势,那时我们就不得不改变我们的策略,要么就更换交易的货币对。简言之,我们应该选择当时能提供最佳交易机会的货币对。

交易和命运

据说要观察人类行为,没有比交易室更好的地方了。当我第一次在位于纽约的那种地方工作时,我听到了一句话,让我感到费解。当时一个新交易员大摇大摆走进交易室,然后大声地向众人吹嘘他最近的成功。

"我再次做到了!我又赚了钱,真是有趣!我现在简直热血沸腾,伙计们!我才是真正的男人!"

这个交易员继续絮叨着他如何总是打中盈利目标,几乎不会亏损的"传奇"。

一个坐在旁边的经验非常丰富的交易员听着直摇头。他转过头来对这个交易新手说:"市场之神不会同意的。"

虽然我当时没有听懂这句话,但没多久就明白了:市场往往会让那些过于骄傲的人变得谦逊。这个爱吹嘘的交易员在人前这样陶醉于自己近来的成功,显得十分幼稚。那些长期都能获得成功的交易者,很少会让胜利冲昏自己的头脑,因为在交易与日常生活中,骄傲总是失败的前兆。就把它看作是当交易者自我膨胀时,用于约束他们的一种"市场命运"吧。

事实上，在职业交易室里，交易者如果做得异常顺手，常会被要求限制交易。通过对交易员多年的观察，风险管理部门认为，我们在获得最伟大的胜利之后，紧随而来的往往就是最惨痛的失败。

难道真的有一种外部力量可以掌控交易者的命运？市场之神真的在静静地观察并等待着交易者大意或违反什么行为准则？

不！当交易者迷失方向时，他们会自己妨碍自己。获得成功的交易者有时会变得自负，然后忘记最初让他们获得成功的基本要领。市场之神——或者说是命运、阴阳学说，反正不管你怎么叫它——只是一个词而已，只是自我妨碍的一种形象说法而已。

要像水手敬重大海一样敬重市场。把市场看作自然界一股巨大的力量，就像海洋，可以利用但不能随意操控。当你交易顺手时，请一定保持头脑冷静，克制住宣布战胜市场的冲动。

幸灾乐祸

不是只有获胜的交易者才需要担心市场之神的愤怒。由于我们是在竞争非常激烈的环境下交易，所以你会发现如果你的交易做得好，有时其他一些交易者会对你的成功感到愤恨，但如果你失败了，他们却喝起彩来。

我永远不会忘记曾经一段非常艰难的时期，当时有两个被我视为朋友的交易员，他们对于我那段时间接二连三的亏损，简直抑制不住地高兴。在这次失误之前，我已经"很烦恼"，我想是我之前的好运把他们激怒了。

我是不是在获胜时忘乎所以，所以如今交易不顺完全是我"自找的"？我冒犯了市场之神吗？或许是，但是我已经付出了代价。如今，情况完全变了，那两个人现在都会对我微笑，笑容就像圣诞节早上的5岁小孩。

德国人有一个描述这种情形的词——schadenfreude（幸灾乐祸），翻译过来意思大概就是"对别人遭遇不幸感到高兴"。

就像市场之神会削弱自负交易者的信心一样，市场之神也很鄙视那些为别人失败而狂欢的人。不要纵容自己幸灾乐祸，否则你会发现自己有一天会在饭店工作或者从事高中教学——降临到我那两个所谓的"朋友"身上的命运。如果你为你隔壁家伙的失败喝彩，那你也很可能会失败。

第二部分

趋势市的交易策略

这个市场是自然界的一股力量。它可以形成规模巨大、动力很强的趋势,并且持续数年。它创出的形态像冲向海滩的波浪一样连续不断。外汇交易者如何运用这些趋势和形态来赚钱呢?

Copyright © 2006 Josep Giró. All rights reserved.

第 6 章　理解趋势和倾向

当你开车时,你总是使用完全相同的驾驶技术吗?不管你是在极其拥堵的城市道路上还是在空旷的六车道高速路上,你都总是以完全相同的方式开车吗?

当然不是。你会在不同情况下采用不同的驾驶风格。如果你试图像在新泽西州的收费公路上开车一样,驾车通过交通近乎瘫痪的曼哈顿中心,结果无疑将是灾难性的。当我们变换我们的驾驶风格,会意识到在某些情况下采用某种技术是适宜的,但不是所有情况都适合。我们要根据情况来选择正确的技术。

交易也是类似,没有放之四海而皆准的方法。就像我们这个例子中的驾驶员一样,我们必须变换我们的交易风格,这样才能在适当的时间运用适当的方法。

交易环境

有三种基本的交易环境:

1. 趋势强的货币对有一个明确的方向(图 6.1)。
2. 区间震荡的货币对在支撑位和阻力位之间震荡(图 6.2)。
3. 盘整中的货币对陷入了一个狭窄并逐渐收紧的区间内(图 6.3)。

图 6.1　欧元/美元在日线图上处于下降趋势

资料来源：FXtrek IntelliChart™. Copyright © 2001 – 2006FXtrek.com, Inc.

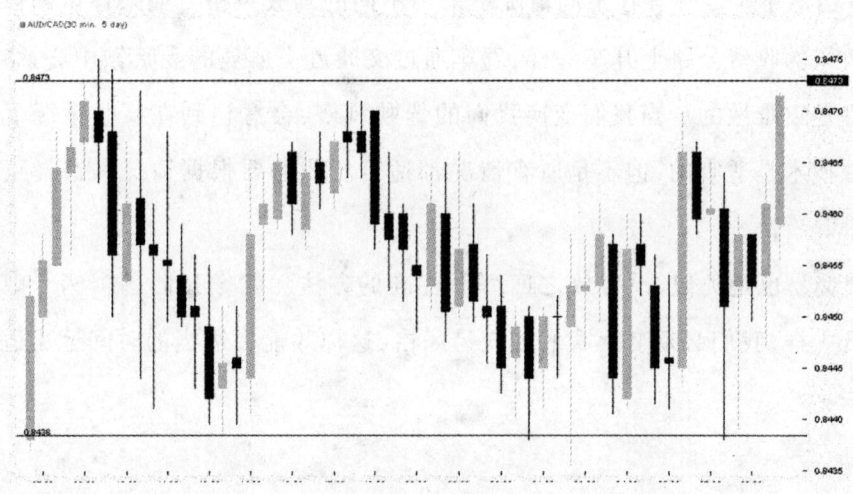

图 6.2　澳元/加元在日内图上陷入了区间震荡

资料来源：FXtrek IntelliChart™. Copyright © 2001 – 2006FXtrek.com, Inc.

交易者必须根据具体环境来选择最适当的技术。趋势市的技术就不适用于区间震荡市和整固时期，而区间震荡市的交易风格用在趋势市或者整固时期也不会奏效。

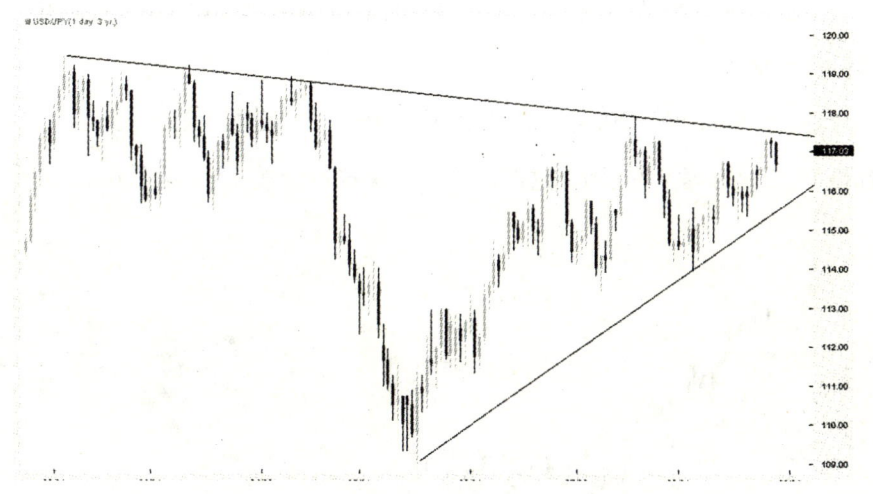

图6.3 美元/日元在日线图上进入了上升三角形的整固形态

资料来源：FXtrek IntelliChart™. Copyright © 2001 – 2006 FXtrek.com, Inc.

有一件事情你必须意识到：市场处在不断变化中。趋势正强的货币对最终也会进入区间震荡或者整固时期。交易者必须非常敏捷，在正确的时间运用正确的策略，以快速适应这种交易环境的变化。

保持客观的重要性

如果你第一次使用新的交易技术，那么你可能足够幸运到从一开始就获得成功。或许你碰巧是在适当的时机运用了适当的技术，并且能够即时满足。一些交易者甚至还是新手时，就开始变得心满意足，因为他们感觉自己已经"征服了市场"。

一开始就获得成功，也会产生一些不良的后果，那就是交易者可能从此以后会持续使用相同的交易技术，即使市场已经明显发生变化，那种技术已不再适用时，也不改变。交易者们把这种情况叫做"坠入了某个技术的爱河"，其结果将是毁灭性的。

如果万一这种事发生在你身上，我希望你能试着保持客观的态度，认识到虽然这种短期成功并非罕见,但它并不是终极目标。任何人都可以交好运,但好运不会总是降临到你头上。

比如,在 2002 年到 2003 年期间,美元对大部分主要货币都在大幅下跌。在这种环境下,交易非常容易,因为这时的趋势跟踪技术非常有效(见图 6.4)。

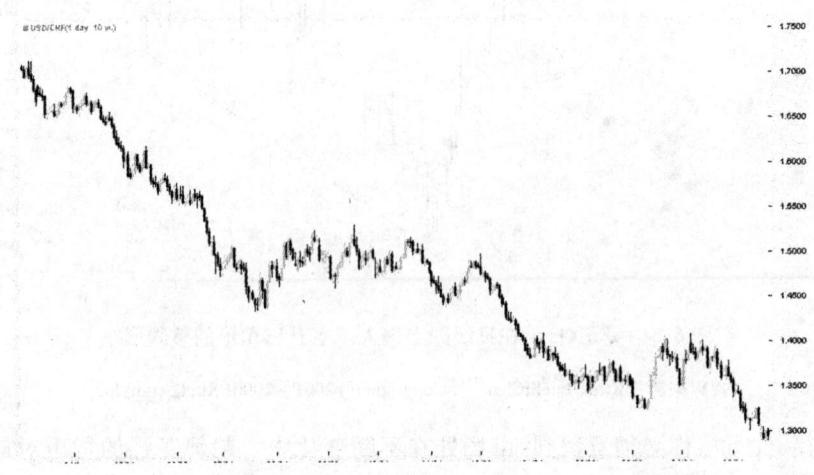

图 6.4 美元/瑞郎在 2002 年—2003 年期间的下跌趋势

资料来源:FXtrek IntelliChart™. Copyright © 2001 – 2006FXtrek.com, Inc.

我的很多学生这时候还是新手,他们此前都没有接触过趋势跟踪技术。这些"菜鸟们"在趋势市期间,适时地运用了趋势跟踪技术,很快就赚取了巨额利润。

虽然我很高兴看到我的学生交易得这么好,但我仍然担心他们总体已经对外汇市场和交易形成了不切实际的期望。"它不会永远像现在这样这么容易,"我对他们说,"要学习其他一些技术,以便市场发生改变时,你已做好准备。"有些学生听从了我的意见,有些则没有。

果然不出所料,在 2004 年初美元稳住了脚步,趋势开始结束(见图 6.5)。有些交易者明白趋势不会永远持续下去,所以为市场这次转变做好了准备,对战术作了相应的调整。但其他一些交易者就不那么幸运了,他们"坠入了趋势技术的爱河",即使市场环境已经发生变化,仍然继续使用它们。随着市场环境发生变化,他们的交易遭受了巨大损失。

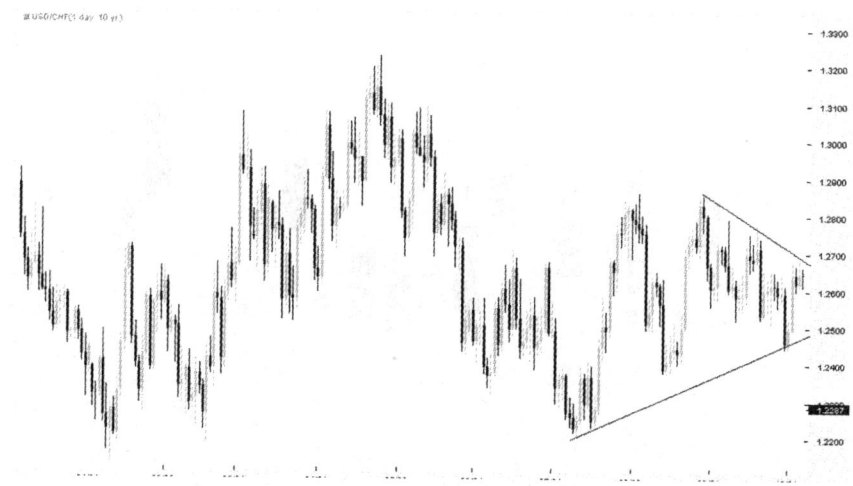

图6.5 在2004年期间,美元/瑞郎结束了之前的趋势。请注意图中右边的整固三角形

资料来源:FXtrek IntelliChart™. Copyright © 2001–2006FXtrek.com,Inc.

作为一名交易者,你没有那么大资本来坠入某种技术、某个指标或者某个货币的爱河。要知道,市场不是静止的,交易者需要迅速识别并适应这种变化。

从一种"倾向"开始

实际上,几乎每个非常好的交易策略,都基于一种市场倾向。如果我们观察市场的时间足够长,就会逐渐注意到这些倾向。比如,外汇市场倾向于形成长而强的趋势。

再比如,市场倾向于在大的整数位上形成支撑或阻力,这是任何交易市场都会出现的心理倾向(见图6.6)。此外,一个强有力的突破倾向于立即出现在收窄的盘整之后(见图6.7)。这些倾向中的任何一种都可以作为制定一个策略的基础。

一个真正的"倾向",背后都有充分的理由作为支持。例如,之所以出现整数支撑位或阻力位,是因为人们通常在整数位设置他们的进场单、止损单和出场单。那么人们为什么要这么做呢?

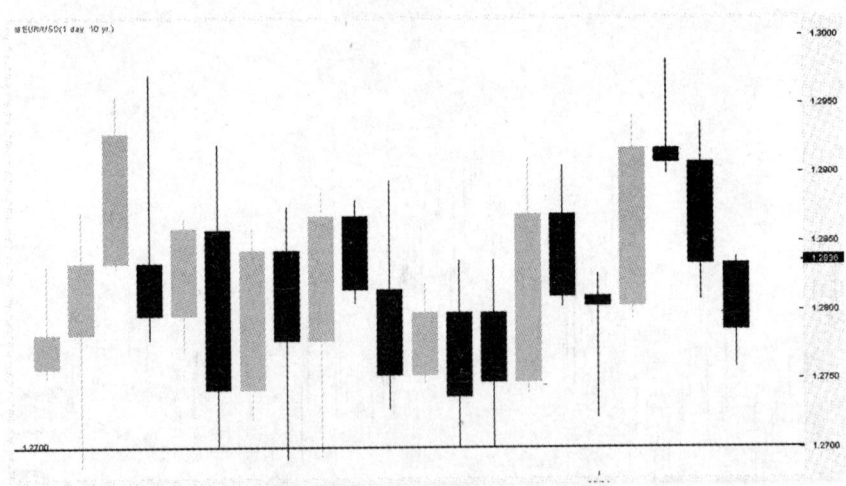

图6.6 欧元/美元在整数位1.2700反复受到支撑。

资料来源:FXtrek IntelliChart™. Copyright © 2001 – 2006FXtrek.com, Inc.

图6.7 2006年春,英镑/美元在收紧的整固形态之后出现暴涨

资料来源:FXtrek IntelliChart™. Copyright © 2001 – 2006FXtrek.com, Inc.

事实上,不是每个交易者都会在下单前仔细研究图表。一些交易者对于要在哪里下单,只有一个非常笼统的概念。这些交易者常常把进场单、出场单和止损单设在整数位,他们的订单都集中在这些地方。正是由于这个原因,在股票和期货市场,也包括外汇市场,整数位往往与关键支撑位和阻力位一致。

与此相反的是一个微弱的或假的倾向,这一般是表面观察的结果。假倾向的例子可以是诸如后面这样的话,"欧元在星期四总是很强势"或者"加元在满月的时候波动率较高"。这样的看法或许只会持续较短时间,它并没有充分的根据。事实上,我根本不会把这类现象当作倾向。相反,我会把它们归类于巧合。如果把交易建立在一个微弱的或假的倾向上,那么成功的几率与抛硬币的概率一样(一旦你算上点差,结果就更糟)。

如何充分利用趋势?

现在让我们看一个例子,看交易者是如何充分利用趋势来获利的。假如市场处于趋势市时,它就有一个明确的方向。我们假设这个趋势会持续,因为历史告诉我们在外汇市场,趋势会持续数年。如果我们跟对了趋势(在上升趋势中做多,在下降趋势中做空),我们就有机会获得非常可观的收益。

你或许听过这样一句话,"让你的利润奔腾。"这是一条很好的交易建议,因为我们很多人都倾向于快速了结获利的头寸,而长时间坚守亏损的头寸。

在趋势市中让你的利润奔腾是很容易的事,因为这时的汇率有非常明确的方向。只要货币对在朝那个方向波动,我们设的保护性止损被触及的可能性就很小。

与此相对的是汇率处于横向整理或区间震荡时期。由于此时货币对没有真正的方向,所以价格往往会回到我们的进场点。这就使得交易者更难坚守头寸,并迫使他们灵活地设置出场点。横向整理的市场也可以进行交易,只是这种交易环境需要的交易技术与趋势市时有所不同。

自我实现预言

不是所有趋势都是相同的。最好的趋势是那种在图上轨迹非常显著的运动——只需一眼,你就可以看见并立即认出来。

就像很多技术分析工具和形态一样,越明显的趋势越是有效,因为很多交易者都能看见并识别出来。如果有足够多的交易者认为某个货币对正处于趋势市,并据此设定了相应的订单,那么这会为该趋势提供额外的动力。

这是一个"自我实现预言"的例子,一个已经作出的预言其实可以使预言本身成为现实。换句话说,如果交易者们认为某个货币对正处于上升趋势,他们中很多人会为了从趋势中获利,纷纷做多。买入的压力会把该货币对推到更高的价位,从而更加强了该趋势。自我实现预言在技术分析和外汇交易中,是一个永远不断出现的主题。

趋势之流

我喜欢把趋势比作河里的水流。如果你玩过漂流,你可能知道大部分河流都会根据地势高低来划分等级。在地势低的河段,水流的势能已经非常微小,此时把你的橡皮艇放入水中,已经没有意义。如果我们移到地势更高的位置,这时水流势能变得很大,漂流者可以更快地朝其目的地前进。

就像漂流者一样,交易者也要到达一个目标。在一个较弱的趋势中下单,很可能导致不太理想的结果,因为汇率不是"坚定地"朝着一个方向。一个较强的趋势就表明"决心坚定",它将会把交易者更快地运送到更远的地方,直到抵达目标。

同样需要记住的是,那些与趋势对抗的交易者,如果执意逆流而上,那么将会很快发现他们的橡皮艇进水了。与趋势对抗是新手们失败的最常见原因,所以我们必须确保我们在顺势交易,而不是与趋势对抗。

趋势会不会强劲过头了?股票、商品或者货币大幅度上涨之后,有可能出现急剧的回调。要注意到那些某个交易工具已经获得了巨额收益的环境。但是,如果交易者运用了良好的风险管理,同时设置了适当的止损,并处于像外汇现货市场这样极具流动性的市场中,那么承担的风险量在任何环境下都可以减小并可控。

河中的水流也可以过于强大。如果你曾经遭遇过极其湍急的河流把你的橡皮艇拉长得像一根橡皮筋，那么你一定知道类似于弹弓一样的效应会把在坐橡皮艇后面的人弹射出去，高高地抛入空中，就像一颗人肉弹。猜猜我是如何懂得这个如此有趣的道理的？漂流者和交易者都需要采取所有的安全防护措施。

如何判断市场是否处于趋势市？

有几种常见的技术可以用来判断一个趋势是否正在行进中。一个涉及移动平均线使用的普遍方法，常被称为移动平均线的适当次序，这在之前的章节中讨论过。

另一个用于判断一个货币对是否处于趋势中的方法是使用 ADX 指标。ADX 指标是多产作家威尔斯·威尔德(J. Welles Wilder)开发的一个指标，它可以反映趋势的强弱，但不考虑趋势的方向(向上或向下)。ADX 读数越大表明趋势越强。比如，当 ADX 指标读数大于 35，并且继续上升时，就意味着目前市场正处于强劲的趋势中(见图 6.8)。

图 6.8　ADX 指标读数大于 35，并且继续上升，表明趋势很强劲

资料来源：FXtrek IntelliChart™. Copyright © 2001 – 2006 FXtrek.com, Inc.

还有另外一个方法可以用来判断目前市场是否处于趋势市,即使用趋势线。趋势线只是一条画在上升趋势之下,或者下降趋势之上的线,它可以指出一个货币对的大致趋势如何(见图6.9)。

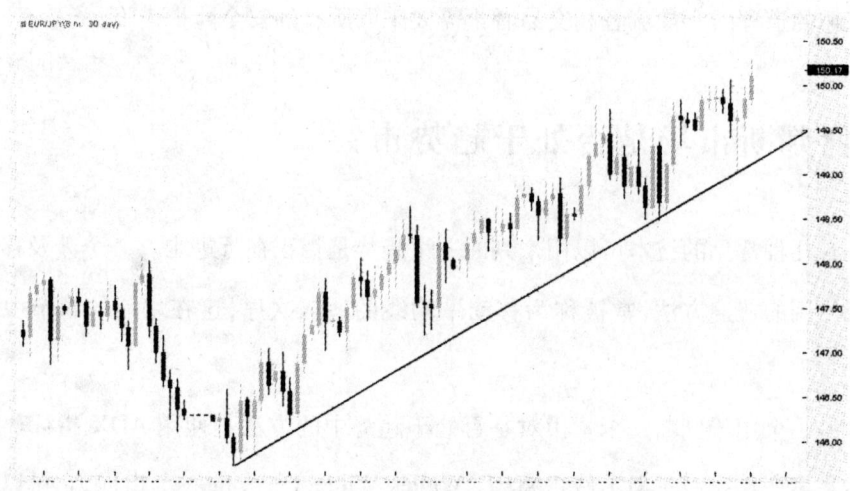

图6.9　趋势线表明在2006年夏天,欧元/日元处于持续向上的趋势中

资料来源:FXtrek IntelliChart™. Copyright © 2001-2006FXtrek.com, Inc.

在使用趋势线判断支撑点和阻力点时,一定要小心,因为它们带有主观色彩。如果你让10个交易者分别在一张图上画一条趋势线,你可能会得到10条不同的趋势线。由于我们画出的趋势线有所不同,所以我们也会有不同的入场点和出场点。"软目标(soft target)"这个概念就很适用于趋势线以及其他各种支撑位和阻力位。

第 7 章　趋势的解构

也许你曾听过这样一句话,"趋势是你的朋友。"这是华尔街最古老的格言之一,它如此受欢迎,是有它的道理的。顺势而为是历史最悠久,也最能获利的方法之一,可以用于任何市场,不过用在外汇市场甚为奏效。这是因为外汇市场往往会形成强劲的趋势,并持续数周、数月,甚至数年。

为什么外汇市场的趋势比其他市场的趋势要强,持续时间也更长?先来看看股票市场的趋势和外汇市场的趋势有何不同吧。

在股票市场,如果某只股票表现不佳,有一系列措施可用来改变这一状况。比如,重组公司或者更换 CEO。这些措施可以快速地改变该上市公司的基本面前景,并迟早会反映在股价上面。这个过程可以进行得非常快速,有时候仅是两个月而已。

趋势形成的原因

想想看,当我们在外汇市场交易时,我们是基于整个国家的经济基本面交易。诚如你可能知道的,当一个国家的经济表现强劲或疲软时,这种情况通常会持续数年。你不能简单地靠更换领导人或者上演一些会计戏法来提振整个国家的经济。

经济的繁荣与萧条会循环往复,时间以年来计算。传统的商业周期要经历四个阶段:扩张期、繁荣期、收缩期和衰退期。可以用经济指标来衡量这些经济的变动情况,比如国内生产总值,衡量的是一个经济体的规模大小和增长速度。

经济增长期常会随着投机型投资失败而结束,投机型投资的失败是由信心泡沫的破灭或收缩导致的。衰退期过后,经济聚集了足够的动量,就可以再次开始扩张期。

经济强劲或疲软通常会反映到该国的货币上。由于外汇交易涉及到两个货币的相互比较,所以常会出现一个货币对中的一个货币比另一个货币更坚挺的情况。其结果就是这个趋势会持续数月或数年,这将使那些运用趋势跟踪技术的交易者大为欢喜。

这里有一个关于这种现象的例子,即美元与日元。在2005年底,这个货币对,也就是美元/日元,已经持续了几个月的上升趋势,如图7.1所示。

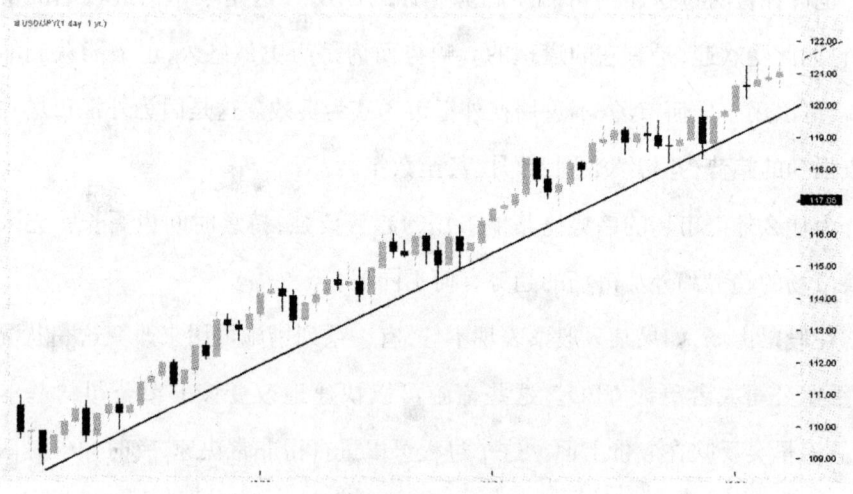

图7.1 在2005年底,基本面因素推动美元/日元一路上扬

资料来源:FXtrek IntelliChart™. Copyright © 2001-2006FXtrek.com, Inc.

2005年是美元非常得意的一年,因为经济的复苏导致了美元强劲上涨。由于经济增长强劲,美国的央行联邦储备局做出了紧缩货币政策的决定,准备开始提高利率,以把经济增长放缓至一个可持续的速度。这种根本的经济强势反映到美元上,表现出来就是美元在2005年对欧元(图7.2)、英镑(图7.3)和日元大幅度上涨。

同时期的日本,利率徘徊在零利率附近,且在短期内不会有提高的可能。日本当时还向下修正了 2005 年的经济增长速度,宣布 GDP 增速仅为 1.7%。这比前一年 2.3% 的增速有所降低。鉴于两国截然不同的经济状况,一个趋势形成的条件业已成熟。

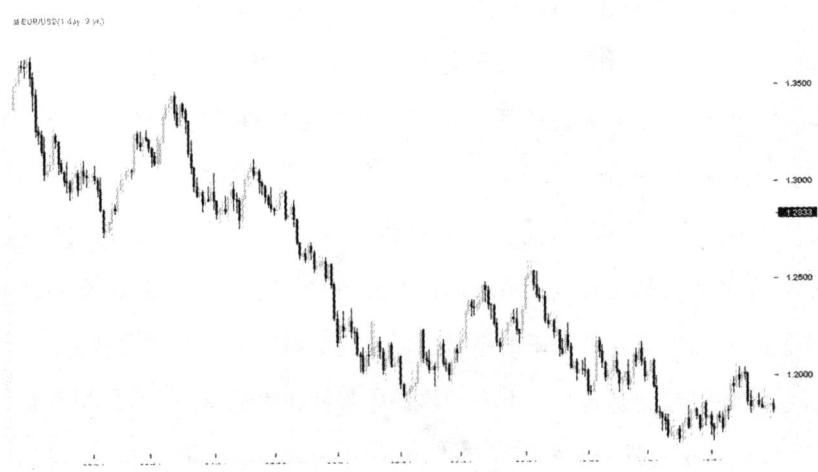

图 7.2　在 2005 年,强劲增长的经济推动美元对欧元上涨,导致货币对欧元/美元下跌

资料来源:FXtrek IntelliChart™. Copyright © 2001 - 2006 FXtrek.com, Inc.

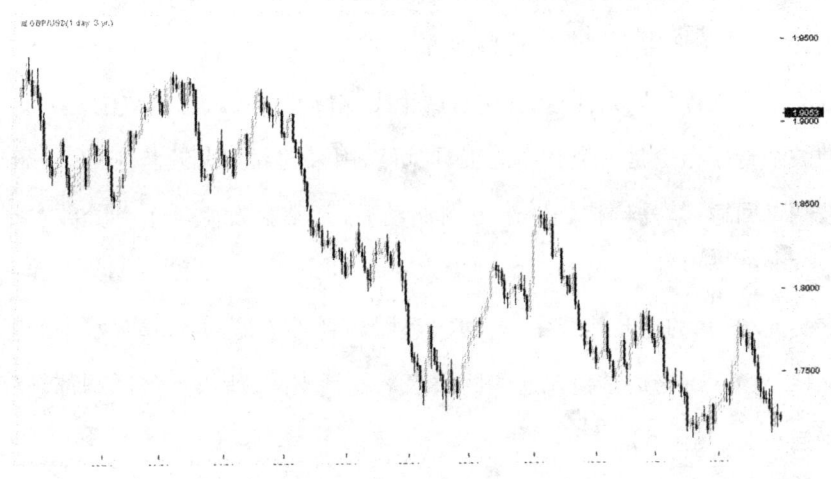

图 7.3　在 2005 年,美元对英镑上涨,导致货币对英镑/美元下跌

资料来源:FXtrek IntelliChart™. Copyright © 2001 - 2006 FXtrek.com, Inc.

不要与趋势对抗

趋势跟踪交易者的第一个信条就是"不要与趋势对抗"。我们都会经不住诱惑去猜测趋势将在哪个点位反转,但这正是我们需要避免的行为。

这是人类的天性。作为人类,我们更容易认为价格会回调到我们记忆中才出现不久的价位,而不是上涨到最近几年都没有出现过的高位。然而这恰恰出现在了美元/日元的走势中。

有一件事情你们可以肯定:在任何趋势中,都有大量的交易者试图与趋势对抗,他们中大多数人都在亏钱。虽然逆市交易也可能赚到钱,但如果交易者一直以这种方式交易,那他获胜的几率就越来越低。这种行为完全是在自找麻烦。

同时,趋势跟踪交易者是在上升的趋势中寻找机会做多,而不是与主要趋势方向抗衡。假如这个交易者想要下一笔多单,他不会随意选个价位进入。相反,他会寻找价格回调的机会。

价格回调就是在一个上升趋势中,价格跌回到前期的支撑位,或者也可能是回调到某个水平的菲波纳奇回撤位。较大的整数位往往会扮演心理支撑位和阻力位的角色,因为订单通常会聚集在这些地方。在图7.4中我们可以看到,在上升趋势中形成了三个支撑位。请注意,其中有两个支撑位都是较大的整数位。

菲波纳奇回撤也是一个有用的工具,可以用来判断上升趋势中的入场点。所谓菲波纳奇回撤,就是价格朝一个方向波动后,常常会发生某个百分数水平的回撤。根据菲波纳奇理论,最重要的回撤水平是38.2%、50%和61.8%。我们可以看到在美元/日元的上升趋势中,有两次都回调到了关键的38.2%水平的菲波纳奇回撤位。由于价格通常会在这些回撤水平找到支撑,所以这些回调都是介入趋势的绝佳机会(图7.5)。

第 7 章 趋势的解构 ▶ 69

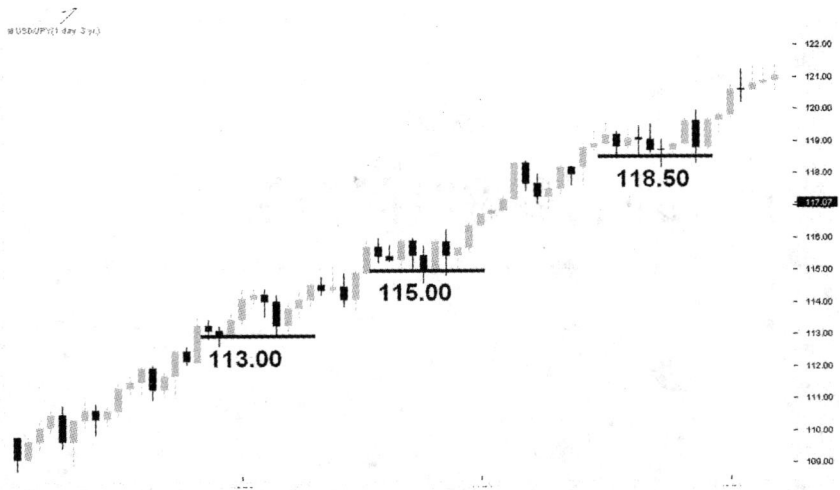

图 7.4 处于上升趋势中的美元/日元在整数位受到支撑

资料来源：FXtrek IntelliChart™. Copyright © 2001－2006FXtrek.com, Inc.

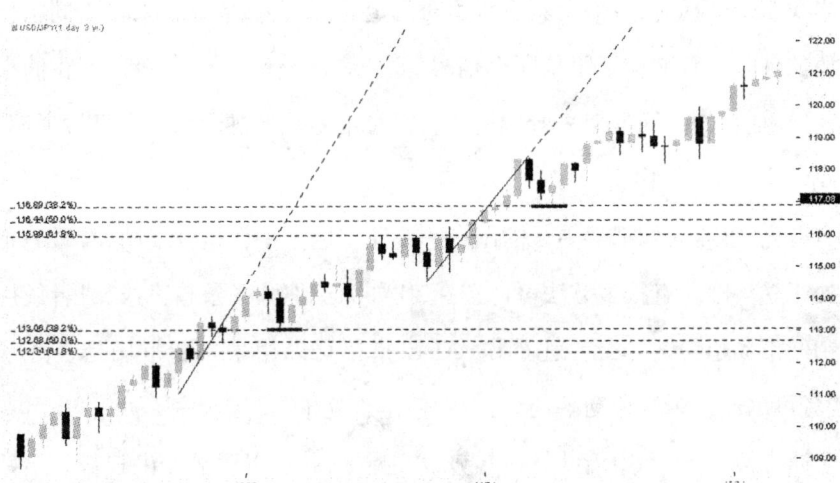

图 7.5 菲波纳奇回撤位在美元/日元的上升趋势中扮演了支撑位的角色

资料来源：FXtrek IntelliChart™. Copyright © 2001－2006FXtrek.com, Inc.

第8章 外汇多重时间框架策略

请记住第6章提到的关于制定策略的那句话：每个策略都基于某种市场倾向开始。

外汇市场最可靠的特征之一，就是它有在各种时间框架下形成趋势的倾向。外汇的趋势可以持续数周、数月，甚至数年。跟随趋势的交易者可以提高他们成功的几率。让我们看一些利用外汇市场这个著名倾向的具体技术。

当我们做交易时，我们会察看货币对的走势图，会频繁收到来自不同指标的相互矛盾的信号。我们应该跟从哪个信号，又应该忽略哪个信号呢？当我们举棋不定时，换到更长的时间框架去看清全局会很有帮助。现在让我们来具体说明一下，假设我们是在小时图上下单：

- 首先，察看时间框架更长的图——在这个例子中就是日线图，看看该货币对是否处于趋势中。有很多方法可以选择，比如简单地画一条趋势线，或者使用可以用来判断市场趋势的指标。比如说，ADX指标可以用来判断市场是否处于趋势市，或者可以通过观察移动平均线，看它们是否处于"适当次序"。

- 通常情况下，不用借助任何趋势线或指标，就可以明显看出趋势。最好的趋势是那种非常明显、可以一目了然的趋势，因为这种趋势会轻易地令其他交易者发现并采取相应的行动，从而创造"自我实现预言"。

- 如果货币对的趋势是向上，那么只能站到多头一边；如果趋势是向下，那么只能站到空头一边；如果没有明显的趋势，就不要尝试使用这个技术来进行交易，因为这个技术是特别为趋势市设计的。

·我们要先通过较长期的走势图来判断我们想要进行交易的货币对的方向，之后再通过较短期走势图来确定我们的入场点、止损位和出场点。

·如果我们已从日线图上判断出趋势是向上的，就可以在价格回调到小时图上的支撑位时，进场做多。或者是在小时图上的震荡指标，比如相对强弱指标（RSI）指示该货币对已处于超卖时，进场做多。进场以后把止损设于支撑区域以下的位置。

·如果日线图上显示是下降趋势，我们就要在小时图上阻力位，或者当小时图上的震荡指标指示该货币已处于超买时，进场做空。

请记住，如果日线图上显示是上升趋势，我们就只能做多；如果日线图上显示是下降趋势，我们就只能做空；如果无法确定市场是否处于趋势市，我们就不能使用趋势技术，比如现在讲的这个例子。

正如你以后将看到的，在这个问题上有很多变种。从本质上说，我会使用所有可用的方法来确定一个很好的入场点，并顺着日线图上的趋势进行交易。

它为什么有效？

这个方法只允许我们进行与总体趋势相符的交易，并且要求只在价格回调到一个合理的价位时才进场。换句话说，它不允许交易者在高位进场做多，或者在低位进场做空。

这个方法也可以用于较短时间框架的走势图。例如，一个活跃的日内交易者可把4小时图当作较长期的图，把5分钟图当作较短期的图。

让我们来看看图8.1中美元/加元的长期趋势。就如你看到的，汇率在几年的时间里逐步降低，从2002年的1.60一路跌到2006年的1.10以下。

在这几年里，黄金和石油的商品价格发生了惊人的暴涨。加拿大是能源产品和金属的主要出产国和出口国，这些商品的支付成本提高，导致资本流入增加，加

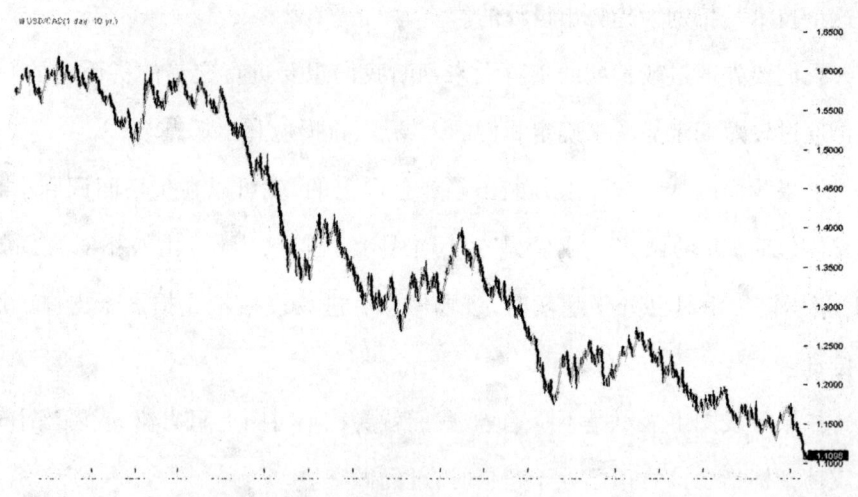

图 8.1　美元/加元的一个长期的下降趋势

资料来源：FXtrek IntelliChart™. Copyright © 2001 – 2006FXtrek.com, Inc.

拿大因此受益。这就是加元常被称为"商品货币"的原因。

由于进口国——比如美国，必须向加拿大输送更多的资金以换取这些商品，所以资本流入增加会导致加元走强。

2006年春，黄金、白银和铜等金属的价格飙升，使得这一波下跌趋势变得更加明显。金属价格的暴涨把加元（兑美元）推到了27年来的新高。在5月初，货币对美元/加元更是创出了几十年的最低点（见图8.2）。

之后在5月中旬，黄金价格经过一轮的疯涨后，又被大型对冲基金推到了每盎司730美元的最高点。几乎在同一时间，美元/加元走到了谷底。随着投资者纷纷兑现利润，黄金价格开始走低，美元/加元也开始止跌回升（见图8.3）。

作为趋势交易者，我们的目标是充分利用趋势来获利。如果货币对处于下降趋势中，我们就只能寻找机会做空，不能理会那些做多的机会。由于货币对正在上涨，所以我们需要确定一个较好的入场点。我们要找到一个重大的阻力位。

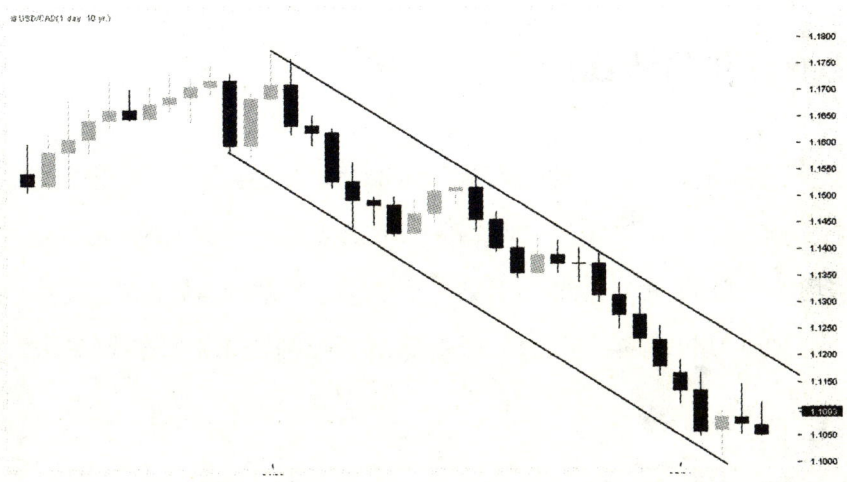

图 8.2　商品价格上涨导致美元/加元创出了新低

资料来源：FXtrek IntelliChart™. Copyright © 2001 – 2006FXtrek.com, Inc.

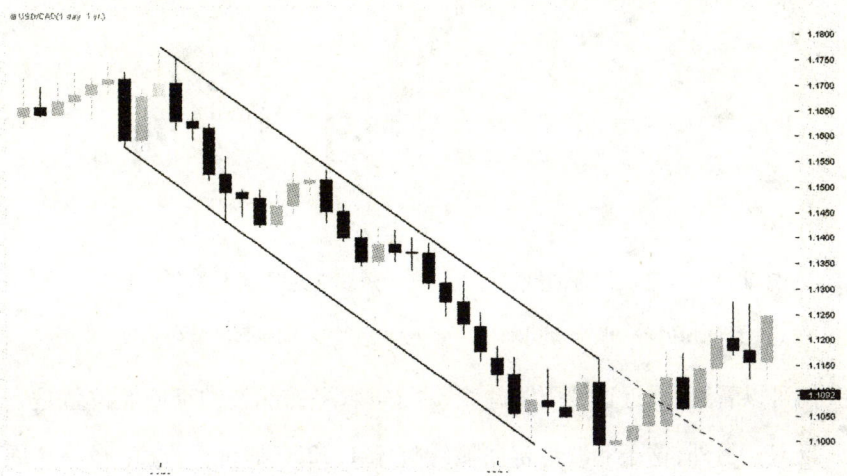

图 8.3　黄金和其他商品价格的回落缓解了美元/加元的下行压力

资料来源：FXtrek IntelliChart™. Copyright © 2001 – 2006FXtrek.com, Inc.

菲波纳奇和趋势线的综合运用

当一个主要的趋势开始动摇,交易者就可以通过菲波纳奇回撤线,来判断趋势将在哪个位置恢复。在本例中,我们要找到一个阻力点位,来为我们的交易确定一个很好的入场点。我们要卖空,所以当趋势恢复时,我们要顺着趋势交易。在这个例子中,让我们在 4 月初的高点与 5 月底的低点之间划出菲波纳奇回撤线(见图 8.4)。

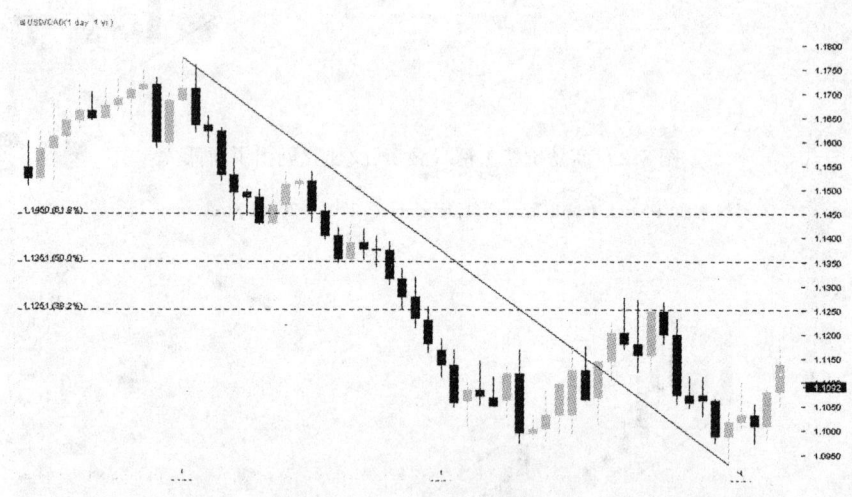

图 8.4　菲波纳奇回撤线可以用来为短线交易确定适当的入场点

资料来源:FXtrek IntelliChart™. Copyright © 2001 – 2006FXtrek.com, Inc.

我们可以看到,最近这波下跌趋势 38.2% 水平的菲波纳奇回撤位就是一个恰当的入场点。另外,这条菲波纳奇回撤线位于 1.1250 的价位,这正好是几周以前的阻力位。我们将把位于 1.1250 的 38.2% 水平的菲波纳奇回撤位当作现在的阻力位(见图 8.5)。

几天以后,汇率到达了这条菲波纳奇回撤线,该货币对正处于阻力位附近。这时,我们应该下单吗? 不,此时时机还不够成熟。让我们看看是否可以增加我们的胜算。交易者可以察看小时图,来找出前期的阻力位,或者处于超买状态的震荡指标,比如 RSI 或慢速随机震荡指标。

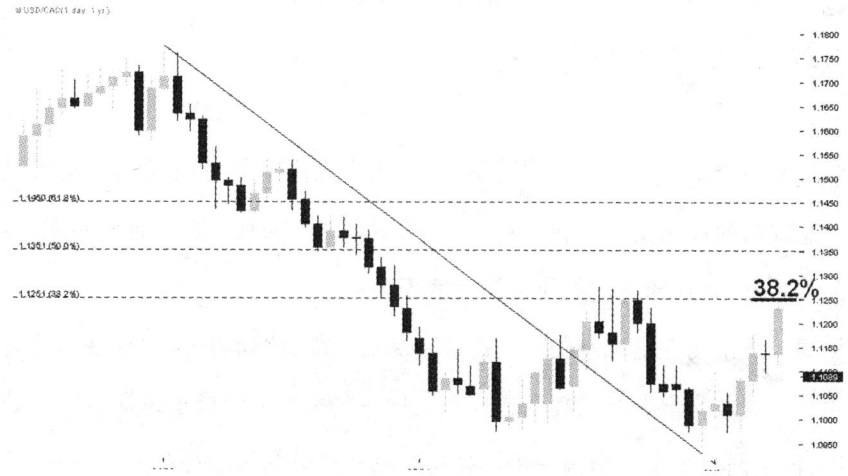

图 8.5　38.2%水平的菲波纳奇回撤位与之前的支撑位相叠加

资料来源：FXtrek IntelliChart™. Copyright © 2001 – 2006FXtrek.com, Inc.

我们可以看图 8.6，汇率抵达 1.1250 附近，RSI（参数为 14）上升到了超买区域。

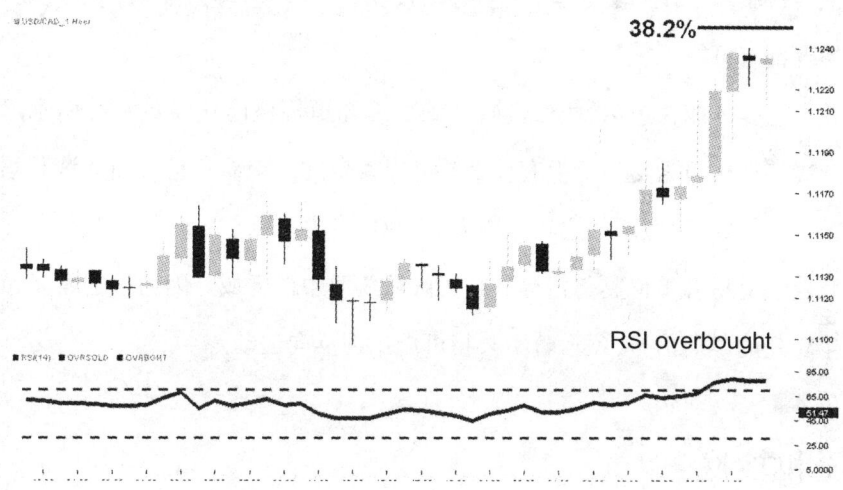

图 8.6

资料来源：FXtrek IntelliChart™. Copyright © 2001 – 2006FXtrek.com, Inc.

超买并不等于"卖"

它们有一个重大的区别必须要清楚,因为有很多交易者仅仅因为货币对处于超买状态就匆匆进场卖出。想想看,一个货币对(或一只股票、一种商品期货)仅仅处于超买状态,就意味着它不能继续上涨了吗?

回想一下市场上出现过的一些持续不断的上涨,比如20世纪末纳斯达克的那波大牛市。我敢肯定那时的震荡指标和其他一些指标早已指示纳斯达克已处于超买状态,但它们阻止了市场进一步走高吗?有多少试图与趋势对抗的人亏了钱哪!

如果说有哪句话可以令我生厌,那就是有人对我说,"它不可能继续走高了。"(或者如果某个交易品种正在下跌,就说"它不可能继续走低了"。)价格或汇率永远可以在一波大幅上涨之后,继续走高,也可以在大幅下跌之后继续下跌,而且这种情况经常出现。作为交易者,我们必须接受一个事实,即只要我们已进场交易,任何情况都有可能。

我们怎样才能在进场做空之前,就确切地知道价格已达顶点?我们永远都不可能准确知道!因为交易里没有什么是可以肯定的。交易只是一门逐渐积累胜算的艺术。幸运的是,在增加成功几率方面,我们有方可循。

我建议交易者等待震荡指标从超买区域跌回中性区域。因为这通常是市场动量发生转变的早期信号,预示着不久将可能出现反向运动。

抓顶和抄底

如果我们在进场前等待震荡指标转向,那我们当然不会在绝对的顶点进场。很多交易者似乎过度地在乎是不是在顶点或底点进场。换句话说,他们想要在绝对的顶点卖空,在绝对的底部做多。

抓顶和抄底存在的问题就是它完全是一种冒险的游戏。没有人可以准确地预测股票、期货、期权或者外汇的顶点和底点，如果有交易者试着这么做，那只是在碰运气。这就等同于一个打扑克牌的人想打顺子，却独缺中间那张牌。如果在这种情况下，那人还想一搏，就完全是在赌运气，因为几率实在太小了。当然有时也可能出现奇迹，但从长期来看，胜算不可能高。

如果我们等待动量转向，就没有机会在绝对的顶点和底点进场，不过这也没有关系。经验丰富的交易者会愿意放弃一部分行情，用耐心来换取成功几率的增加。

进场信号

当汇率开始下跌，RSI 也开始从超买区域跌下来，我们就准备好进场卖空。在汇率跌下来时，我们在 1.1225 附近进场，此时的 RSI 的读数已不再发出超买信号（见图 8.7）。

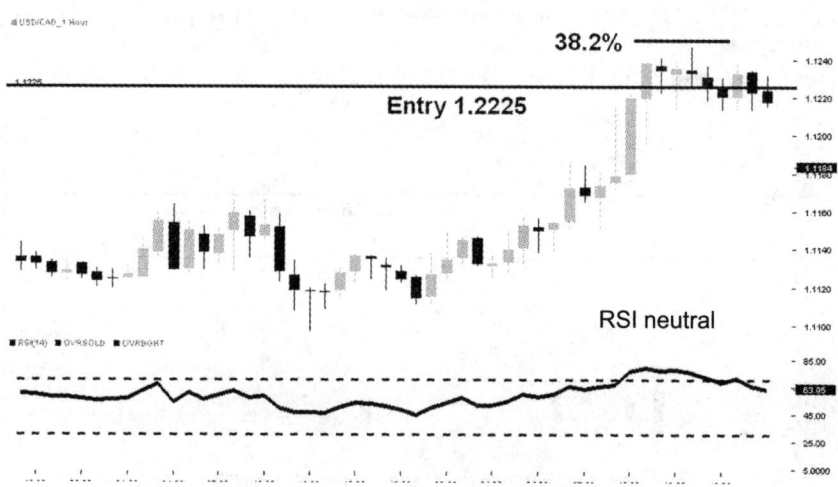

图 8.7　RSI 从超买区域跌回到中性区域，发出了进场做空信号

资料来源：FXtrek IntelliChart™. Copyright © 2001–2006 FXtrek.com, Inc.

设置止损

我们必须立即设置止损单,以防汇率发生不利的波动。我们有几种设置止损的方法,第一个就是设置在当前最高点 1.1245 以上的价位。

把止损设在这个地方,其背后的原理是什么呢?想想看,在我们进场之后,汇率再度上涨到更高价位的概率有多大呢?如果该货币对改变了方向并创出新高,我们还要坚守吗?

答案是否定的。如果这个货币对上涨到 1.1245 以上,也就是说它突破了上边界,我们就不要坚守。所以,我们要把止损设在价格创出新高、我们就离场的地方。

别忘了我们在 1.1250 还有菲波纳奇阻力点位。这给我们的止损增加了安全系数,所以我们要在 1.1250 以上设置止损。这也满足了我们要在目前最高点 1.1245 以上设置止损的要求。如果我们选在 1.1260 设置止损——这个价位既高于目前的最高点,也高于菲波纳奇阻力位,那么将给我们的交易上双重保险(见图 8.8)。

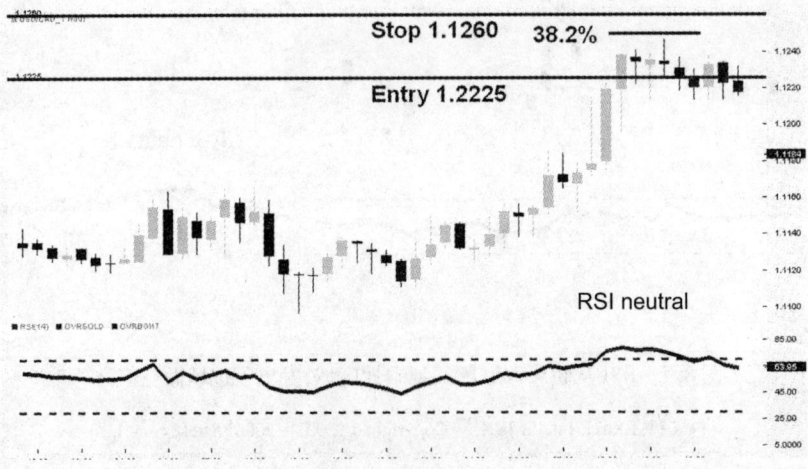

图 8.8　止损设在目前最高点以及 38.2% 水平的菲波纳奇回撤线以上

资料来源:FXtrek IntelliChart™. Copyright © 2001 - 2006 FXtrek.com, Inc.

这次交易的入场点是 1.1225,止损点是 1.1260,每手单所冒的风险是 35 点。如果不接受这个风险水平,就不能介入这次交易。

出场

接着,我们需要确定我们的获利出场点位。我通常不会一次了结全部头寸。我喜欢只平掉一部分仓位。所以,如果我建了 2 手单,我会每次了结 50% 头寸。如果我建了 3 手单,我会每次只了结 33% 头寸。以此类推。建多少头寸也是风险管理的一部分,就像我们接下来会看到的一样。在这次交易中,我们将卖空 3 手头寸,所以我们需要分 3 次平仓。

我们将根据此次交易所冒的风险来确定我们的第一个出场位,这个风险已经确定为每手 35 点。如果交易到达某个点,在这个点,我们盈利的幅度与所冒风险幅度(每一手)相等,我们就可以了结一部分头寸。在此次交易中,要使利润达到 35 点,就需要汇率下跌到 1.1190,所以 1.1190 将成为我们的第一个出场点(见图 8.9)。

图 8.9　第一个出场点 1.1190 代表了 1∶1 的风险报酬率

资料来源:FXtrek IntelliChart™. Copyright © 2001－2006FXtrek.com,Inc.

然后,我们要寻找首要支撑区域(就是由于多头聚集在这个价位,导致汇率很难跌破之前多次都不能跌破的价格区域)。查看此前走势,我们可以看到价格不断在 1.1100 处反弹,1.1100 也是一个整数位(整数位通常也是支撑位或阻力位)。所以,就把 1.1100 作为我们的第二个出场点(见图 8.10)。

图 8.10　第一个支撑位位于整数位 1.1100,可以作为第二个出场点

资料来源:FXtrek IntelliChart™. Copyright © 2001 – 2006FXtrek.com,Inc.

再往前查看,还可以发现价格多次无法穿过 1.0975。让我们把这个区域作为我们的最终出场点(见图 8.11)。

图 8.11　位于 1.0975 的重大支撑位,是几十年来的最低点

资料来源:FXtrek IntelliChart™. Copyright © 2001 – 2006FXtrek.com,Inc.

欢迎来到真实的交易世界

让我们仔细看看这最后两个出场点,看看它们可以如何改进。当我们在真实世界进行交易时,汇率总是会跌到这个精确的支撑水平吗?或者说市场运动不会这么精确,而是更加随机?

如果你在真实世界交易过,你就会知道汇率或价格很少会反复跌到完全相同的支撑水平,或者不断上涨到一个精确的阻力水平。有时价格会跌到预期的支撑水平以下,有时则根本不会下跌。

这就是为什么我们把支撑位和阻力位称为"区域",而不是精确的价格点位。我们要用"软目标",而不是假设市场会精确实现预期。

优化出场点

当考虑到交易的特性以及任何市场都有一定程度的偶然性,我们就有必要调整我们的出场点。与其希望汇率配合我们精确地达到1.1100的支撑"底部",还不如优化出场点来提高我们的胜算。

在日线图上,根据我们之前讨论过的38.2%水平的菲波纳奇回撤,重大阻力位应该位于1.1250。由于支撑水平位于1.1100,所以支撑位和阻力位之间有150点的区间(1.1250 – 1.1100)。

让我们提高我们的出场点,提高幅度为这个区间的10%,也就是15点(150点的10%)。这就把我们的第二个出场点从1.1100提高到了1.1115(见图8.12)。

把我们的出场单设在这个位置具有双重的作用。首先,设在绝对支撑底部的上面,订单被触及的可能性更高。另外,我们也可以在整数位1.1100之前出场。因为订单往往聚集在整数位,所以整数位通常扮演了心理支撑水平和阻力水平的角色。

现在再来看看最后一个出场点,目前是设在1.0975。如果我们运用相同的办

图 8.12　第二个出场点从 1.1100 提高到 1.1115。

资料来源:FXtrek IntelliChart™. Copyright © 2001 – 2006FXtrek.com, Inc.

法来改进这个出场点,那么首先要计算支撑位到阻力位的距离,计算的结果为 275 点(1.1250 – 1.0975)。

275 点的 10% 等于 27.5 点(把它四舍五入后为 28),所以让我们把出场点提高 28 点,到 1.1003。由于这个价位处于支撑区域的中间,而不是绝对的支撑底部,所以我们再次把出场点提高到了一个更容易触及的区域。同时也提高到了重大的心理支撑水平,即整数位 1.1000 之上(见图 8.13)。

因为第一个出场点 1.1190 不是基于支撑位或阻力位,而是根据交易所冒的风险量来确定,所以可以保留不变。

执行计划

如果汇率朝我们有利的方向波动,并到达 1.1190,我们就可以了结一部分头寸(在本例中就是一手,或者说 1/3 仓位)并把止损点往下移到入场处。换而言之,当汇率到达 1.1190 时,计划就是了结 1 手头寸,并把剩余 2 手单的止损点移到 1.1225。

这个做法有两个作用,一是锁定少部分利润,二是消除剩余头寸的风险。请记

图 8.13 第三个出场点提高到整数支撑位 1.1000 之上

资料来源：FXtrek IntelliChart™. Copyright © 2001-2006FXtrek.com,Inc.

住,不懂交易的人关心的是他们能挣多少,而专业交易者关心的则是他们能亏多少。让我们像专业交易者一样交易,把风险当作首要关心的事。

一旦我们的止损下移到了盈亏平衡处,最坏的情况就是第一手单获利 35 点,剩余 2 单打平出场。现在,我们已经确定获得少量利润,并有可能获得额外的收益,且已消除了全部风险(见图 8.14)。

图 8.14 第一个出场点已达到,兑现一部分利润并把止损点下移到 1.1225

资料来源：FXtrek IntelliChart™. Copyright © 2001-2006FXtrek.com,Inc.

"马后炮"

在这个时候,出现汇率上涨并打到止损,只让我们获得少量利润,也不是什么稀奇的事情。如果真的出现了这种情况,是不是就表示有什么地方没有操作正确,或者说根本就是一次"糟糕的交易"?

假如价格上涨,触及止损后又开始下跌,会怎么样呢?是否就意味着这个技术存在一些问题?

这些想法就属于放"马后炮",这是在事情没有按照计划准确进行时自然而然出现的想法。在面对这些想法时,我们一定要学着相信我们的交易计划并努力克制这类想法产生。

我们无法掌控任何一次交易的结局,市场也不会总是配合我们的意愿波动。精确地按照计划执行却仍然亏钱的情况也有可能出现。但是,如果我们制定了好的计划并持续适当地执行,一定会把大部分交易者远远甩在后面。

落袋为安

幸运的是,在这一次,大规模的下降趋势开始发动,接着就出现急剧的大幅下跌。现在汇率已经达到我们的第二个出场点1.1115,就该再了结一手头寸了。作为"庆祝",我们将再次降低我们的止损位,把目前位于1.1225的止损位降到第一个出场点,即1.1190的位置(见图8.15)。

由于我们更多地是关心亏损而不是收益,所以我们会再次考虑我们最坏的情况。现在,我们已经在第一手单上锁定了35点,在第二手单上锁定了110点。所以,最坏的情况就是汇率上涨到1.1190,让我们只获利35点出场。这个最坏的情况对我们来说也不算太坏。

在横向整理一段时间后,市场之神向我们展露了笑颜,汇率最终下跌到我们位

图 8.15　第二个出场点已达到,把止损点降到之前第一个出场点的位置,即 1.1190

资料来源:FXtrek IntelliChart™. Copyright © 2001 – 2006 FXtrek.com, Inc.

于 1.1003 的最后一个出场点(见图 8.16)。这次交易的第一手获利 35 点,第二手获利 110 点,第三手获利 222 点。当顺着趋势交易时,总会好事连连。

图 8.16　美元/加元的汇率径直下跌到第三个出场点

资料来源:FXtrek IntelliChart™. Copyright © 2001 – 2006 FXtrek.com, Inc.

吹毛求疵的家伙

但请等一下！我可以再次听到来自那些吹毛求疵的家伙的抱怨之声："你不应该提高那两个出场点的！如果你就让它们呆在原地，呆在1.1100和1.0975那两个价位，价格仍然可以达到，你会赚更多！"

在本例中，最初那两个出场点确实可以达到。但是不是就意味着提高出场点是错误的？我们是不是应该改变策略，下次不再调整出场点？

当然不是！任何单独一次的交易结果都不重要，真正重要的是大量交易样本的结果如何。如果每次只要事情没有按照计划精确地实行，我们就改变策略，那么我们将一直处于调整策略的状态中。

事实上，我们不会坚持执行一个交易策略。相反，我们会一直处于放马后炮的状态。为了避免这种情况出现，我们必须做的就是为我们的交易制定计划，然后执行计划。如果我们坚持执行一个好的交易计划，尽管个别交易的结果不尽如人意，但最终的结果将会令我们满意。

正如我们在图8.17中看到的，货币对刚好跌到支撑位的底部，之后就开始向上反弹。

图8.17　美元/加元从1.0975处反弹，这是一个重大的支撑区域

资料来源：FXtrek IntelliChart™. Copyright © 2001–2006FXtrek.com, Inc.

什么时候离场观望？

由于这个货币对开始从支撑位上涨,我们这时应该进场做多,并从这个可能的强劲反弹中获利吗?答案是不。你回想一下,我们曾讲过,只能顺着趋势的方向交易,不能与趋势对抗。

这是否就意味着与趋势对抗永远不会盈利?不,在单一一次的交易中,任何事情都有可能发生。在本例中,我们可以看到与美元/加元的下跌趋势对抗的交易者,也可以获利,但这种做法只能偶尔为之。持续与趋势对抗的交易者将很难获得成功。

交易者如果正确运用此策略,那么看到汇率上涨,就不会试图与市场作对而做多。正确的交易态度是任由汇率上涨,然后希望它能创造另一次进场做空的机会。正如我们将看到的,后来恰好发生了这一幕,汇率再次上涨到了1.1250的菲波纳奇回撤位。

补仓

由于汇率涨回1.1250,RSI转入超买区域。之后RSI又跌回中性区域,创造了介入下降趋势的新机会(见图8.18)。

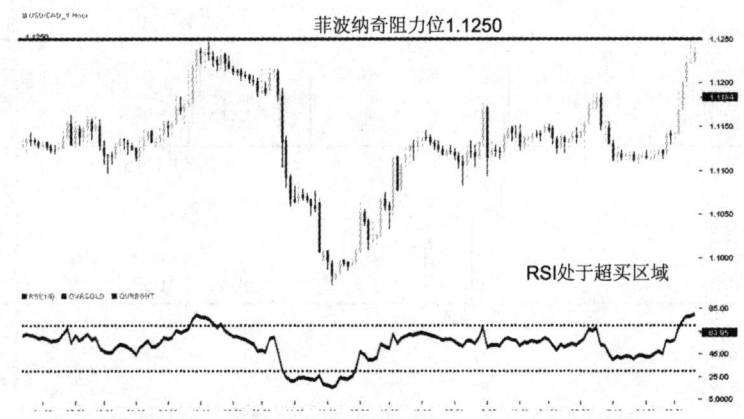

图8.18　当美元/加元再次达到阻力位时,RSI处于超买区域。

资料来源:FXtrek IntelliChart™. Copyright © 2001–2006 FXtrek.com, Inc.

现在,我们有了另一次利用下降趋势获利的机会。在目前情况下,用于前次交易的所有计算结果仍然有效(支撑位和阻力位没有改变),所以,我们可以使用与前次交易相同的进场点、止损点和出场点(见图 8.19)。

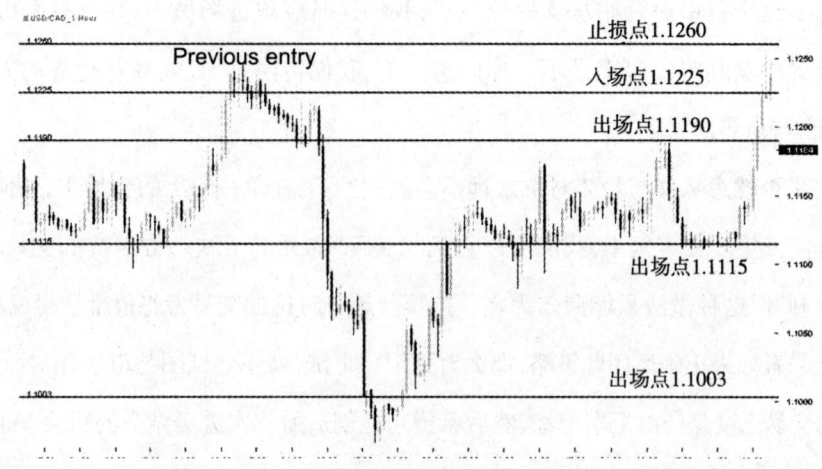

图 8.19　前次交易的那个支撑水平仍然适用于现在
资料来源:FXtrek IntelliChart™. Copyright © 2001 - 2006 FXtrek.com, Inc.

在进场之后,汇率横向整理了几个小时,我们的止损单好几次都差点被触及。最后,价格终于下跌到 1.1190,我们可以兑现一部分利润了(见图 8.20)。

图 8.20　第一个出场点达到,可以兑现第一部分利润
资料来源:FXtrek IntelliChart™. Copyright © 2001 - 2006 FXtrek.com, Inc.

在我们了结第一部分头寸并获利 35 点后,立即把止损点从 1.1260 降到 1.1225 的入场点,从而消除剩余头寸的风险。现在,我们最坏的情况就是第一手单获利 35 点,剩余两手单打平出场。听起来是不是很耳熟?请看图 8.21。

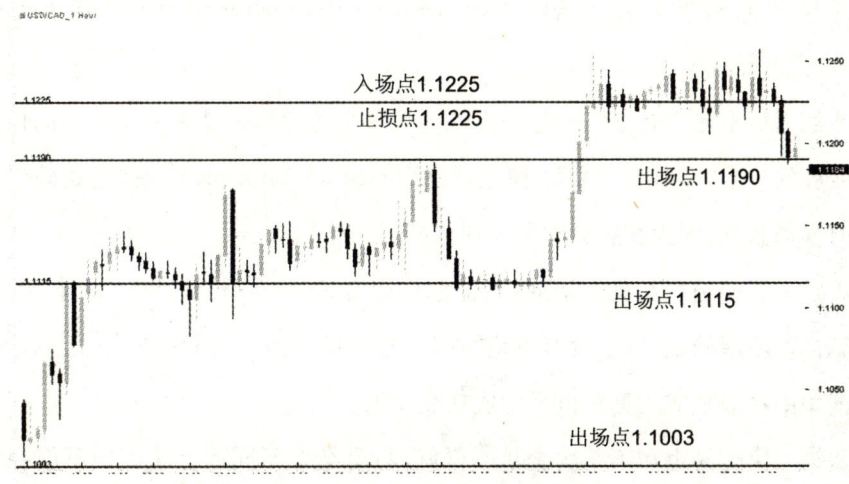

图 8.21　止损点降到入场点后,消除了后面交易的风险

资料来源:FXtrek IntelliChart™. Copyright © 2001 - 2006 FXtrek.com, Inc.

接下来发生了什么呢?这个货币对随后开始上涨,最终抵达我们降低了的止损位(见图 8.22)。

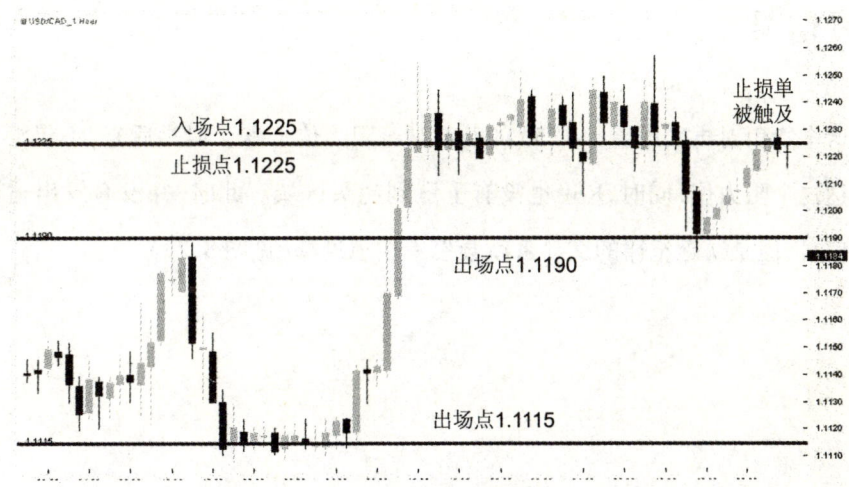

图 8.22　在入场点 1.1225 处,止损单被触及

资料来源:FXtrek IntelliChart™. Copyright © 2001 - 2006 FXtrek.com, Inc.

幻想与现实

通常,这时脑袋里会充满疑惑和马后炮。例如,如果我们把止损点留在了1.1260,会怎样?

我们当然不允许有这样的想法出现。很多交易者都在寻找可以让他们任何时候都获胜的技术"圣杯"。就像"快乐原则"(pleasure principle)③说的,我们想要在任何时候都获胜,因为获胜的感觉实在太好了。

不择手段的销售员就深谙此道,他们会用有85%、90%或95%"胜率"的策略来诱骗你。不幸的是,世上没有策略"圣杯"这样的东西。我们越早停止寻找它,就越早能集中精力来成为真实世界的成功交易者。

这第二次交易也和第一次交易一样好,只是结果不同而已。我们不能控制任何一次交易的结果,我们所能控制的只是我们的计划,并尽最大的努力去执行。多亏进行了很好的风险管理,我们还可以在第二次交易中获得少量收益。现在我们可以集中精力等待下一次机会了。

虚假信号

这个货币对再次朝着1.1250的菲波纳奇阻力位上涨。但是后来,不仅汇率没有抵达这个阻力位,同时,RSI也没有上涨到超买区域。此时,并没有发出适当的卖空信号,但是缺乏纪律的交易者就会忍不住想进场(见图8.23)。

---

③ 许多哲学家和心理学家发现,人类行为在很大程度上都是趋乐避苦所致。这种理论被弗洛伊德作了新的阐释,并命名为"快乐原则"。——译注

图 8.23　汇率没有到达阻力位，RSI 也没有达到超买区域

资料来源：FXtrek IntelliChart™. Copyright © 2001－2006FXtrek.com,Inc.

匆忙进场做空的交易者，尽管缺乏适当的卖空信号，但最终还是赚钱了，因为汇率再次从阻力区域暴跌下去（见图 8.24）。

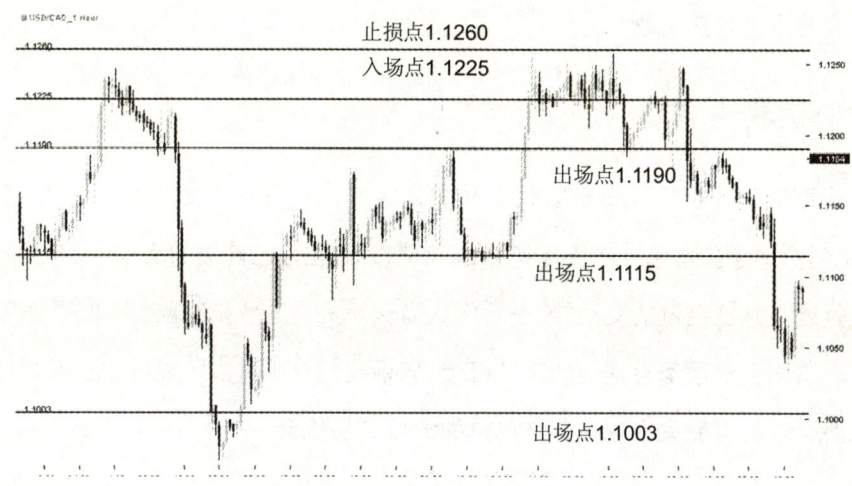

图 8.24　尽管缺乏适当的信号，但汇率仍然出现暴跌

资料来源：FXtrek IntelliChart™. Copyright © 2001－2006FXtrek.com,Inc.

暂时的成功和失败

这是否意味着我们现在开始应该不要再管我们的规则？答案当然是否定的。就算这些交易者赢了这一次，但纪律的缺乏最终会让他们付出比这次获得的多得多的代价。

很快，他们就会开始随意更改并打破其他一些规则，要不了多久，就不再遵从任何一个切实可行的交易计划。如果认为不等待一个正确的卖空信号就进场做空没有关系的话，那么很快也会觉得交易不设止损也没有关系。最终，由于缺乏纪律，交易者将会付出打爆账户的代价。

市场有时很有趣，我们做了错事还会获得奖励。甚至可能我们一直错了很长时间都没关系，以至于开始认为我们这样做是对的。我们必须问自己这个问题：我们是愿意获得长期会让我们失败的暂时性成功呢，还是愿意遭遇长期会让我们成功的暂时性失败？

别怕错失良机

这意味着遵守纪律或离场观望的交易者并没有什么失败之处。永远记住一点，不要为你还没有建立的头寸担心，要把精力放在你已建立的头寸上面。

过度在意已错过的交易，就表示你认为交易机会的数量有限，但事实当然不是这样。市场上永远都有其他的交易机会，如果我们对于过去可能的机会耿耿于怀，那么我们就有可能失去现在业已成熟的大量交易机会。

止损的恰当设定

回到美元/加元这个货币对上。到目前为止，我们已经看到该货币对的汇率多次受阻于1.1250的菲波纳奇阻力水平。很显然，空头们预期下跌趋势将恢复，纷纷在这个价位介入市场(见图8.25)。

图8.25 美元/加元的空头们多次在1.1250这个区域介入市场

资料来源：FXtrek IntelliChart™. Copyright © 2001-2006FXtrek.com, Inc.

到现在,这条阻力线已经变得非常明显,所以我们可以假设有很多交易者在1.1250附近卖空,包括个人交易者和机构交易者。我们必须问自己一个问题,即这些交易者都在哪里设止损。最可能的是,这些止损都设在阻力位之上。如果在这个阻力水平有大量的空单,那么按理讲,也有大量的止损单设在1.1250之上。

为了我们以后从事的交易安全起见,需要考虑清楚这其中的猫腻,大量的止损单或其他订单聚集在一起,会吸引汇率,把汇率推到更高的价位,所以这些止损单和其他订单会被触及。为什么会这样呢？

要记住,银行在外汇市场扮演了一个重要的角色,因为大部分外汇成交量都经手于银行同业市场——世界最大几个银行的松散联合。这些银行的客户设置了各种订单,在多数情况下,只要订单被执行,银行就会收取一定的佣金。

出于这个原因,被设置在一个价格区域的大量订单,就变成极具吸引力的目标。如果银行能够操纵汇率,让这些订单都被执行,银行就可以赚得大量佣金。在目前情况下,大量止损单设在1.1250以上的可能性很高,让银行有了把美元/加元推得更高的动机。

说起来容易,做起来难。外汇市场无比庞大,要想公开地操纵汇率,代价太高昂。银行不能像专营经纪人控制纽交所上市股票的方式一样控制汇率。

但是,如果汇率已接近这个"目标"(聚集着大量止损单和其他订单的价格区域),一家或多家银行,或者其他机构可能会试着给予汇率一点"推力",以执行其中一部分订单。

只要在适当的时机,施予足够的买入压力,就有可能出现一个银行也可以推动汇率抵达止损单扎堆的阻力位之上的情况。在市场安静、流动性较低的时候则更可能出现。

这会引发一连串的连锁反应。设想一下,有很多止损单刚好设于1.1250之上,银行也有能力把价格向上推动到止损单开始被执行的地方。由于我们已经知道有大量的空单设于1.1250,因此这些止损就会被"回补",或者了结空头头寸。

从本质上来讲,这些止损单都属于买单,因为回补空头头寸的唯一方法就是买入。试想一下,止损单是在1.1260被触及,真正的意思就是买单在1.1260被执行。在1.1260的买入压力可以把汇率推高到设有更多止损单的1.1270。这种连锁反应会一直持续,直到大多数止损单被执行为止。

由于价格上涨超过1.1250——这是一个重大的阻力位,所以有些突破交易者被吸引进场建立多头头寸。当然,你和我是不会这样做的,因为这个突破并不是主要趋势的方向。

所有的交易市场,包括外汇,经常会出现假突破,而这种与趋势方向相反的突破最后失败的可能性极高。然而,不是每个交易者都会考虑到这一点,所以你完全可以肯定在汇率突破1.1250时,一些交易者将会进场做多。

或许命该如此,美元/加元最终成功突破了1.1250的菲波纳奇阻力位(见图8.26)。

这时,将出现以下两种情况中的一种——要么突破成功,要么突破失败。如果突破成功,对我们来说也还好,因为我们还没有进场做空——至少还没有。我们并

第 8 章 外汇多重时间框架策略 ▶ 95

图 8.26 出现了一个与主要趋势方向相反的可能突破
资料来源：FXtrek IntelliChart™. Copyright © 2001 – 2006 FXtrek.com, Inc.

没有在交易上亏钱，而且作为规则，我们也不要为还没有建立的交易担心。如果汇率上涨，即使没有我们的参与，它也必定会这样。

但是如果突破失败了又会怎样呢？如果汇率跌回到突破点 1.1250 以下，那么我就认为突破已经失败。当出现这种情况时，就让参与其中的交易者感到紧张。正如图 8.27 所示。

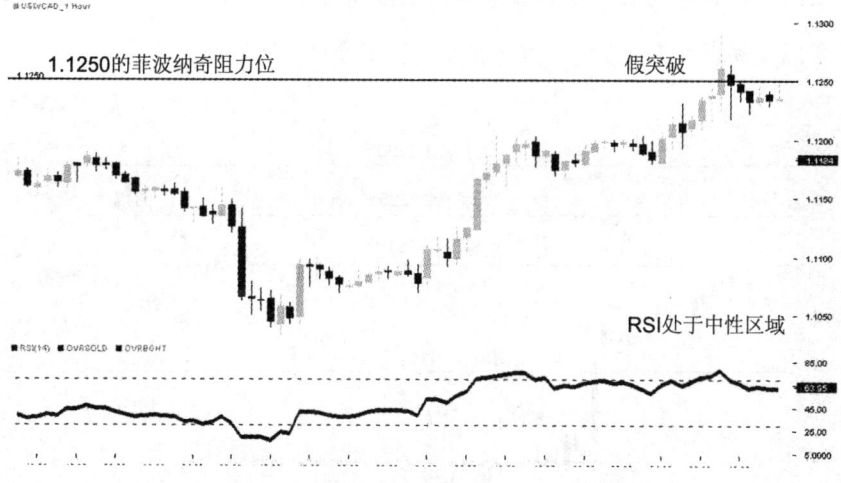

图 8.27 随着趋势恢复，突破失败，RSI 从超买区域跌下来
资料来源：FXtrek IntelliChart™. Copyright © 2001 – 2006 FXtrek.com, Inc.

还记得那些在汇率上涨超过 1.1250 就进场做多的突破交易者吗？现在价格跌到了他们进场点之下，他们感觉如何呢？他们会感到后悔和不快，并考虑怎么平仓。或许他们的止损正在被一一触及，因为汇率跌下来了。

这些交易者了结了他们的亏损头寸，为汇率的下跌提供了必要的动力。换言之，他们在 1.1250 以上——这个已被证实失败的突破点建立了多头头寸，为了回补他们的亏损头寸并离场，他们必须卖出。

这种卖出的压力会把汇率压到更低的价位，也为那些想要卖空美元/加元的交易者创造了另一个很好的入场点。这些空头除了能够享有顺势交易的全部优势外，还能"受惠"于突破交易爱好者和趋势对抗者们了结亏损头寸。

另外，还记得那些扎堆挤在 1.1250 以上区域的大量止损单和多单吗？那些订单就像一块磁铁，可以把美元/加元拉到更高的价位，因为银行想要执行那些订单从而获得佣金。

有趣的是，在急剧暴涨接近 1.1300 之后，汇率在 2 小时内就又跌回到 1.1250 以下。一旦这些订单被执行，汇率就没有理由再停留在 1.1250 以上。这些银行已经赚到他们的佣金，他们不会再有任何兴趣去支撑该货币对。

现在，银行和机构已经没有任何理由去推动汇率。由于突破失败，下降趋势又恢复，所以交易者又有了做空美元/加元的新机会（见图 8.28）。

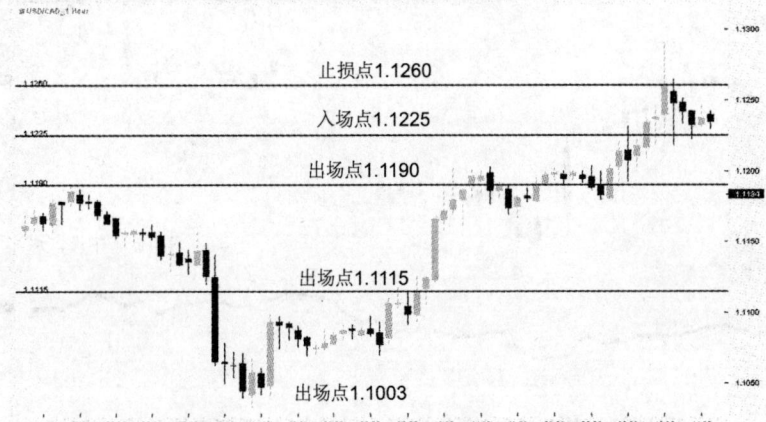

图 8.28　耐心获得了回报，因为卖空美元/加元的机会再次出现
资料来源：FXtrek IntelliChart™. Copyright © 2001 – 2006 FXtrek.com, Inc.

在几根蜡烛线之后,汇率跌到 1.1190 以下,触及了第一张出场单(见图 8.29)。这时根据之前的交易计划,交易者了结了交易的第一手头寸。这也允许交易者把止损点降低到盈亏平衡点 1.1225 上。于是,这个交易者不但锁定了少量利润,同时还有可能获得更大的利润。

图 8.29　第一张出场订单在 1.1190 被触及后,把止损降到 1.1225

资料来源:FXtrek IntelliChart^TM. Copyright © 2001-2006FXtrek.com, Inc.

这一次,这个货币对在我们兑现第一部分利润后,又涨回来并触及了我们的止损。由于止损点降到了 1.1225,我们的交易结果就是从第一手单获利 35 点,而剩余两手打平出场。

在接下来的几天里,又出现了很多做空美元/加元的机会,这里我就不一一回顾了,只大概介绍一下。这几次交易都非常顺利,只有一次出现了亏损(全部三手单共亏损 35 点)。

有几次交易只是稍微盈利,有一次交易则获得极大成功。这几次交易最有意义的地方,不是盈利单与亏损单的数量比,而是盈利数额与亏损数额比。

图 8.30 是一张日线图,图上画出了作为最初那次交易阻力位的菲波纳奇回撤线。请注意,在这张日线图上,虽然美元/加元的汇率并没有发生多大的改变,但我们已经进行了一系列的交易,并且大部分都获得了成功。

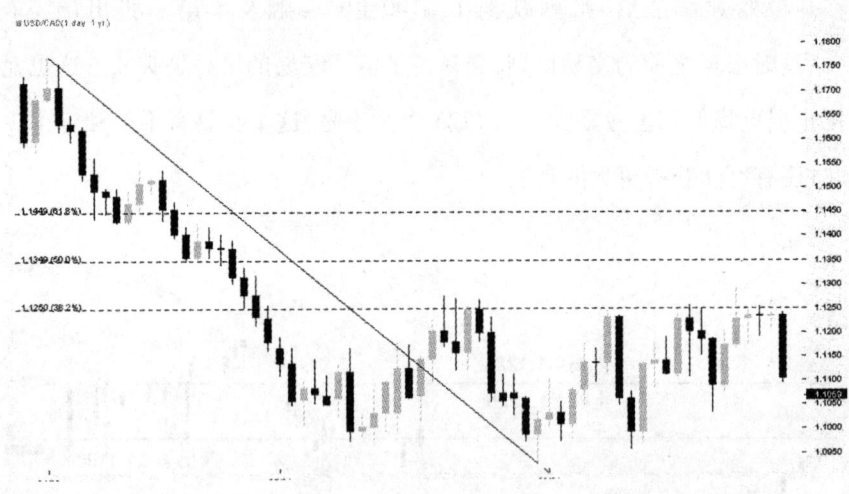

图 8.30　在 1.1250 的菲波纳奇阻力位出现了多次进场机会

资料来源：FXtrek IntelliChart™. Copyright © 2001 – 2006FXtrek.com, Inc.

仔细看看就会发现,蜡烛线在运行到菲波纳奇阻力位时就会发生反转,然后从1.1250 这个区域暴跌下去。连续两根十字星蜡烛线表示多空双方已达平衡,同时表示多头无法把汇率推到 1.1250 之上(见图 8.31)。

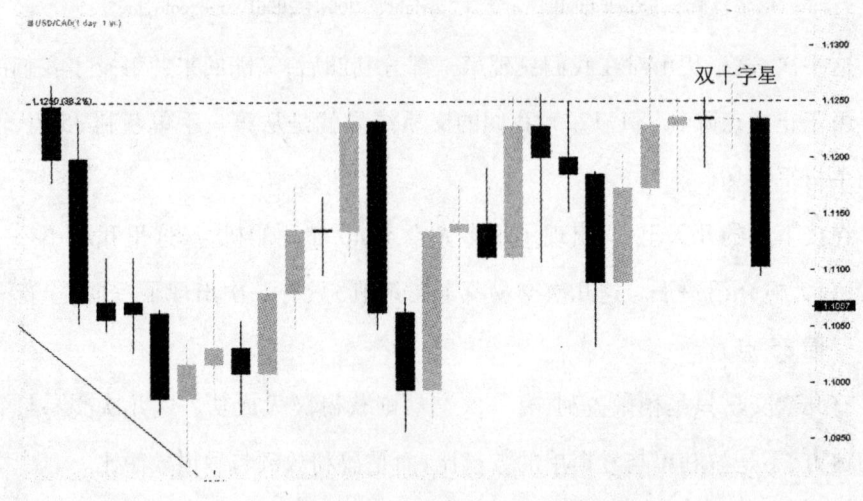

图 8.31　十字星反转蜡烛确认了菲波纳奇阻力位

资料来源：FXtrek IntelliChart™. Copyright © 2001 – 2006FXtrek.com, Inc.

随着后面这一系列的交易，我们已经清楚地看到了这种趋势跟踪交易者可以用以获利的交易策略。我们不只是介绍了一个具体的技术，也对这种交易技术背后的原理做了探究，同时也指出了导致一笔交易成功或失败的各种思维过程。

我希望我已为读者呈现了一个没有掩饰任何缺点的例子，可以表明事情有时不会精确地按照计划来进行，因为在现实世界里，它们通常不会这样。我意识到有很多人想向你灌输这样的思想，说你可以一直获胜。但在现实中，市场不会总是这么合作。

这就是固定风险管理为什么这么重要的原因。移动止损的方法就是用来在市场不合作时，避免你的账户受损。这也让交易者意识到，可观的收益在于更为有利的交易状况。

虽然不是所有事情都会按照计划来进行，但我们也要学会不为自己无法控制的事情担心，比如在进场之后会发生什么，我们就无法控制。相反，我们要把注意力放在那些我们可以掌控的事情上，比如制定一个好的交易计划并尽我们最大的努力去执行。

如果我们可以一直这样下去，那么我们长期交易获得成功的几率就会显著提高。

第9章 FX–Ed 趋势技术

之前，我们曾把趋势比作河流，我们讲过顺着水流的方向划船，比起逆流而上要容易得多。每条河都有它自己的水流方向，水势的大小有时确实可以改变。有时一次干旱就可以把往日咆哮奔腾的河水变成一股涓涓细流，甚至接近断流。而有时强烈的暴风雨可以引发洪水，把河水变成无法遏制的灾难。

当以往平静的"水流"突然变得咆哮不止、巨浪翻飞时，我们该怎样参与进这种趋势环境中呢？我们已经知道了一些顺势而为的方法，不过有时趋势可以变得不可思议的强劲，这时就需要更为激进的方法。为什么有些趋势会变得如此强劲？

趋势可以自我持续

出现这种情况的一个原因是，市场趋势越长，趋势越明显。趋势持续时间较长，就较容易为市场其他参与者所识别并参与其中。当越来越多的交易者介入趋势，趋势就会加速并"有了自己的生命"。

由于那些想要利用趋势获利的交易者在有力地推动趋势继续，这个行为也变得可以自我持续。这就是为什么趋势持续的时间通常比大部分交易者预期的持续时间要长的原因之一，也是为什么我们永远不要试图捕捉趋势的顶点和底点的原因。

观点的差异

另一个需要考虑的原因是每个货币对包含两个货币,有时我们要面临对这两个国家经济认识失衡的问题。有可能一个经济体的增长被认为很强劲,而交易者认为它会更强劲。这种强劲,或者说被认为的强劲,将反映在那个国家的货币上。因此,那个国家的货币将上涨。

反之亦然。交易者可能认为另一个经济体的增长较疲软,并且可能变得更加疲软。这种被认为的疲软将会反映在这个国家的货币上。于是,结果就是后面这个货币将在与前面那个货币的比较中遭到抛弃。

如果关于货币对中两个货币的强弱程度,存在着大量不同的观点,那么汇率一定会不断地移动,来反映这个观点差异。有时,在这些观点被充分反映出来之前,汇率必须经历大幅的上涨或下跌。

"大资金"参与其中

如果一个趋势非常强劲且持续时间长,很可能是机构交易者的"大资金"在参与其中。让我们面对现实吧。外汇市场规模如此庞大,如果没有那些大玩家向市场注入巨额的资金,一个强劲的趋势将难以维持多长时间。这与股票市场有着非常大的不同。在股票市场,少数大型订单就可以左右一只换手率较低的股票价格行为。

共同特性

如果观察之前货币对开始进入强劲趋势时的市场环境,我们就会发现一些共同特性。其中一个就是汇率在恢复趋势前,往往会回到关键的移动平均线。

特别是还有一个重要的现象——在极度强劲的趋势中,汇率回调(在上涨趋势中)或反弹(在下降趋势中)到10日指数移动平均线时,就为外汇交易者提供了一个特别有效的入场点。这是因为大玩家也使用这条移动平均线来确定他们的入场点。

例如,现在让我们看看美元/日元货币对在2005年下半年一路高涨的趋势(见图9.1)。图中的汇率与10日指数移动平均线(EMA)紧密地抱在一起。该货币对在不到4个月的时间里涨了逾1200点,其间不断在10日指数移动平均线处反弹。

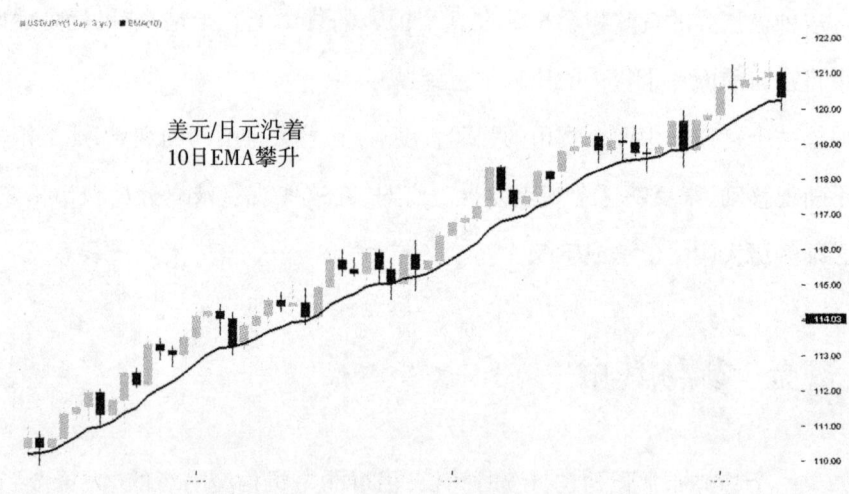

图9.1　美元/日元沿着10日指数移动平均线攀升

资料来源:FXtrek IntelliChart™. Copyright © 2001–2006FXtrek.com,Inc.

运用一目均衡表(Ichimoku)①的交易者还可能注意到,美元/日元的价格行为也与Tenkan线结合得非常紧密。Tenkan指标被广泛地用于日本,也为世界各地的日元交易者所喜欢(见图9.2)。当交易一个日元货币对时,我们可以借助这个指标来确认10日指数移动平均线给出的信号,但是我们要做的,将只是关注10日指

---

① 一目均衡表是日本在第二次世界大战前发明的,功能是提供市场的方向及入市位。它由每日的K线(一目均衡表中称日日线)、5条线及一个抵抗带(俗称云图)构成。通过对几者间关系的解读,可了解市场的强弱,并可得出买卖信号。因"运用此表,市场的趋势一目了然",故称"一目均衡表"。——译注

数移动平均线。

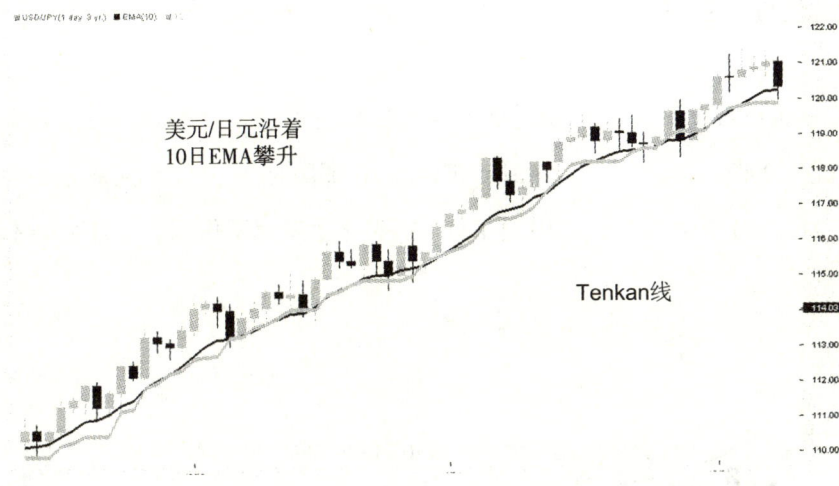

图9.2　Tenkan 线为美元/日元提供了额外的支撑

资料来源：FXtrek IntelliChart™. Copyright © 2001－2006FXtrek.com, Inc.

图 9.3 是另一个例子，图中欧元/美元在 2003 年下半年一直沿着 10 日 EMA 上升。

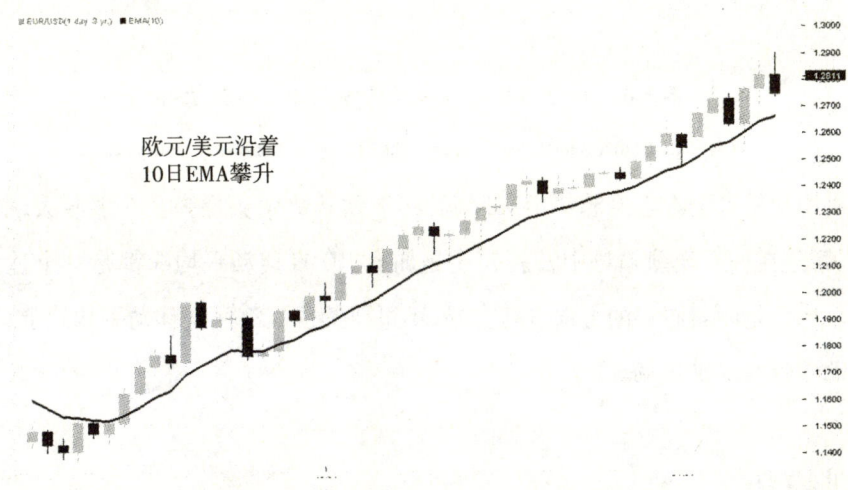

图9.3　欧元/美元沿着 10 日 EMA 攀升

资料来源：FXtrek IntelliChart™. Copyright © 2001－2006FXtrek.com, Inc.

做多还是做空

我们可以看到无论是上涨还是下跌的货币对都会出现这种情况。在图9.4中,美元在2003年秋天对加元下跌。事实上,在那段时间,美元对大部分主要货币都在下跌,并且很多图表上的10日EMA都明显地发挥了作用。为什么会不断出现这样的现象?

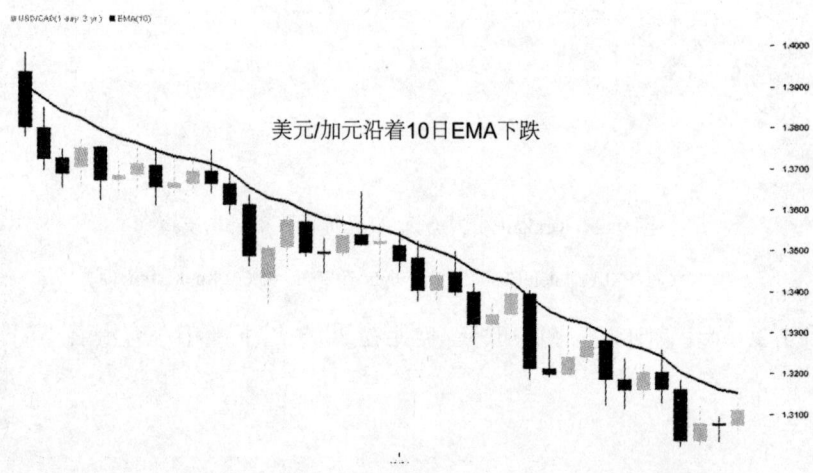

图9.4　10日EMA成了美元/加元货币对的阻力线

资料来源:FXtrek IntelliChart™. Copyright © 2001 - 2006FXtrek.com, Inc.

机构交易者会在上升趋势中买回调,在下跌趋势中买反弹。对那些大玩家来说,不管是在一个强劲趋势中开新仓还是加仓,10日移动平均线都是一个适宜的位置。他们是顺着趋势的方向进行交易,不过要等待汇率回到移动平均线上,不会在极端的价格水平进场。

识别趋势

汇率有一种倾向,会在强劲趋势环境下"弹离"移动平均线。我们怎么才能利用这种市场倾向并从中获利呢?

我们首先需要做的是,判断市场是否处于趋势当中。而我们能做的最坏事情不过是在市场不是趋势市时,随意使用趋势跟踪技术。让我们来看一些用于判断一个货币对是否适合这种技术的选项。

第一个选项是交易者称为"适当次序"的移动平均线。为了我们的目的,我们可以把上升趋势中移动平均线的适当次序定义为:

1. 10 日移动平均线位于 20 日移动平均线之上。

2. 20 日移动平均线位于 50 日移动平均线之上。

3. 50 日移动平均线位于 200 日移动平均线之上。

图 9.5 显示随着移动平均线形成了一个适当次序,欧元/美元步入上升趋势。

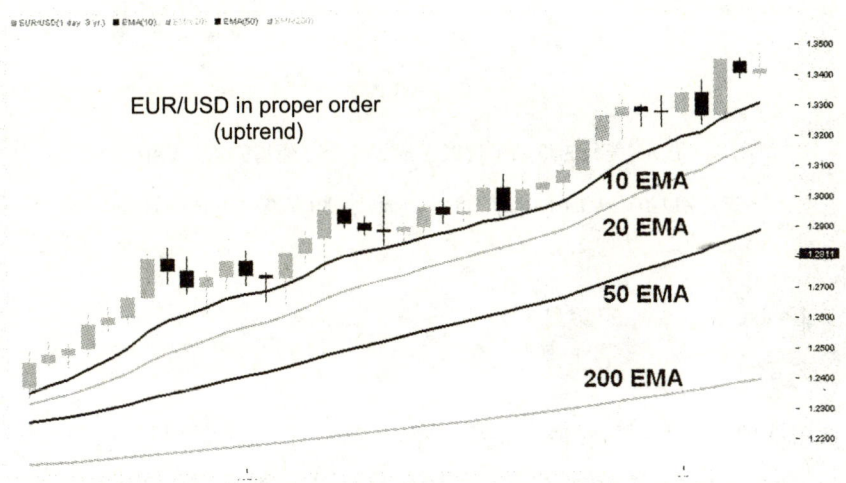

图 9.5　欧元/美元的移动平均线形成了一个上升趋势的"适当次序"

资料来源:FXtrek IntelliChart™. Copyright © 2001–2006FXtrek.com, Inc.

在下降趋势中,移动平均线的适当次序可以定义为:

1. 200 日移动平均线位于 50 日移动平均线之上。

2. 50 日移动平均线位于 20 日移动平均线之上。

3. 20 日移动平均线位于 10 日移动平均线之上。

图 9.6 中,美元/瑞郎处于下降趋势,因为它们的移动平均线已排列成了下降趋势的适当次序。这段下跌趋势发生的时间与前面图 9.5 中欧元/美元一路上涨

的时间相同。由于两个货币对具有极高的负相关性,所以看到这种同时发生的趋势行为也并不奇怪。

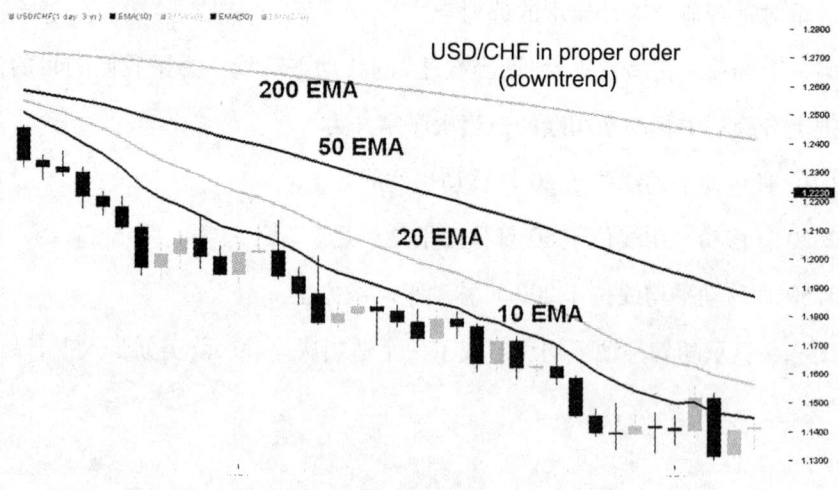

图9.6 欧元/美元的移动平均线形成了一个下降趋势的"适当次序"

资料来源:FXtrek IntelliChart™. Copyright © 2001–2006FXtrek.com, Inc.

过滤趋势

使用这种方法来判断趋势会非常有效,不过同时也会起限制作用。记住,我们关注的是10日EMA,我们要在移动平均线的基础上增加一个过滤器。因为这个技术是用于较强劲的趋势,所以我们需要确定这不是一个普通的趋势。

除了移动平均线排列成了适当次序,还有一个需要注意的地方:如果我们可以清楚看到10日移动平均线在日线图上扮演支撑位(在上升趋势中)或者阻力位(在下降趋势中)的角色,并且至少已形成10天,我们就可以基于这个技术建立头寸。只是一定要确认清楚,不要因为一些愿望性的想法而进场交易。我们怎样才能确定呢?

这里是我们的过滤器。我们不仅需要移动平均线完美地排列起来,而且在上升趋势中,汇率还必须高于10日指数移动平均线至少10天;在下降趋势中,汇率必须低于 10 日 EMA 至少 10 天。

图 9.7 是一个运用这个过滤器的例子。在这个例子中,英镑/日元货币对的移动平均线已经形成了一个适当的次序,但 10 日 EMA 还没有显示出支撑的作用。

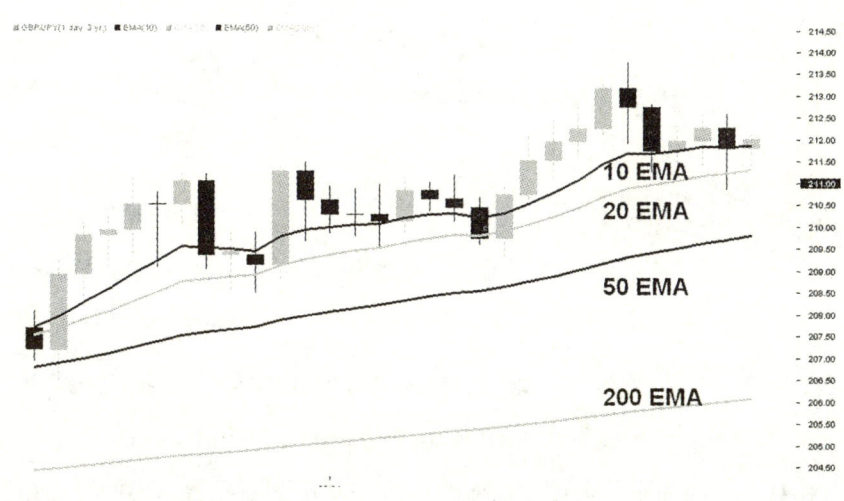

图 9.7　虽然移动平均线形成了适当次序,但 10 日 EMA 还没有起到支撑作用。

资料来源:FXtrek IntelliChart™. Copyright © 2001 – 2006 FXtrek.com,Inc.

汇率反复向上向下突破和跌穿 10 日 EMA,似乎无视其存在。为什么当可以确定 10 日移动平均线没有起到支撑作用时,我们还要根据 10 日移动平均线来做交易呢?

如果这真的是一个强劲的趋势,机构投资者们就不会等待汇率跌到移动平均线以下,他们会在价格下跌时加仓,导致汇率在到达 10 日 EMA 时就反弹。

加上这个过滤器后,我们可以避免在大玩家没有完全坚定加仓时进场交易。如果大玩家们对于是否增加头寸规模还在犹豫,他们可能就不是维持趋势向上所必需的那只"有力的手"。

现在,让我们看一个 10 日 EMA 明显作为支撑的例子。在欧元/美元的日线图上,我们可以看到,不仅移动平均线排列成了它们适当的次序,汇率也一直位于 10 日 EMA 之上(见图 9.8)。

我们偶尔也会看到汇率跌到 10 日 EMA 之下,不过这只是汇率短暂的"旅

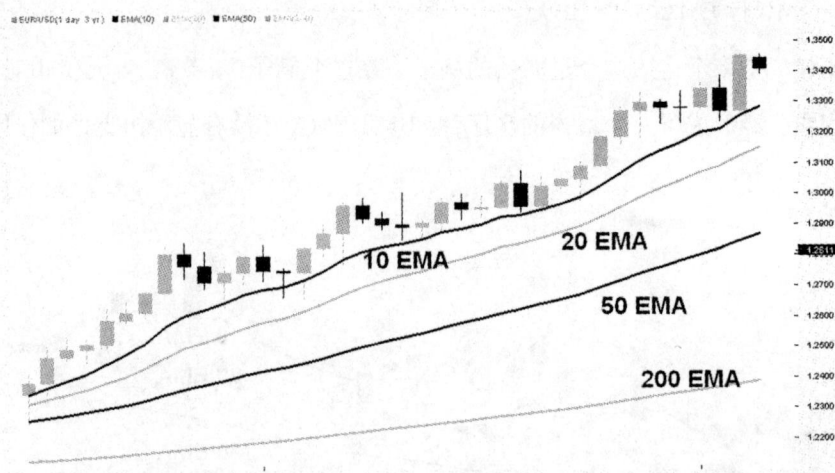

图9.8 除了移动平均线的适当次序,我们还看到10日EMA明显发挥了支撑作用。

资料来源:FXtrek IntelliChart™. Copyright © 2001 – 2006 FXtrek.com, Inc.

行",很快就会反弹回去。出现这种情况的原因是机构交易者不但坚守仓位,并且在汇率跌到移动平均线时进行加仓。

这正是我们所期望的情况,我们有一个被机构资金的做多力量支持的强劲趋势。大玩家们对这种趋势有着足够浓厚的兴趣,非常乐意激进地加仓。

催化剂

这种激进买入的催化因素常常是利率差额扩大。换句话说,交易的货币对中,一个货币的利率在上升,另外一个货币的利率不变或下降。这种情况常常出现在套利交易中,这也被称为套息交易。

如果存在一个强劲的趋势,而汇率也在10日EMA上找到了支撑,我们就可以在汇率到达10日EMA时,进场交易。第一个需要考虑的应该是在哪里设置保护性止损单。确实,除非我们已经判断出适当的止损位,否则不应该盲目进场。

设置止损

在这次交易中,我们已经判断出 10 日 EMA 是进场点,也是此次交易的基础。因此,如果我们做多,止损必须设在 10 日 EMA 以下。但是,止损应该设置多远呢?有一个固定的止损点数吗?或者我们应该寻找其他水平和形式的支撑吗?

由于本次交易的重大支撑位已经确定,即 10 日 EMA,所以我们需要在别的位置来设定恰当的止损。没有一个有效的"神奇的点数",因为不同货币对的波动率差异是如此大。

波动率止损

这个波动率可以作为判断止损位置的基础。有一些指标是用来反映和测量交易品种的波动率的,而这些指标中最受欢迎的是平均真实波幅(ATR)指标。

这是韦尔斯·怀尔德(J. Welles Wilder)发明的一系列指标中的一个,是在他的著作《技术交易系统的新概念》(趋势研究,1978)中提出来的。这个指标测量的是一个货币对(股票或商品期货)在测量时间框架内(在本例中,就是日线图)的平均波动情况。怀尔德建议 ATR 采用 14 期的默认值,这也是我们这个策略将要采用的数值。

例如,英镑/美元货币对的 ATR(14 期)为 0.0148,转换为日均波幅就是 148 点。这意味着在过去 14 天,该货币对平均每天移动了 148 点。我们可以从图 9.9 中看到,此前最高日均波幅达 190 点。

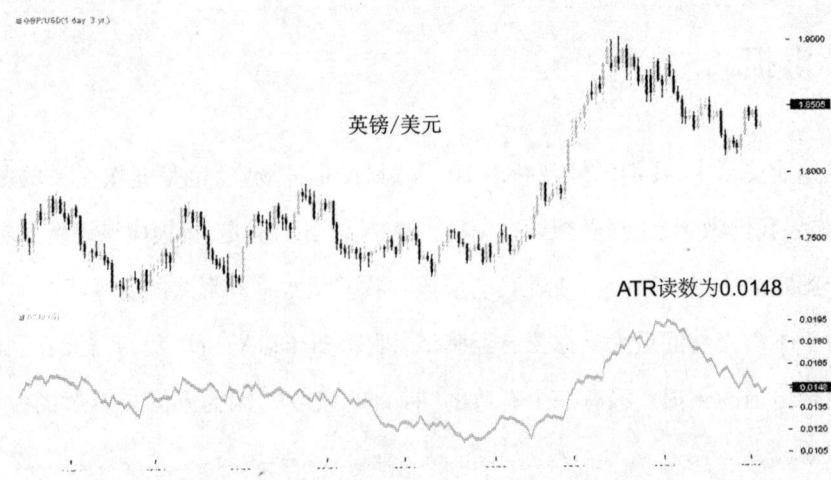

图9.9 平均真实波幅(ATR)测量的是一个货币对的波动率，
英镑/美元日线图显示 ATR 为 148 点

资料来源：FXtrek IntelliChart™. Copyright © 2001 – 2006FXtrek.com, Inc.

比较一下英镑/美元和欧元/英镑的平均日波幅，后者的 ATR 只有 0.0035，即平均每日波幅仅 35 点(见图 9.10)。

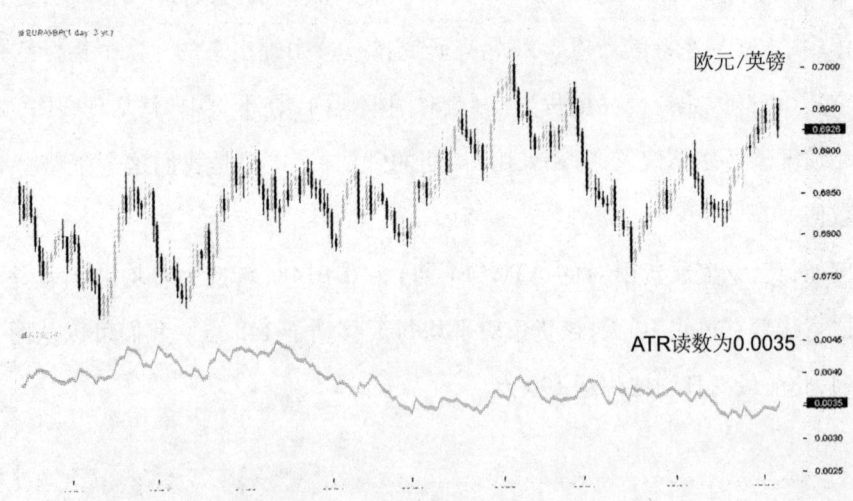

图9.10 不同货币对的波动率差异非常大。这里，
欧元/英镑的日线图显示 ATR 仅为 35 点

资料来源：FXtrek IntelliChart™. Copyright © 2001 – 2006FXtrek.com, Inc.

让我们想一想，一个货币对每天波动148点，而另一个货币对每天波动35点。假设一个货币对的保护性止损设在一个适当距离（比如"X"点）的点位，而两个货币对所处的环境类似，那么这个止损幅度也适用于另一个货币对吗

"公平"地设定止损幅度

上述问题的答案毫无疑问是否定的。比如一个30点的止损幅度，对英镑/美元来说就相对较小，因为30点仅相当于它日均波幅（148点）的20%，而30点的止损对欧元/英镑来说就相对较大，因为30点已经接近它35点日均波幅的90%。

因为不同货币对的波动率差别很大这个原因，所以30点的止损幅度（或者其他任何一个固定的止损点数）不会在任何情况下都有效。虽然我们不能使用一个固定的止损幅度，但是可以利用ATR指标来帮助计算我们的止损点位。

算一下上面例子中ATR读数的差别。英镑/美元的平均日波幅超过了欧元/英镑平均日波幅的4倍。所以理所当然的是，在其他全部情况都相同的情况下，英镑/美元的保护性止损幅度应该是欧元/英镑的4倍。这时我们可以对这两个货币对进行"公平"的比较，并抵消了波动率的差异。

ATR的计算

在我们的策略中，我们将使用50%的日内ATR来确定我们的止损。由于这个策略是建立在10日EMA的支撑理论（在做多交易中）基础上，所以我们将在10日指数移动平均线的下方设置我们的止损，止损的点数等于日内ATR的50%，并且要进行人工移动止损。

这样的话，如果移动平均线的支撑失败了，我们的止损单就会被触及，然后出场。但是，只要移动平均线的支撑有效，我们就可以继续持有头寸，并在趋势保持不变时，移动止损。

巨大盈利的可能性

如果我们很幸运,该货币对能继续保持强劲的趋势,就存在巨额盈利的可能性。当我们建立头寸,最好的情况就是该货币对继续处于趋势市很长一段时间。如果出现这种情况,我们盈利的数额可以大得让人吃惊。

在这个例子中,我们看到欧元/美元正处于上升趋势中,移动平均线已排列成上升趋势中的完美次序,汇率也已经保持在 10 日 EMA 之上至少 10 天(见图 9.11)。我们进场的必要条件已经满足了。

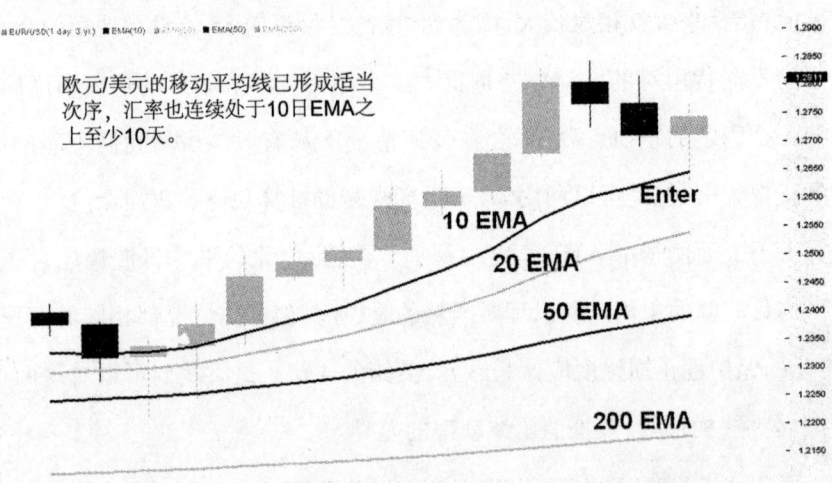

图 9.11 欧元/美元货币对已经满足了进场的适当条件

资料来源:FXtrek IntelliChart™. Copyright © 2001–2006FXtrek.com,Inc.

入场点

当汇率跌回到 10 日 EMA 时,我们就进场建立多头头寸。只要观察到汇率跌回移动平均线,我们就进场。我们不需要等待蜡烛线收盘。入场点是 1.2645。

现在,在我们进场后,就需要计算我们的止损位。交易者测到日线图上的 ATR(14 期)读数是 0.0110(见图 9.12),也可以说成是此时欧元/美元的日均波幅为110点。

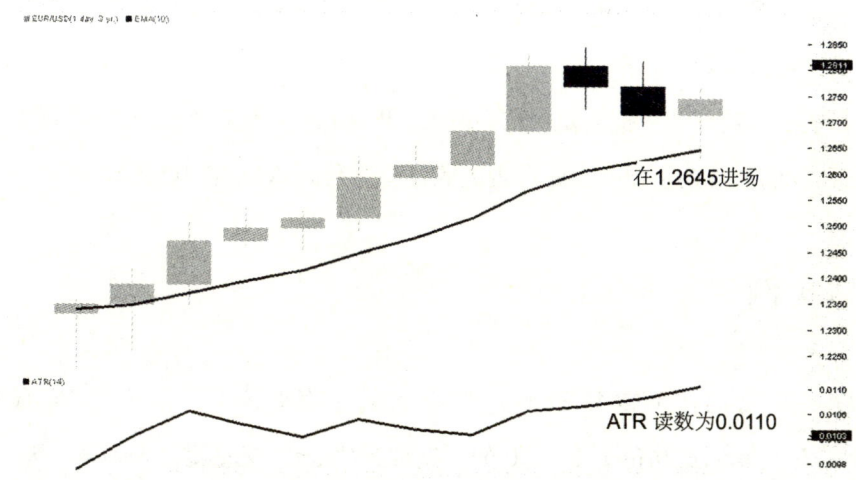

图9.12 当汇率跌回10日EMA时就进场。ATR显示日均波幅为110点，所以止损应该设在EMA以下55点的地方

资料来源：FXtrek IntelliChart™. Copyright © 2001-2006FXtrek.com, Inc.

止损点

我们将在10日EMA以下的位置设置止损，止损幅度等于货币对日均波幅的一半。由于ATR是110点，110点的50%是55点，所以止损将会设在我们入场点1.2645以下55点的地方，即1.2590。这是我们最初的止损单。

由于这个策略是用来识别并利用非常强劲的趋势，所以我们要确保在发现它们时，能够加以充分利用。关键就是我们不能着急出场，因为我们都知道，这个货币对的趋势可能会持续数周。

移动止损

我们在移动平均线的下方设定移动止损，用以取代一个固定的盈利目标。每当一根蜡烛线收盘时，我们将提高止损。

由于我们是在上升趋势中交易,所以在任何情况下我们都不会降低止损。我们会一直把止损保持在10日EMA之下,距离每日ATR50%的地方,直到汇率最终下跌并触及我们的止损。

最初的入场点和止损位是根据当时的(开盘)日线图来确定的,但是随着交易的进行,我们会移动止损并根据最近的收盘价来得到ATR和10日EMA。

交易实例

第一天,我们在1.2645进场。进场以后,汇率继续下跌到约1.2630(见图9.13)。因为我们最初位于1.2590的止损没有被触及,交易就进入到第二天。

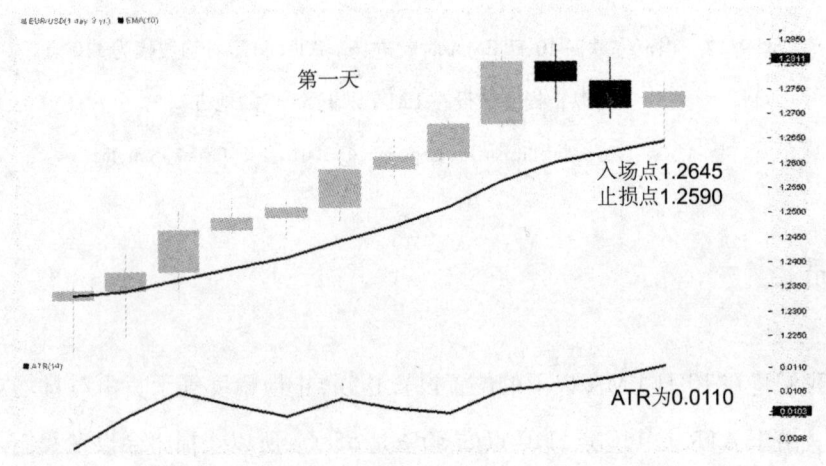

图9.13 在交易的第一天,汇率暂时跌到移动平均线以下。这时的风险最大

资料来源:FXtrek IntelliChart™. Copyright © 2001–2006FXtrek.com, Inc.

第二天,我们的止损没有被触及,因为汇率现在仍然坚守在10日EMA之上(见图9.14)。

我们不用提高止损位,因为必须根据最近的收盘价来设定这个保护性止损。由于最近的收盘价就是我们入场时的开盘价,所以我们还不能提高我们的止损位。每日ATR下降到0.0109。

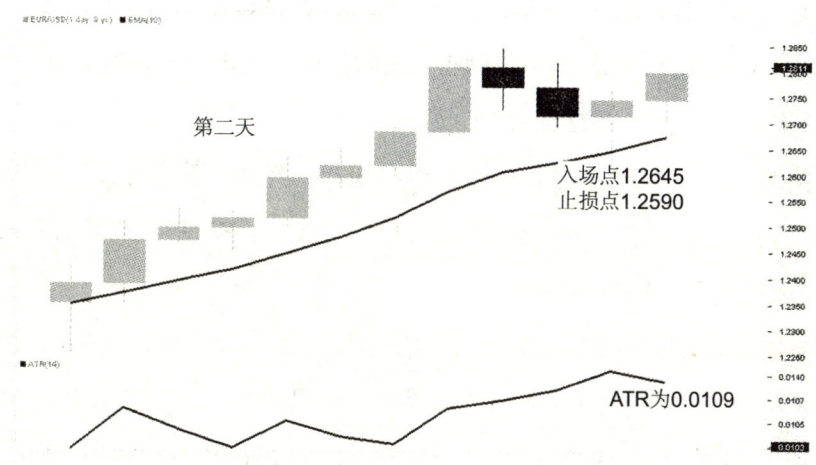

图9.14　第二天的蜡烛线收盘后才能提高止损位

资料来源：FXtrek IntelliChart™. Copyright © 2001 – 2006 FXtrek.com, Inc.

终于，第二天的蜡烛线收盘了，交易进入第三天。现在我们可以提高止损位。首先我们必须计算最近收盘蜡烛线（第二天）的10日ATR。我们可以看到现在10日EMA已经上涨到1.2673（见图9.15）。

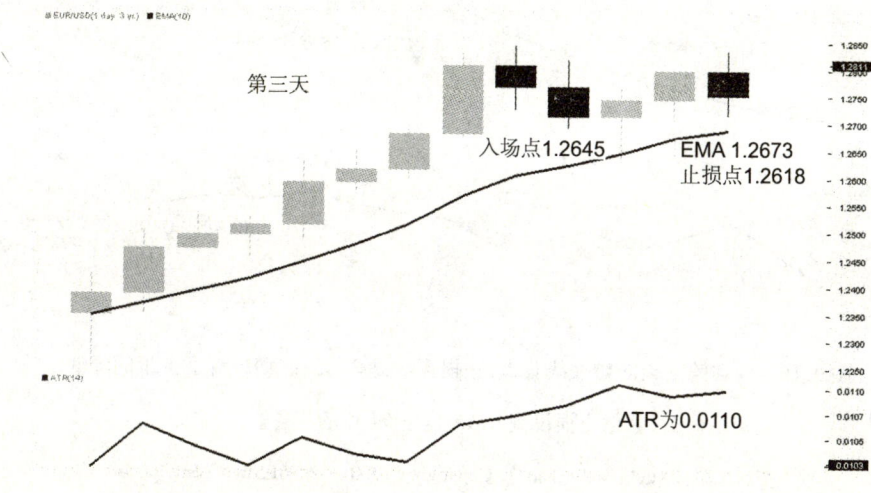

图9.15　第三天，根据移动平均线来进行移动止损。

资料来源：FXtrek IntelliChart™. Copyright © 2001 – 2006 FXtrek.com, Inc.

ATR 仍然处于 110 点,所以必须提高止损,以确保其在移动平均线之下 55 点(ATR 的一半)。这意味着第三天开始后,我们就可以把止损提高到 1.2618(指数移动平均线新的价位 1.2673 减去 55 点)。

请注意,我们的风险最初是每手 55 点,现在已经减小到每手 27 点(入场点 1.2645 减去新的止损点 1.2618)。如果可以继续提高止损,那么我们所冒的风险将进一步降低,并可能完全消除。

在第三天的蜡烛线收盘时,移动平均线已经上涨到 1.2687,ATR 也已经跌到 108(见图 9.16)。我们的止损要设在移动平均线以下 54 点(ATR 读数的 50%),所以就把止损提高到 1.2633(1.2687 减去 54 点)。由于我们的入场点是 1.2645,因此现在我们已经把此次交易的风险降低到每手 12 点(入场点是 1.2645,止损点是 1.2633)。

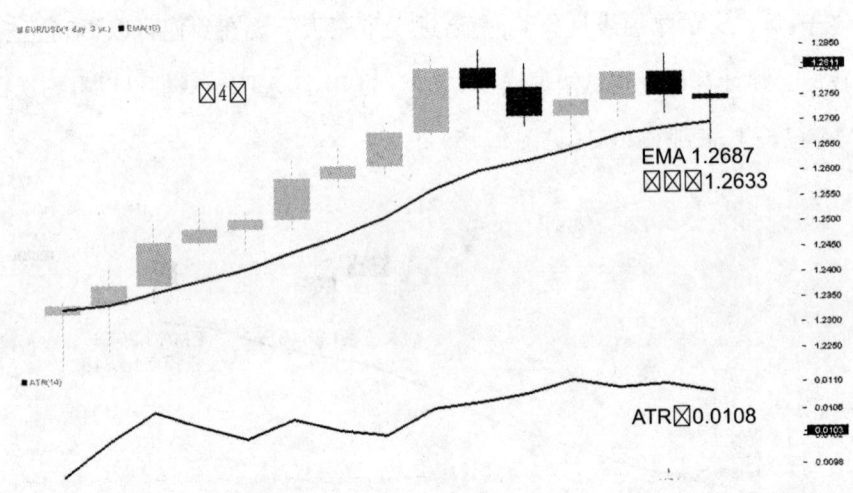

图 9.16　现在第 3 天的蜡烛线收盘,止损再次提高,现在 ATR 有了少量的降低,就把止损设到 EMA 以下 54 点的位置。

资料来源:FXtrek IntelliChart™. Copyright © 2001-2006FXtrek.com,Inc.

在第四天,汇率自我们进场后首次跌到 10 日 EMA 之下。但是,第四天的最低点是 1.2664,所以我们位于 1.2633 的止损没有被触及,交易仍然继续。只要汇率没有急剧下跌到 10 日 EMA 之下,交易就仍然继续。

随着第四天的蜡烛线收盘,我们进入了第 5 天,10 日 EMA 再次向上移动,这次到达了 1.2698(见图 9.17)。ATR 读数仍然是 108,而 108 的一半等于 54,所以我们的止损移动到 1.2644(1.2698 减去 54 点等于 1.2644)。我们这次交易所冒的风险已经降低到每手 1 点。

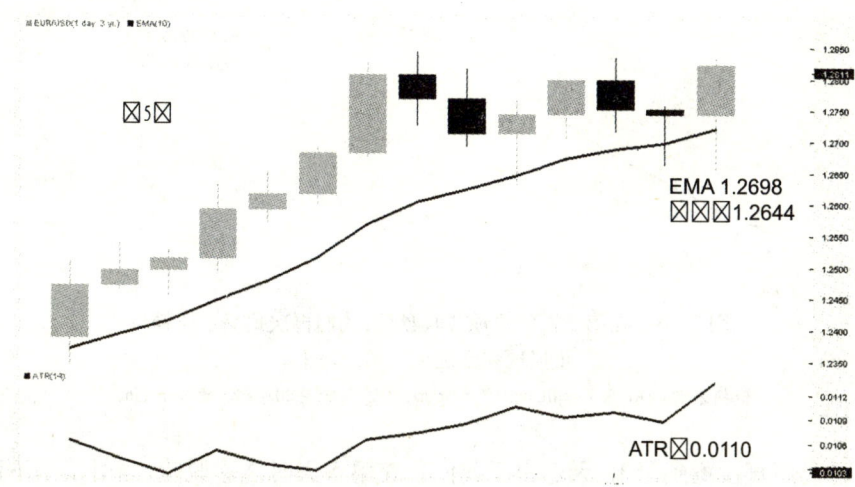

图 9.17　第 4 天的蜡烛线收盘,我们进入了第 5 天

汇率跌穿了 EMA 并接近止损位,真是很危险。

资料来源:FXtrek IntelliChart™. Copyright © 2001 – 2006 FXtrek.com, Inc.

在第 5 天,我们被吓了一跳。汇率再次跌到 10 日 EMA 以下,在汇率反转并涨回移动平均线之上以前,到达了 1.2656,离我们的止损仅有 12 点。幸运的是,机构交易者利用这次回调进行了加仓,在第 5 天的蜡烛线收盘之前,汇率回到 1.2800 以上,移动平均线也上涨到 1.2720(见图 9.18)。

后来这波涨幅导致 ATR 又涨回到 110,所以我们要再次计算我们的止损位。经过计算,止损应该设在 10 日 EMA 以下 55 点(110 点的 50%)的地方。于是,我们的保护性止损被提高到 1.2665(1.2720 减去 55 点等于 1.2665)。

现在,我们不仅消除了交易的全部风险,而且现在的止损已经高于 1.2645 的入场点 20 点。我们最坏的情况就是每手只获利 20 点,但如果货币对继续之前的趋势,我们的收益将相当丰厚。

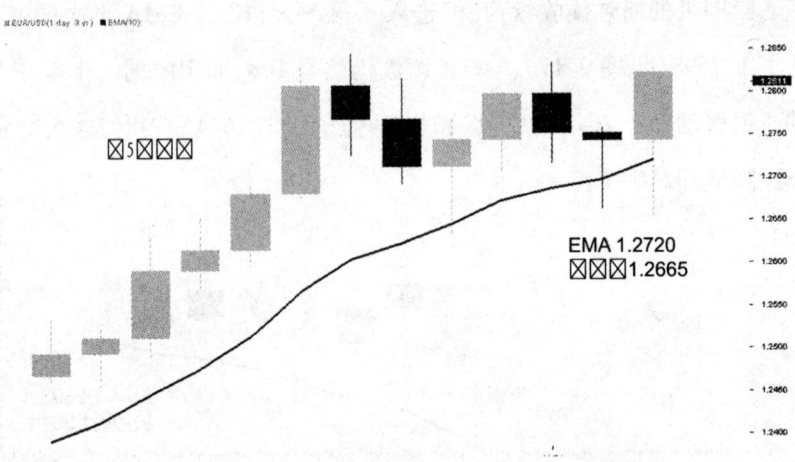

图 9.18 在第 5 天的蜡烛线收盘后,我们再次提高了止损位
止损现在已位于入场点之上。
资料来源:FXtrek IntelliChart™. Copyright © 2001 – 2006 FXtrek.com, Inc.

让我们直接跳到第 17 天。由于我们曾在第 5 天时侥幸脱险,当时汇率下降到 10 日 EMA 以下几点(见图 9.19),因此,我们的止损单还没有危险,因为欧元/美元继续保持着向上的趋势。

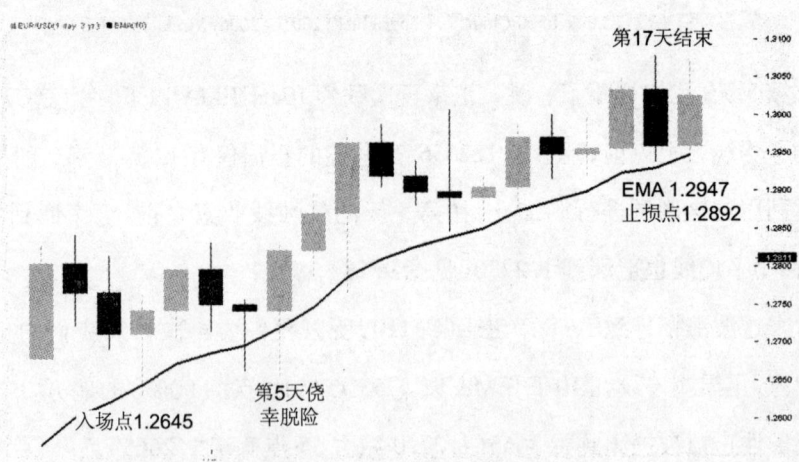

图 9.19 第 5 天到第 17 天:由于汇率几乎没有接触 EMA,
止损没有被触及,所以交易仍然有效
资料来源:FXtrek IntelliChart™. Copyright © 2001 – 2006 FXtrek.com, Inc.

在第 17 天结束之前,移动平均线已经上涨到 1.2947,我们的止损也已跟着向上移动到 1.2892。我们是在 17 天以前的 1.2645 进场的,现在我们的止损已经高于入场点 247 点。我们的最坏情况就是每手都获利 247 点!请记住,我们这次交易的风险从来没有超过 55 点每手。

不要捕小鱼

此时此刻,我敢肯定你们有些人在想,"艾德,我只想每天盈利 10 点。我不想持仓长达 17 天!"请试着从这个角度看:如果你每天确实获利 10 点,那么连续 17 天你将只获利 170 点,而我们最坏的情况都是获利 247 点。而且如果趋势继续的话,我们的收益还将更高。

此外,如果你只进行潜在收益较小的短线交易,那么你将反反复复地支付点差。点差是蚕食你利润的头号敌人,你交易得越多,你付给做市商的钱就越多。一个活跃的短线交易者是做市商最好的朋友。且不要说你是在努力工作,短线交易本来就是一个高强度的体力活。

同时,使用 FX-ED 趋势技术(译注:作者以自己名字命名的趋势技术)的交易者,只是每天移动一次止损位。就这样!就像商业职场流传的一句话:"你是想更努力地工作,还是想更聪明地工作?"

另外,我认为你会发现一旦你下一次单就可以赚几百点,你就可能很难再回到以前的老方法。你会想知道为什么在有大钱可以赚的时候,自己还要浪费这么多时间去捡地上的几分钱。当海里有更大的鱼时,为什么还要去捕小鱼呢?

低维护成本方法

这种交易方法的维护成本非常低。请记住,我们不是要比赛看谁下的单最多。一些交易者,尤其是新手,似乎认为交易的次数越多,赚的钱就越多。在现实中,你下单的次数与你赚钱的数额之间没有关系。一次真正好的交易赚的钱将超过很多次平庸的交易,所以我希望你们能仔细地选择你们的交易。

使用这个策略,交易者唯一需要做的事情就是在每天的蜡烛线收盘以后,移动一次止损。这对那些不想整天都盯着屏幕的人来说,简直是完美的策略。而对那些有全职工作,不能随时监视市场的人来说,更是一个伟大的策略。或者交易者也可以把它当作较长期的交易策略,与短期交易策略结合使用。就如我们将从本书讨论的各种策略中看到的一样,我们没有必要把自己限定在一个策略上!

回到交易

让我们再往后跳一段时间,这次到第 27 天(见图 9.20)。只要看一下这张图,我们就知道止损没有被触及,它还好好地待在 10 日 EMA 下面。从第 5 天虚惊一场过后,汇率只是偶尔碰触一下 10 日 EMA,都没有穿过 10 日 EMA 多少点。很明显,每当汇率回落到移动平均线时,大型交易者都在加仓。

现在 10 日 EMA 一直上涨到 1.3256,ATR 在波动率增加的支持下,也上涨到

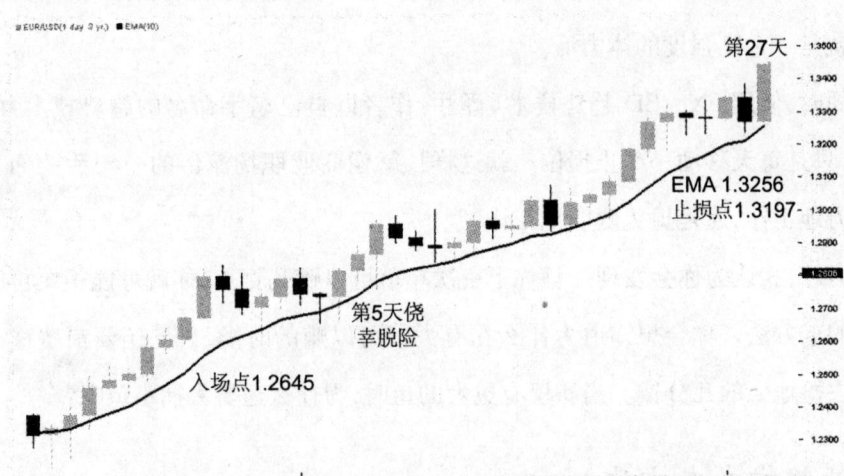

图 9.20 第 27 天汇率仍然位于 EMA 之上。因为 ATR 已经涨到每日 118 点,所以止损位于 EMA 之下 59 点

资料来源:FXtrek IntelliChart™. Copyright © 2001–2006 FXtrek.com, Inc.

每日 118 点(没有显示)。118 除以 2 就等于 59,所以止损要设在移动平均线以下 59 点,也就是 1.3197(1.3256 减去 59 点等于 1.3197)。

这意味着我们现在已经锁定了 552 点的利润(1.3197 的止损点减去 1.2645 的入场点等于 552 点)。即使我们的止损明天被触及了,我们也已经保有了一笔非常可观的收益。

所有的好事一定会最后到来,这次交易也一样。两天以后,在第 29 天,移动平均线已经攀上了 1.3308(见图 9.21)。ATR 有所回落,到了 112,所以我们的止损将设在移动平均线之下 56 点(112 的 50%),即 1.3252(1.3308 减去 56 点等于 1.3252)。我们最坏的结局就是获利 607 点(1.3252 减去入场点 1.2645)。

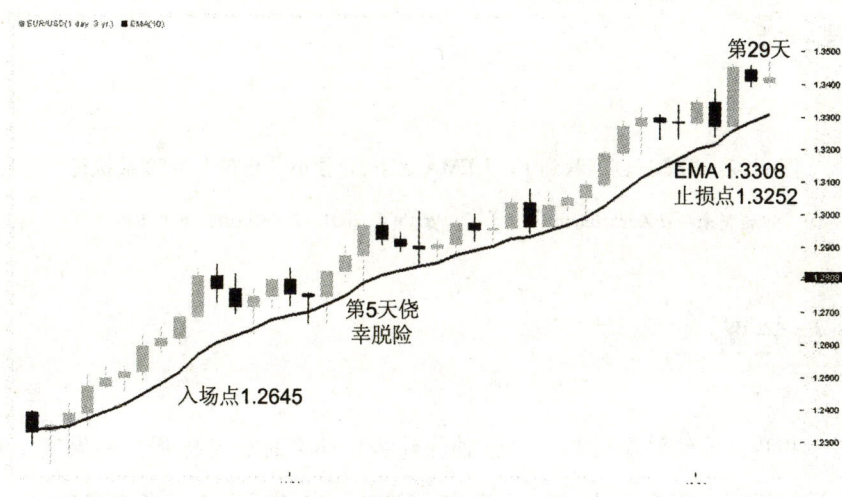

图 9.21　移动平均线继续上涨,在第 29 天我们提高止损,这将是最后一次

资料来源:FXtrek IntelliChart™. Copyright © 2001－2006FXtrek.com, Inc.

结局

最终,我们的止损单被执行,此次交易结束(见图 9.22)。我们 607 点的利润足以弥补很多次小的亏损。

我们不能期望这个 FX－ED 趋势技术每次都这么有效,但只要有少数几次这么大额的盈利,就可以实实在在地提高你的整体交易成绩。即使我们只是偶尔抓住一次大行情,它也可以奇迹般地改变我们的盈利/亏损局面。

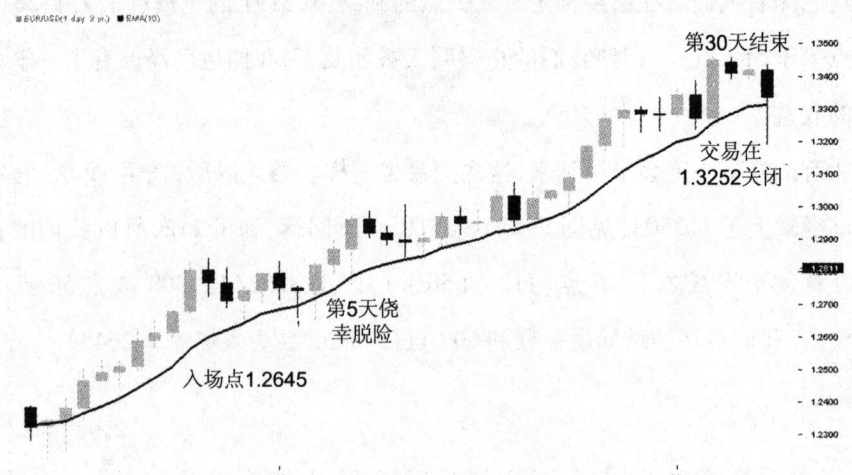

图9.22　汇率急剧下跌到10日EMA之下,止损单最终在1.3252被执行

资料来源:FXtrek IntelliChart™. Copyright © 2001－2006FXtrek.com,Inc.

消息与趋势

　　当一些政治或经济事件与一个强劲的趋势相冲突时会怎样呢?如果这个趋势满足了先前提到的所有条件,那么将引起与趋势方向相反反应的所有新闻事件,其影响都只是暂时的。举一个这样的例子,我想带你们回到2003年。

　　当时,美国入侵伊拉克,伊拉克被赶下台的领导人萨达姆·侯赛因已经藏了起来。在这年的下半年,美元对世界其他大部分主要货币都急剧下跌,包括英镑。

　　这里我们可以看到英镑/美元大约一个月的行情,从图9.23中可以看到,该货币对一再地在10日EMA上找到支撑。10日、20日、50日和200日的EMA正排列成上升趋势的适当次序(图中没有显示)。

　　12月中旬的一个周末,侯赛因在伊拉克被抓住的消息被发布出来。我听到这个消息时,正是纽约星期天的早上,此时市场还没有开市。我有大量的时间来收集所有有用的信息，并思考这个消息可能引发的结果。在很多交易者看来，这消息似乎是利好美元的。

在交易开始几小时后，市场的膝跳反应是美元走强，美元全面快速上扬。在开市后几分钟内，英镑/美元下跌 120 点，反映了美元多头的力量。此时的美元多头似乎已控制住了局面——或者看起来是这样。

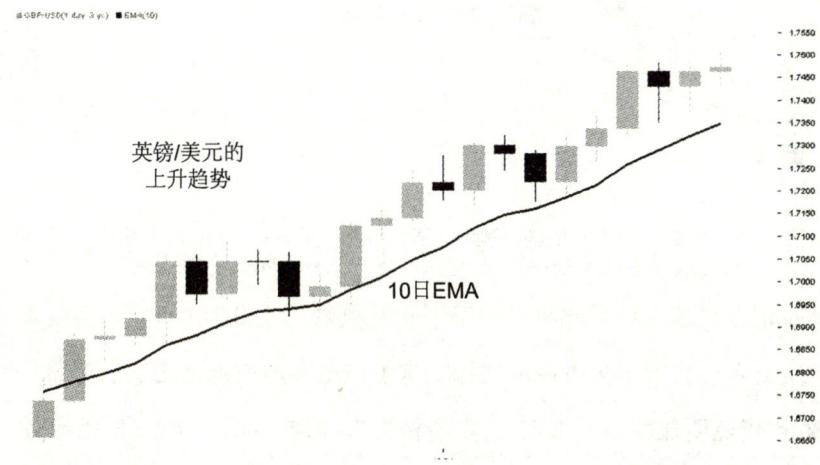

图 9.23　英镑/美元在 2003 年末的一波强劲上升趋势

移动平均线已排列成上升趋势的适当次序（图中没有显示）。

资料来源：FXtrek IntelliChart™. Copyright © 2001－2006FXtrek.com, Inc.

表象会骗人

趋势交易者对于这种情况有着不同的见解。英镑/美元明显处于上升的趋势，而美元的突然走强，为趋势交易者创造了一次入场的机会，因为该货币对跌到了 10 日 EMA 之下。

趋势交易者不会随大流去"买美元"，而是察看大局并遵循自己的交易计划。这次回调创造了一次做多英镑/美元的极佳入场机会。在这日的蜡烛线收盘之前，在 10 日 EMA 的价位进场的交易者在几小时内，就赚到了超过 100 点的利润（见图 9.24）。

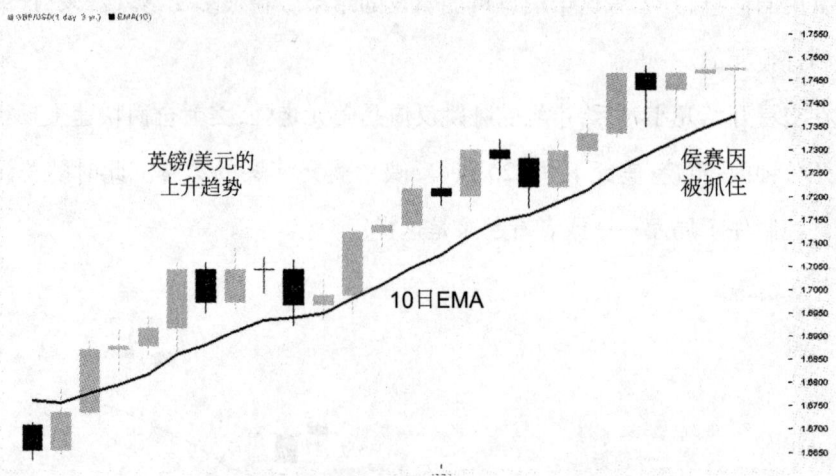

图9.24 侯赛因被抓住的消息刺激了美元走强,使英镑/美元下跌到10日EMA
资料来源:FXtrek IntelliChart™. Copyright © 2001-2006FXtrek.com, Inc.

我肯定有很多交易者此时很乐于平仓并兑现这100点的利润,但是那些坚守仓位的交易者会获得十分可观的回报。这个在侯赛因被抓住之前就非常明显的趋势,现在也仍然明显存在。事实上,在价格再次穿越10日EMA时,已经过去了23个交易日(见图9.25)。

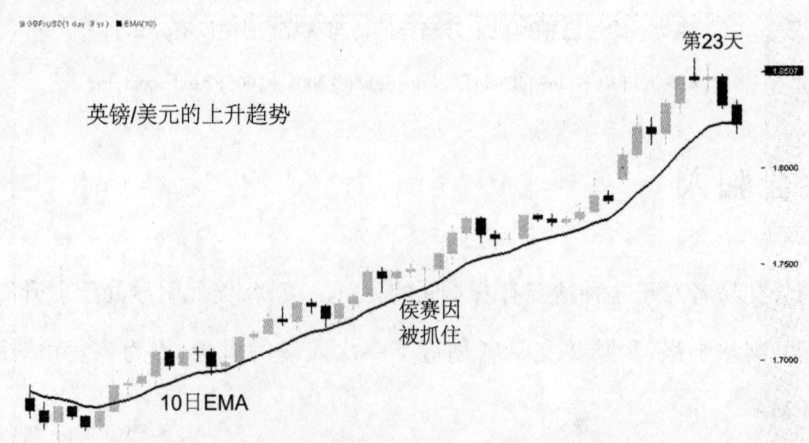

图9.25 英镑/美元的汇率再次接触10日EMA时,已过去近一个月
资料来源:FXtrek IntelliChart™. Copyright © 2001-2006FXtrek.com, Inc.

这次交易是在2003年12月15日进场,入场点是1.7372。汇率再次穿越10日EMA时,移动平均线位于1.8233(见图9.26)。此时ATR的读数是160,所以我们的止损要设在移动平均线以下 80 点的价位,即 1.8153。这个止损单在第 24 天被执行,我们从这次交易中获利 781 点每手(1.8153 的出场点减去 1.7372 的入场点等于 781 点)。

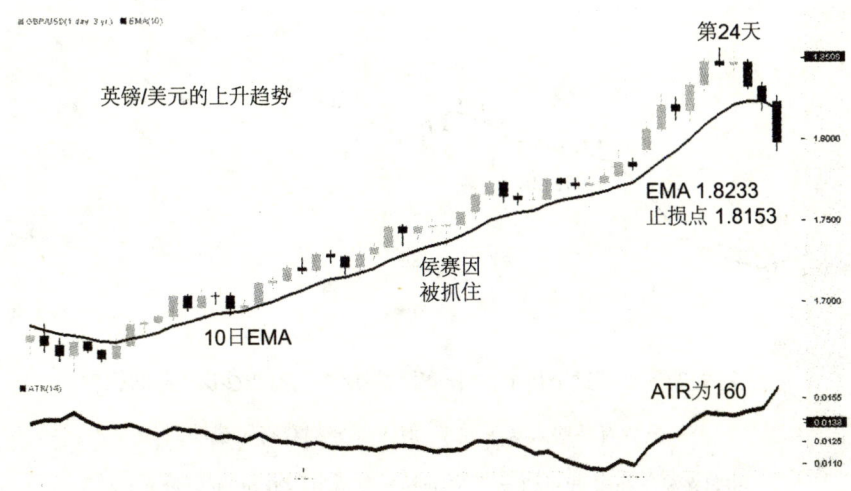

图 9.26 止损单在第 24 天被执行,此次交易获利丰厚

资料来源:FXtrek IntelliChart™. Copyright © 2001 – 2006 FXtrek.com, Inc.

机会不止一次

根据这个技术,甚至早在这次"侯赛因交易"之前,也有很多做多该货币对的机会。回顾之前 4 个月的走势(见图 9.27),英镑/美元很多次穿越移动平均线后又反弹回来。

虽然不是每次交易都会成功,但仍然有很多多头盈利的机会。另外,亏损的数额也限制在保护性止损内。而盈利的数额,则没有任何限制,因为我们允许趋势奔跑,直到下跌。

我们之前欧元/美元的例子也是如此。汇率不断地回到 10 日 EMA,创造了大量进场做多的机会(见图 9.28)。下面的每一次入场都成为一次成功的交易,除了第 27 天的入场,导致了小额亏损。

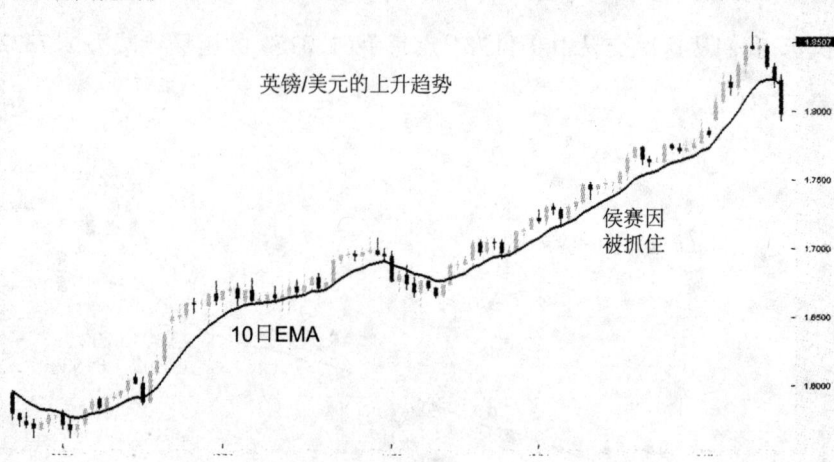

图 9.27　根据这个技术,在侯赛因被抓住前,有很多次入场机会虽然有一些入场失败了,但大部分都获得了成功。

资料来源:FXtrek IntelliChart™. Copyright © 2001 – 2006FXtrek.com, Inc.

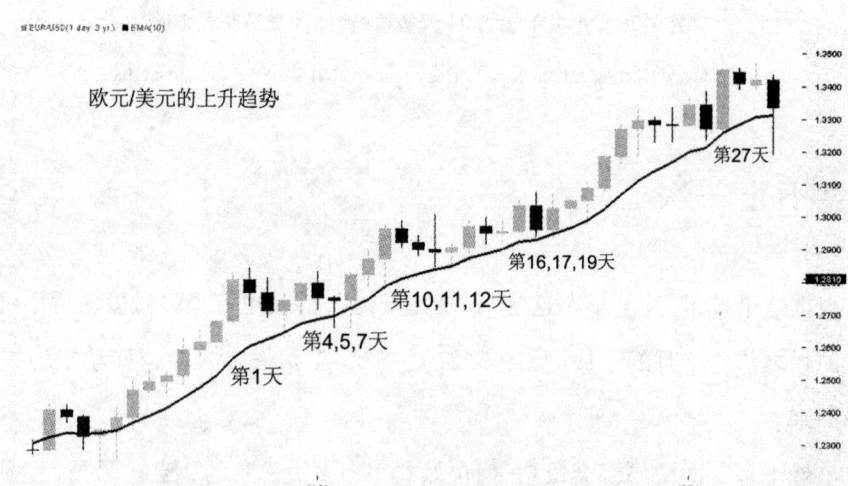

图 9.28　欧元/美元有大量进场做多的机会

资料来源:FXtrek IntelliChart™. Copyright © 2001 – 2006FXtrek.com, Inc.

如此多的交易机会告诉我们,不应该盯着一次错过的入场机会不放,后面通常还有很多不错的建仓机会。

分批平仓（分步平仓）练习

你可能已经注意到，有些策略包含了分批平仓的技巧。这时，你可能想知道这种交易该如何分步平仓。

这种技术基于一个强劲的趋势。趋势可能在任何时候结束，也可能持续数周或数月，我们没有办法确切知道接下来将发生什么。强劲的趋势允许交易者在出场时更激进，因为趋势市的特点是趋势会一直朝一个方向运动，逐渐远离入场点。

在区间震荡市场中，我们的盈利目标就要保守一些，因为区间震荡市的特点是汇率波动的方向最终会反转，然后回到入场点。

在强劲的趋势市里，我们要给我们的盈利单更多的增长空间，并给这种特殊趋势交易一个获利丰厚的机会。这意味着我们在盈利目标上必须比平常更大胆。事实上，我们只不过是让交易继续，直到汇率跌穿移动平均线。这就是为什么直到现在，我们只讨论止损，没有涉及出场问题的原因。

但是，我们也有一些分步平仓的方法可以用于这个策略。不过在介绍这个分步平仓方法之前，我想先做一个练习，这个练习不属于这种交易风格，但是可以给你上一堂关于顺势而为的宝贵课程。

随意性出场和策略性出场

当你在模拟账户上练习这个方法时（我强烈建议你在模拟账户上反复练习你学习的每一个交易方法），试试下面这个练习：你可以在你喜欢的任何一个点位平掉一半仓位，只要你按照 FX-ED 趋势技术介绍的方法平掉剩余仓位。

换而言之，你可以在任何时候，因为任何原因了结一半头寸，只要你能正确按照技术，根据 10 日 EMA 来移动剩余头寸的止损位就行。我们把第一个出场方法称为"随意性出场"，把第二个出场方法称为"策略性出场"。

我要你们在模拟账户上反复做这个练习,并在交易日志上记录交易结果。这样操作一段时间后,你们大部分人会发现随意性出场的结果很少能比得上策略性出场。为什么会这样?

从错误中学习

原因是这样,作为人类,我们总是喜欢过快地平仓。想想我们之前回顾过的例子,你认为有多少人能坚守一个盈利的头寸直到获得几百点的利润?实际情况是我们很少有人能遵守纪律,可以持有盈利的头寸那么长时间。

我们需要一些可以让我们留在强劲趋势交易中的规则和策略——即便在我们"觉得"应该出场时。如果任我们按自己的意愿进行交易,那么好的交易总是会被匆匆地结束,而差的交易则总是被长长地坚守。

这个练习仅仅是为了预防万一有谁不明白这个道理。一旦你在真实账户采用这种交易方式,我不建议你按着自己的喜好来了结这一半的头寸。这是一个练习,目的是为了教会我们懂得:如果我们能严格遵照计划,并不管我们自己对交易的意见或感受如何,那么我们的交易将更好。

分步出场技巧

当市场的趋势很强劲时,常常会通过趋势线反映出来。我只把趋势线当作一个大致的指引,因为它们非常主观。如果你让 10 个交易者分别画一条趋势线,你很可能会得到 10 个不同的结果。上升趋势中的趋势线画在汇率下面,下降趋势中的趋势线画在汇率上面(见图 9.29)。

当汇率沿着 10 日 EMA 波动时,有时我们可以画一条平行于趋势线的线,这就被称为通道线。上升趋势中的通道线画在汇率上面,下降趋势中的通道线画在汇率的下面(见图 9.30)。

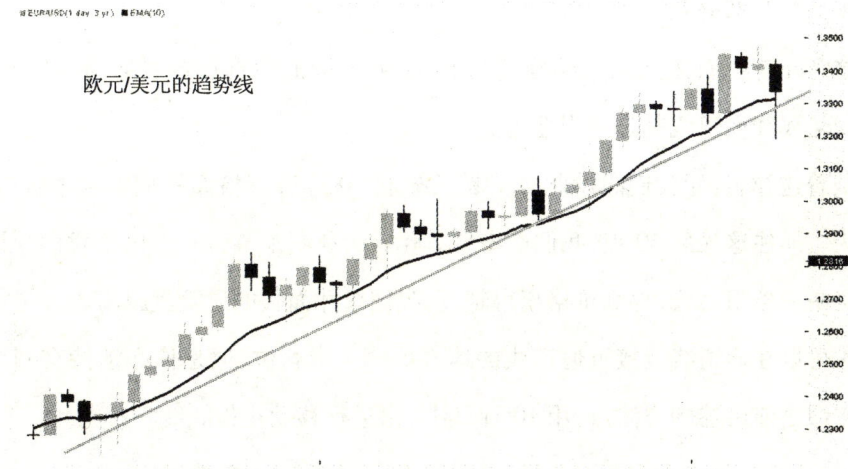

图 9.29　在上升趋势中,趋势线画在汇率的下面

资料来源:FXtrek IntelliChart™. Copyright © 2001 – 2006FXtrek.com, Inc.

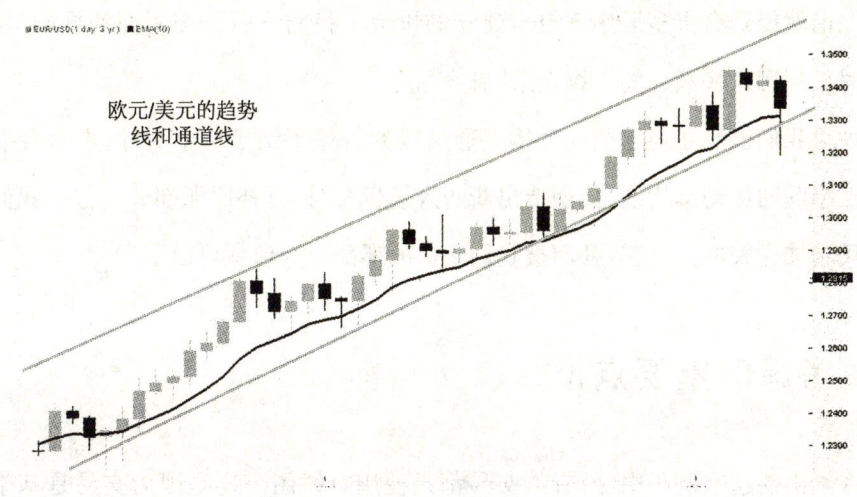

图 9.30　通道线位于汇率之上,平行于趋势线

资料来源:FXtrek IntelliChart™. Copyright © 2001 – 2006FXtrek.com, Inc.

这里有一个运用该技术分步平仓的方法:当汇率靠近通道线上轨时,它就在接近阻力位。意思就是当价格持续上涨时,它很可能在近期发生回落。

同时,汇率也可能远远超过移动平均线。如果我们正确建仓,就可能有幸获得巨额收益,有时甚至在极短的时间内就可以获得。如果这是事实,就尽可以利用通道线来兑现一部分利润。

这意味着我们在兑现一部分利润前,必须等待汇率真正接触通道线吗?不。因为趋势线和通道线都是主观性的。

试着这样想:让我们假设此次交易已盈利 200 点,价格离我们的通道线仅 20 点。为了抓住这最后 20 点,我们应该拿 200 点的利润来冒险吗?由于我们预计通道线会是一条阻力线,那么价格离得越近,我们头寸面临的风险就越高。

你可以在通道线或接近通道线的地方平掉一半仓位,但是你必须持有剩余半仓并按照之前讲述的方法,运用 10 日 EMA 来进行移动止损。

补仓

之前就提到有很多运用该技术建仓的机会。我们可以按照下面的规则,在适当的时候利用这些额外的入场点来"补仓"。

如果我们已经在通道线或者接近通道线的价位了结了一半头寸,那么我们可以在汇率跌回移动平均线,又创造出新的入场机会时,再补回那部分仓位。我们可以不用增加完整的头寸,只补回被我们平掉的那部分仓位就可以了。

需要考虑的重要点位

在给出的这些例子中,所有的交易都是使用日线图。这是因为交易是基于一个重要的市场倾向,我们已经发现有迹象表明机构在 10 日指数移动平均线上加仓。

一厢情愿的想法

但是,并没有迹象表明市场上的大玩家在 10 小时或 10 分钟的移动平均线上加仓。然而我总是遇到一些交易者试图把这个方法运用于短线交易。这对于交易毫无意义，因为完全没有迹象表明除了日线图，这种交易方式还能运用于其他时间框架。

大型机构交易者们通常使用日线图和周线图，很少会关注日内的时间框架。他们是在 10 日 EMA 上制造支撑和阻力的人。我们不要因为对交易技术的希望超过了交易技术本身，就破坏了一个好的交易技术。

相关性

另一个重要的问题是相关性。之所以出现这个问题，是因为各个不同趋势的货币对可能同时包含一个非常强势或非常疲软的货币。比如，美元可能疲软，同时对欧元、英镑和澳元处于强劲的下跌趋势。

当出现这种情况时，我们可能会被吸引进市场，同时做空美元对那三个货币，但是这样做可能非常危险。虽然看起来我们好像是分别建立了三笔交易，但事实上我们是建立了一个巨大的"做空美元"的头寸。如果美元哪天走强，我们的交易将全部亏损。

我有一个学生曾经至少做空了三个日元货币对，因为当时的日元非常疲软。结果第二天，日元反弹，所有的交易都亏损。不要犯这样危险的错误！当我们下大赌注时，不管是做多还是做空一个货币，我们都在增加大额亏损的几率。

结论

这种技术的回报可以非常高，但是你可能需要做好心理上的准备，因为按照这种方式，要经历一些亏损交易才能获得一次大额盈利的机会。永远不要仅通过几次交易就评判一个技术的好坏，不管这几次交易是成功还是失败。对于任何一种交易技术，都应该通过大量的交易样本来做出评判。最后，我认为你们会发现 FX–ED 趋势技术会是你交易兵器库里一个非常有用的武器。

第三部分

非趋势交易技术

趋势可以创造财富,但是市场不会永远那么合作。我们需要一些可靠的交易技术,以用于市场处于非趋势市时。我们可以发展一些基于外汇市场常见的倾向的技术。

Copyright © 2006 Josep Giró. All rights reserved.

第10章　终极指标

人们常常会问,外汇市场最好的指标是什么?是相对强弱指标(RSI)、指数移动平均线(EMAs),还是布林带?或者是一些更神秘的东西?由于技术员们想要在交易界留下自己的印记,所以每天都会有新的指标被创造出来。那到底什么才是终极外汇指标呢?

嗯,有一个指标可以说是鹤立鸡群,那就是价格。价格就是并且永远都将是终极指标。大部分指标都只是一个基于价格的方程或公式。

价格是关键

移动平均线是一个很好的例子,因为它是由某个交易工具在一段指定时间内的平均或中间价格构成的。像 Stochastic 或 RSI(见图 10.1)这样的震荡指标测量的是当前价格与最近一系列价格的差异,用以判断一个货币对(或者股票、商品期货)是否处于超买或超卖状态。每个指标最终归结起来都是价格。

从技术上说,在外汇市场我们并没有价格本身,有的只是汇率,这让我们可以在一个等式里比较两个货币。但你会注意到,整本书里多次提到"价格"这个词。在外汇交易中,其实"价格"这个词只是"汇率"的俚语。特别是那些以前从事股票交易的人,更是习惯把我们在图上看到的那些数字称为"价格"。

当多头一再地在某个价格进场做多,这个价格就被称为支撑位。把支撑位想

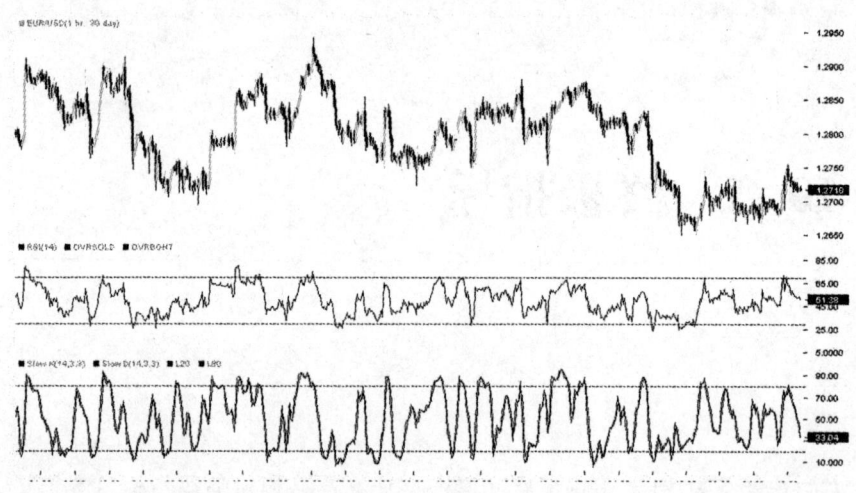

图 10.1 诸如 RSI 和 stochastic 的震荡指标测量的是当前价格与最近一系列价格的差异

资料来源：FXtrek IntelliChart™. Copyright © 2001–2006FXtrek.com, Inc.

象成你脚下的地板。如果你朝地板扔一个橡皮球，橡皮球会向你反弹回来。价格从支撑位反弹就是类似的方式。

当空头一再地在某个价格进场做空，这个价格就被称为阻力位。把阻力位想象成你头上的天花板。如果你向天花板抛一个球，这个球会很快落下来。价格从阻力位跌落也与此类似。

为什么这个信息很有价值？不像大部分指标，支撑位和阻力位会告诉我们多头和空头们已经在什么地方"安营扎寨"。请记住，很多大玩家、对冲基金和通货中心银行(money–center banks)①建仓的方式不会与个人交易者一样。

当很多个人交易者一次性建仓和平仓的时候，机构交易者通常在逐步地建仓和平仓。这是必须的，因为他们的订单规模很大。大型交易者担心他们的订单会影响市场波动，因为一次性大规模地建仓或平仓会制造过于强大的买入或卖出压力。

---

① 位于国际主要金融中心的银行。这些银行通常规模大，存放款量大，且是货币市场的主要投资者。——译注

如果是一个大型的多头,就会把汇率推高,使后来的做多交易成本更高。所以,机构交易者不会去把价格越捧越高,而是等待价格回落到理想的入场点,再增加头寸规模。由此导致的结果就是货币对在跌到某个价位时就会向上反弹(见图10.2)。

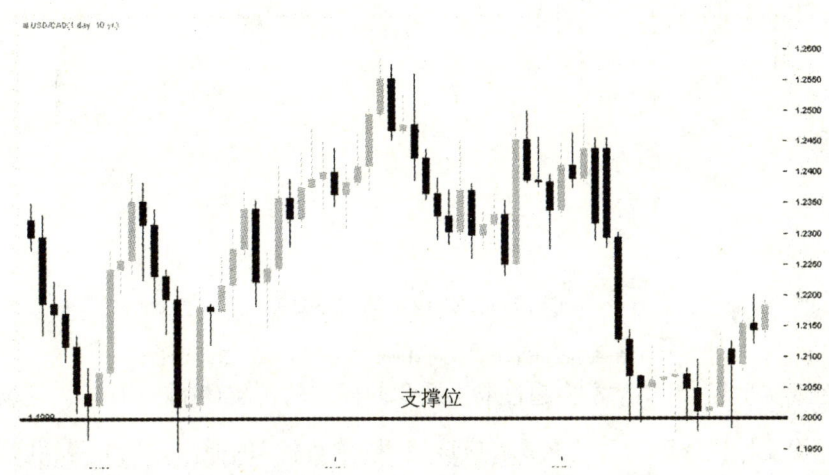

图10.2 美元/加元的支撑位被反复考验

资料来源:FXtrek IntelliChart™. Copyright © 2001 – 2006 FXtrek.com, Inc.

相反,如果是一个大型空头,则会无意中把汇率压低,使后续卖空的价格更低。鉴于这个原因,机构交易者会在某个特定的价位卖空,然后等待价格涨回到那个价位再继续卖空。由此导致的结果就是货币对通常会在达到某个特定价位时停止上涨(见图10.3)。

作为个人交易者,我们可以好好地利用这一现象。我们可以在大型交易者买入的价位进场做多,在大型交易者卖空的价位进场做空。我们也可以在有迹象表明机构交易者在卖空的价位了结多头头寸,在有迹象表明机构交易者在做多的价位了结空头头寸。

我们要把支撑位和阻力位看作价格区间,这一点很重要。在理想世界里,汇率会一再地上涨或下跌到相同的价格点位。但交易界远非理想,价格很少会上涨或下跌到完全相同的点位。

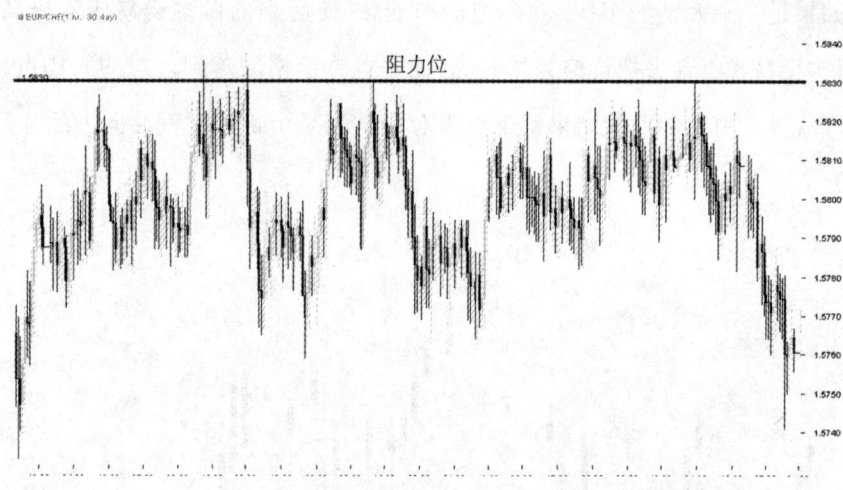

图 10.3　欧元/瑞郎的阻力位

资料来源：FXtrek IntelliChart™. Copyright © 2001–2006 FXtrek.com, Inc.

在现实世界，汇率常常会超过或不及我们标注的价位（见图10.4）。这就是为什么运用支撑位和阻力位的交易者应该使用"软目标"的原因。比如说，我们不会说支撑位是"1.2847"，而是认为在1.2850的区域有个支撑。这是根据支撑位和阻力位来交易的更为现实的方法。

图 10.4　欧元/美元的汇率有时超过阻力位，有时又未抵达阻力位

资料来源：FXtrek IntelliChart™. Copyright © 2001–2006 FXtrek.com, Inc.

为什么支撑位变成阻力位

如果支撑位和阻力位永远都能坚守住,那交易就太容易了。汇率像乒乓球一样在支撑位和阻力位之间上下碰撞,我们可以简单地根据汇率的价位来进场和出场。当然了,这种交易可以如此简单的想法只不过是一厢情愿而已。

让我们考虑一下支撑位被跌破的情形。假设一个支撑位已经经受住了多次考验,也就是说,汇率多次跌到这个价格区域,但每次都反弹回去。价格反弹的原因是多头一再地在这个价位水平介入市场。这些多头可以是机构交易者、个人交易者,或者两者兼有。

每次这些交易者在支撑位建立多头头寸,市场都会回报他们。我们就可以说他们已经习惯了这个市场,习惯在支撑区域进场。有一天,这个价位再次被考验,交易者要么新建多头头寸,要么增加多头头寸。

而只有这一次价格跌破了支撑位,现在那些在支撑位做多的交易者发现他们的头寸"被淹了"。这些交易者中很多人会因保护性止损而平仓,这个保护性止损一般都设在他们进场做多的支撑位以下。但是我们知道不是所有交易者都会设置止损,所以这些个人交易者中有些人现在就会开始严重焦虑。

当我们分析任何市场状况时,有一件非常棒的事情可以做:我们可以试着理解这种状况对那些有直接关联的人来说感觉如何。也许在过去某一时刻,在明白风险管理的重要性之前,我们也会陷入与上述市场参与者一样的窘境。

快乐原则与交易

你也许对"快乐原则"(pleasure principle)这个概念很熟悉,这是由西格蒙德·弗洛伊德(Sigmund Freud)的前辈古斯塔夫·西奥多·费希纳(Gustav Theodor Fechner)创造的一个精神分析术语。这个原则非常简单,就是会驱动人去追寻快乐、逃避痛苦。如果你能理解这个简单的概念，并运用到对交易的思考中，你就会知道市场上其他交易者的反应（你也会认为阅读心理学书《Psych 101》是浪费时间！）。

之所以要考虑市场参与者们的情绪，是因为虽然随着时间流逝，交易者来了又走，但人类的天性从本质上还是保留了下来，不会发生改变。恐惧和贪婪永远左右着市场，并且可能永远持续下去。

现在想象一下，在汇率跌破支撑位后还坚守亏损头寸的那些交易者，他们的感觉如何。他们的主导情绪是什么？恐惧和焦虑瞬间充斥了他们的大脑。如果这些交易者没有运用良好的风险管理，他们会担心接下来将发生什么。（他们也应该担心！）他们害怕自己会遭受一次重大的损失，希望汇率能上升。

如果价格随后又上涨接近入场点（前期的支撑位），这些交易者中很多人会忙不迭地了结他们的亏损头寸，以早点松一口气。不过这些交易者有一个愿望——在盈亏平衡点或者接近盈亏平衡点的地方出场。请永远记住，如果在交易的任何时候，你发现自己抱着希望或愿望，而不是根据事先的计划来行动，你就应该结束交易并重估你的交易方法。

如果在接近前期支撑位的价位，有足够多的卖单，汇率就会出现反转并开始下跌。前期的支撑区域现在就变成了阻力区域（见图10.5）。

反之亦然——一个前期的阻力区域，现在被突破了，也可以变成一个支撑区域，原因同上（见图10.6）。

顺便提一下，我们现在可以确定，只要运用了良好的风险管理法则，比如每笔交易设置止损，并且绝不在亏损的头寸上进行向下摊平，我们就永远不会陷入类似的窘境。不设止损的交易者和在亏损的头寸上持续加仓、向下摊平的交易者，都不是真正的交易者——至少，他们不会坚持多久。

价格行为

交易者不只关心价格穿越支撑位或阻力位的能力（或缺乏），也关心当价格到

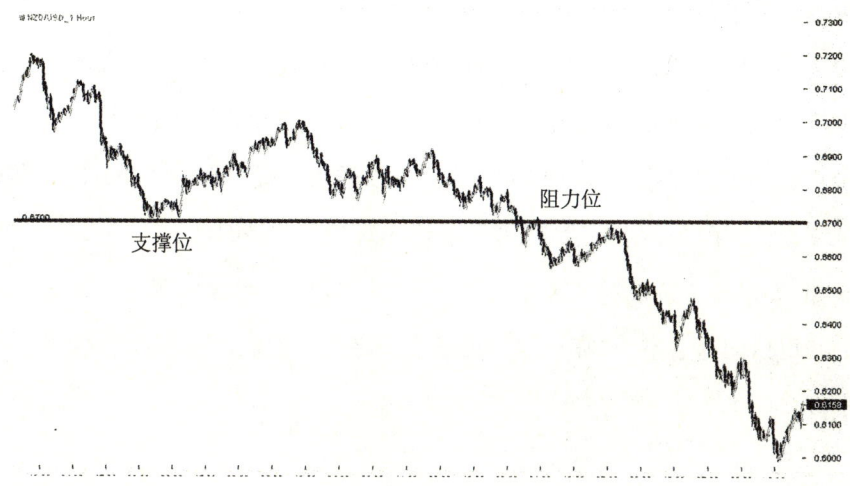

图 10.5　纽币/美元前期的支撑位变成了阻力位

资料来源：FXtrek IntelliChart™. Copyright © 2001 - 2006FXtrek.com, Inc.

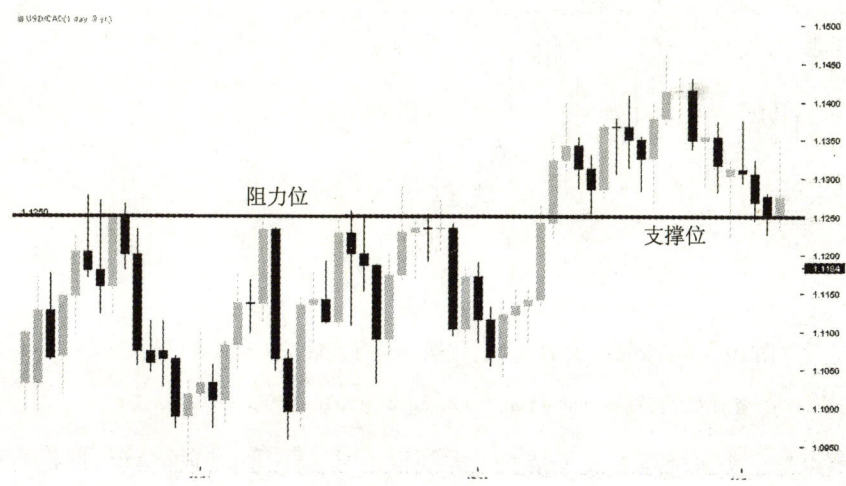

图 10.6　美元/加元前期的阻力位变成了支撑位

资料来源：FXtrek IntelliChart™. Copyright © 2001 - 2006FXtrek.com, Inc.

达这些关键价位时的行为。他们不只想知道支撑位或阻力位能否守住，还想知道它是如何守住的。

例如，价格是只敷衍似的做了一个跌破支撑位的尝试之后就反弹呢，还是多次

尝试突破却失败？

价格是如何波动的？是快速地冲向支撑位或阻力位，表明这个方向的交易者决心坚定呢？还是漫无目的地游荡，似乎是交易者担心遭遇到关键价位？

价格在关键支撑位和阻力位的"态度"可以透露其接下来的波动方向。我绝不会根据支撑位或阻力位来建仓，除非我能优先观察到价格的行为。

比如，如果一个货币对多次尝试突破阻力位都失败，就表示附近存在着大量的空头。我可以向这些空头"靠拢"，也就是说我将加入他们，在阻力位卖空该货币对（见图10.7）。

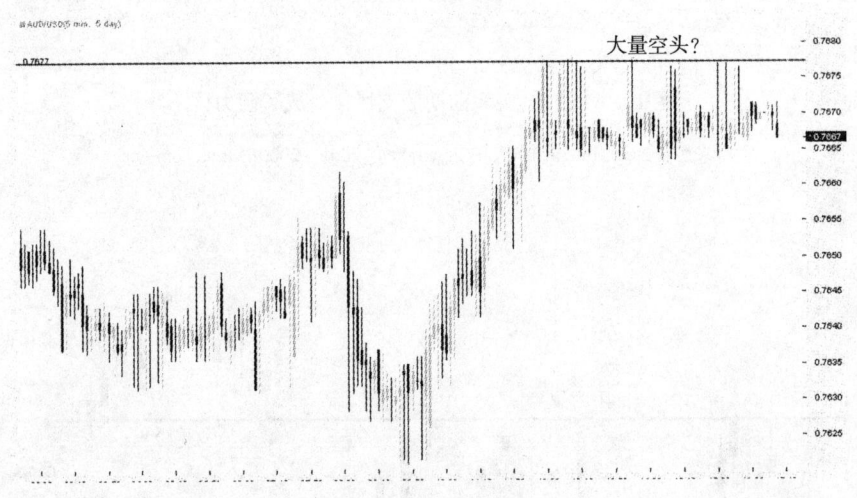

图10.7　价格屡次突破阻力位失败。是有大量空头聚集在这附近吗？

资料来源：FXtrek IntelliChart™. Copyright © 2001 – 2006 FXtrek.com, Inc.

重点是空头可能建立或了结一个大规模头寸。不管是哪种情况，他都可能继续卖空一段时间。如果价格最终突破了阻力位，我的解释可能是空头被消灭，订单被执行了。现在，再也没有任何理由可以根据那个阻力位下单了。记住，如果进场的理由不复存在，那么交易自身也不复存在。

别站在货运火车的前面

很多交易者会犯一个错误,他们把订单直接设置在支撑位或阻力位上,然后等待。这样做会使交易者失掉利用图表上的价格行为来获利的机会。

按照这样的方式来下单,类似于预言那个价位能够守住,但这样做不是明智之举。不管那个支撑位或阻力位在过去是多么可靠,它都可以、而且也常常会发生突破。如果价格快速地朝你的支撑位或阻力位冲过来,那么就赶快离场。

我们需要一些方法来确认支撑位能够守住。不过不是试着在价格回落的时候抓住一个做多的入场点,请试试这样:等价格跌落到支撑位之后,在支撑位上设置一张做多的入场订单。一定要等待,直到价格跌到你之下并考验支撑位,然后才能设置入场订单(见图10.8)。你的止损将设在支撑位以下(见图10.9)。

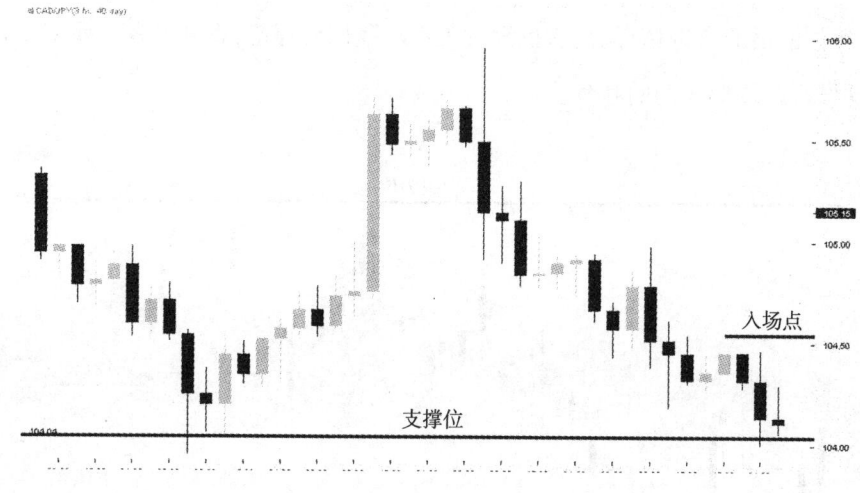

图10.8 当汇率跌到支撑位时,在支撑位以上设置入场订单

资料来源:FXtrek IntelliChart™. Copyright © 2001－2006FXtrek.com,Inc.

当价格到达支撑位,会出现以下两种情况中的一种:价格要么继续下跌,要么止跌上涨。如果价格继续下跌,我们没有什么损失,因为我们的入场单还没有被触及。但如果价格反弹,我们就可以在支撑位进场做多。

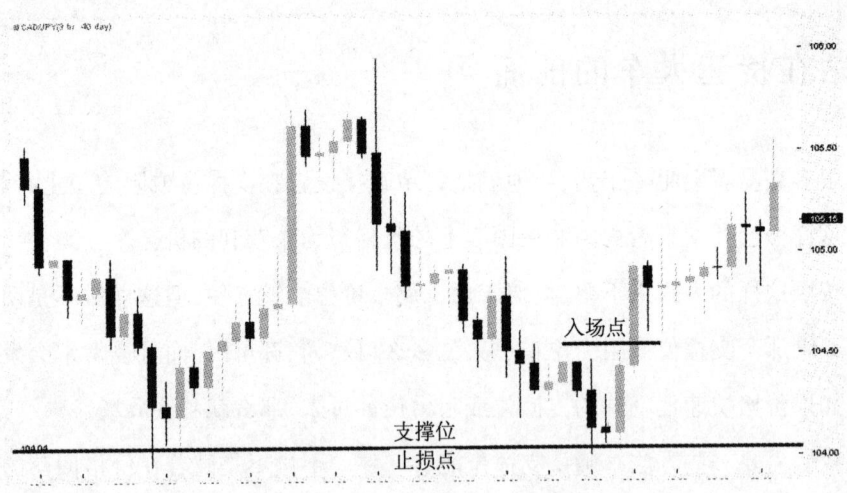

图 10.9 止损设在支撑位以下

资料来源：FXtrek IntelliChart™. Copyright © 2001 – 2006 FXtrek.com, Inc.

这个思路就是在价格从支撑位上涨时抓住机会进场做多。当然，我们不可能在支撑位的最低点进场，但是这也没有关系。我们要等待，直到迹象显示对我们有利，这样可以增加我们的胜算。

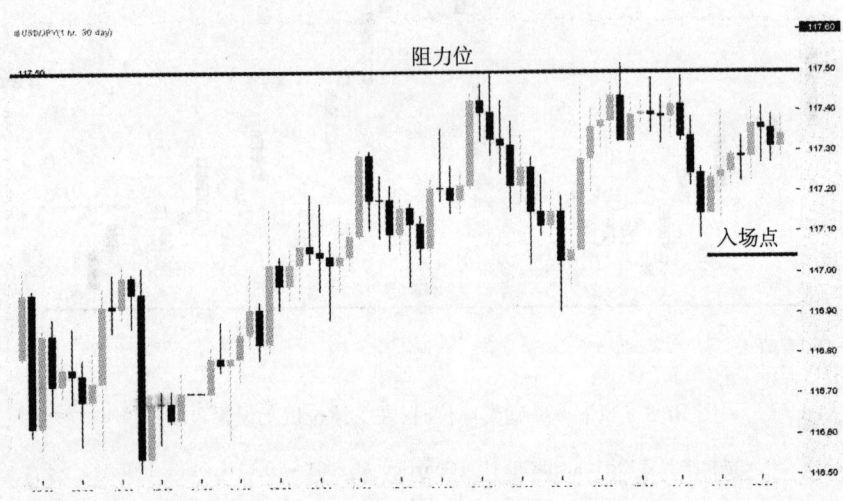

图 10.10 当汇率上涨到阻力位时，在阻力位之下设置入场订单

资料来源：FXtrek IntelliChart™. Copyright © 2001 – 2006 FXtrek.com, Inc.

如果是阻力位的话,我们就可以进行相反的操作。等汇率上涨至阻力位之后,在阻力位之下设置我们的入场订单(见图10.10)。你的止损将设在阻力位之上。如果阻力位守住了,当价格下跌时我们就抓住了这个货币对。如果阻力位被突破,价格高升,我们的订单也还留在那里,没有被执行(见图10.11)。

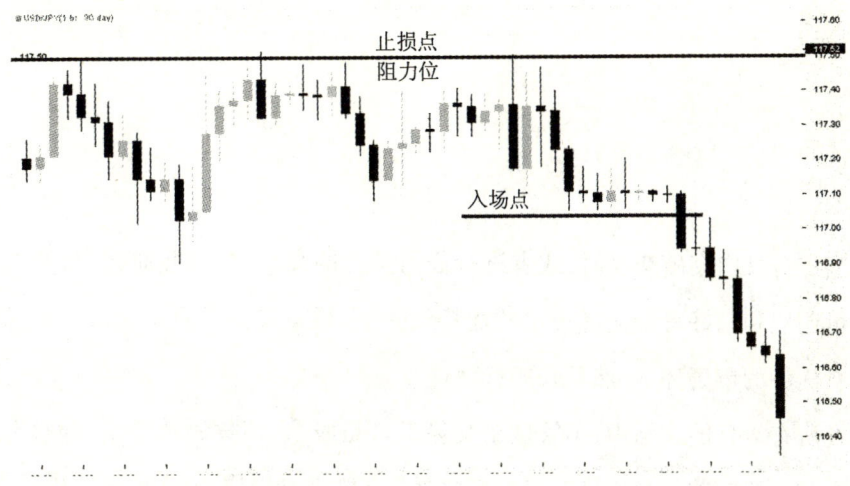

图 10.11　止损设在阻力位之上

资料来源:FXtrek IntelliChart™. Copyright © 2001 – 2006 FXtrek.com, Inc.

第11章 日内突破交易的关键

当进行日内突破交易时，或者进行任何类型的交易时，就此而言，交易者一定要尽可能地利用好每种交易技术的优势，这一点很重要。我们要寻找那种我们比较具有优势的市场环境，然后采取行动。

在所有类型的交易中，不管这个交易工具是股票、期货还是外汇，都会出现很多假突破。假突破就是价格看起来好像要向下跌破支撑位，或者向上突破阻力位，但最后都涨回支撑位之上，或跌回阻力位之下。

为了减少这些假突破的负面影响，并提高我们的成功几率，现在让我们来仔细研究一下日内突破以及相应的交易方法。

上升和下降三角形

上升和下降三角形可以创造极佳的日内突破交易机会，因为这种形态本身就建立了对该货币对的方向偏好。一个上升三角形是由一条斜的支撑线和一条水平的阻力线组成（见图11.1），而一个下降三角形是由一条斜的阻力线和一条水平的支撑线组成（见图11.2）。

在上升三角形中，多头们正在增加力量，在越来越高的价位买入，而空头们则很少去捍卫已形成的阻力位。由于多头比空头更激进，他们在这场战斗中获胜的可能性更高，出现向上突破的几率也更高。

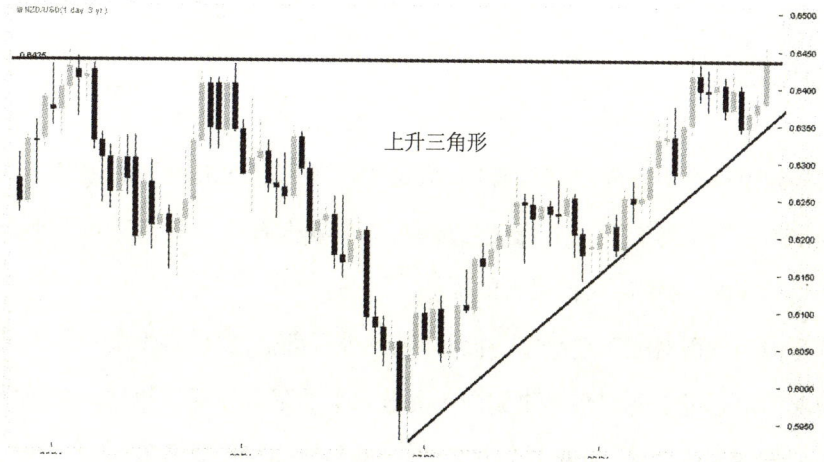

图 11.1　纽币/美元已形成上升三角形形态

资料来源：FXtrek IntelliChart™. Copyright © 2001－2006FXtrek.com,Inc.

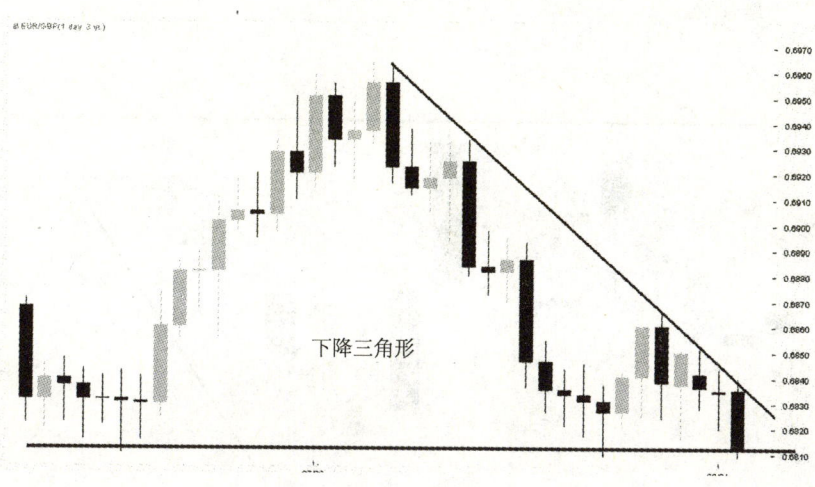

图 11.2　欧元/英镑已形成下降三角形形态

资料来源：FXtrek IntelliChart™. Copyright © 2001－2006FXtrek.com,Inc.

在下降三角形中,空头们正在增加力量,在越来越低的价位卖出,而多头们则很少去捍卫已形成的支撑位。因为在这场战斗中,空头是更为激进的一方,所以突破更偏向于向下。

趋势过滤器

虽然知道胜率更偏向我们很有用,但是我们还可以增加自己的优势并采取进一步的措施。当交易上升或下降三角形时,交易者查看货币对在三角形形态形成之前的总体方向,将可以获得更大的优势。

这是因为货币对处于趋势市一段时间后,进行盘整,然后再恢复趋势是非常常见的情况。上升或下降三角形更偏向于突破水平的阻力线或支撑线。如果货币对在三角形形态形成之前,朝着一个方向波动,交易就会变得更可靠。

例如,在欧元/日元的小时图上,我们可以看到一个上升三角形形态(见图11.3)。交易者首先要问的问题是,在这个三角形形态形成之前,趋势(如果有的话)的方向是什么?

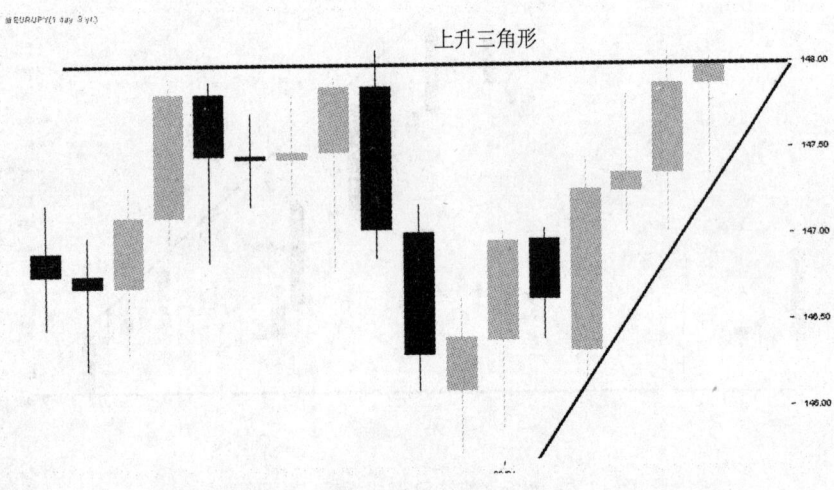

图11.3 欧元/日元形成了一个上升三角形

资料来源:FXtrek IntelliChart™. Copyright © 2001 - 2006 FXtrek.com, Inc.

如果我们看的时间长一点(图11.4),就可以看到该货币对在稳步上升。我们一定要利用好这波趋势的力量,以减少假突破的出现并增加我们的胜算。

通过这种方式来过滤假突破,我们再一次把趋势纳入了我们的技术中。总的

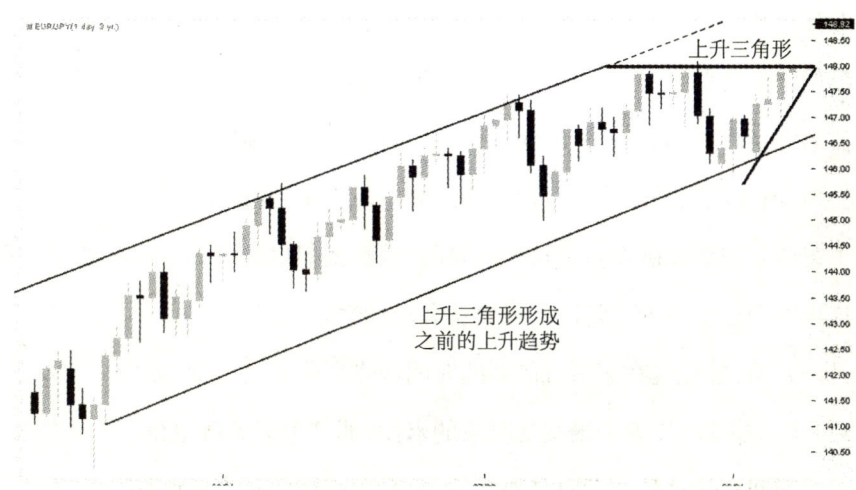

图 11.4　在形成上升三角形以前，该货币对正处于上升趋势

资料来源：FXtrek IntelliChart™. Copyright © 2001 – 2006 FXtrek.com, Inc.

来说，交易者永远都要顺势而为，绝不要与趋势对抗。这与游泳时是顺潮游还是逆潮游有着本质的不同，与趋势对抗的交易者通常会对自己的行为感到后悔。

时间段过滤器

在进行日内突破交易时还有一个优势可以利用，就是时间段。或许你经常听到这样一句交易格言——如果突破发生时的成交量高，就认为这个突破值得关注；如果突破发生时的成交量低，就认为这个突破可靠性低。

这是因为成交量高时的每一个波动都是靠"真正的钱"制造的。在成交量高的环境中，市场的波动被认为有效，是因为玩家们在操作着数额非常庞大的资金——如果他们不这样操做，该货币对也不会发生移动。

在成交量低的环境中，以往不会对汇率产生多大影响的订单，现在都可以震动市场。银行和机构意识到这一点，就可能在成交量低的时期给予汇率一点点"推力"。

在适当的时机施加一点买入或卖出的压力，这些机构交易者就可以使大量订单被执行，从而获得佣金。这在成交量很清淡的时候，要容易得多，而这时的波动通常非常短暂。

虽然外汇交易者不能轻易地获得成交量的数据,但我们知道一天中各个时间段的流动性不相等,其中有些时间段的成交量要高于其他时间段。

比如,由于我们知道伦敦时段拥有最高的成交量,我们就会考虑这个时段更容易发生突破。如果突破发生在这个时段的早段,我们更会认为这个突破意义重大,因为这段时间通常会产生最高的成交量和流动性。

另一方面,成交量在交易日的某些时间段也会降低。比如,如果突破发生在亚洲交易时段的末段,或者美国交易时段的末段,那这个突破就值得怀疑。发生在成交量清淡时间段的这种波动只是偶然的,它是假突破的概率会增加。

就像股票交易者一样,我们也认为发生在成交量高的时期的突破是可靠的,而发生在成交量低的时期的突破是可疑的。请记住,虽然我们不能看到确实的成交量数据,但我们却知道一天中哪个时段会产生最高的成交量。

例如,让我们看看欧元/美元的日线图(图11.5)。在2004年夏天,欧元/美元已经在1.2000形成了强有力的支撑位,由于这个点位是个较大的整数位,所以这个点位也被赋予了心理上的重要意义。

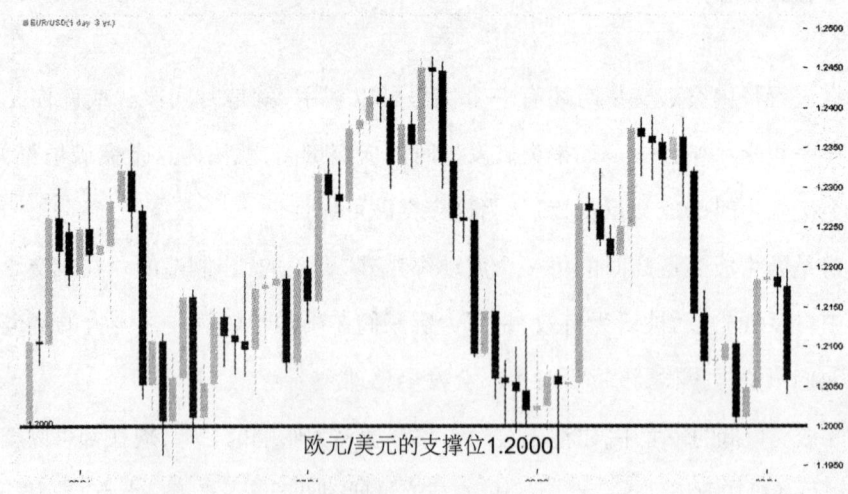

图11.5 欧元/美元在整数位1.2000形成了重大的支撑位

资料来源:FXtrek IntelliChart™. Copyright © 2001–2006FXtrek.com,Inc.

事实上,这个货币对不会被困在1.2000以下多长时间。在多次试图跌破支撑位失败后,该货币对掉头上涨到更高的价位。后来,它又在2005年夏天的时候,回落到相同的支撑区域,在1.2000附近小心徘徊(见图11.6)。

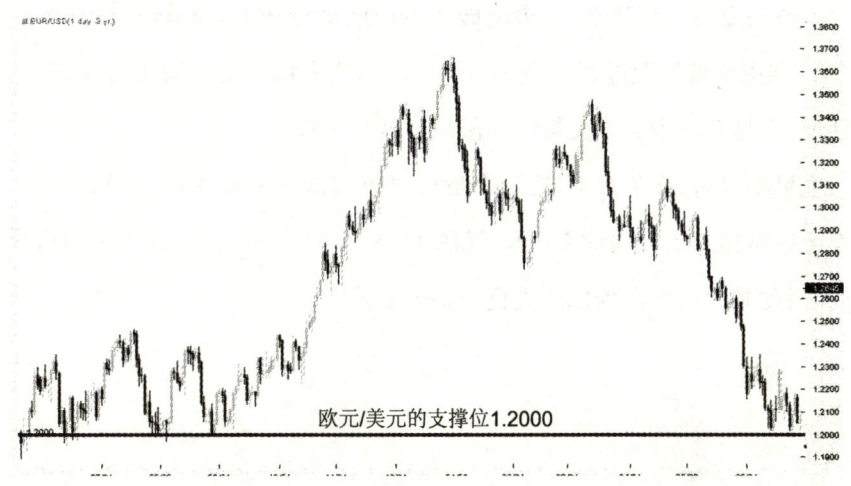

图11.6 欧元/美元在2005年回到了1.2000的支撑位

资料来源:FXtrek IntelliChart™. Copyright © 2001 - 2006FXtrek.com, Inc.

终于,在6月24日该货币对试图冲破支撑位。但是,我们可以在5分钟图(图11.7)上看到,这次突破非常短暂,完全是一个假突破的经典案例。

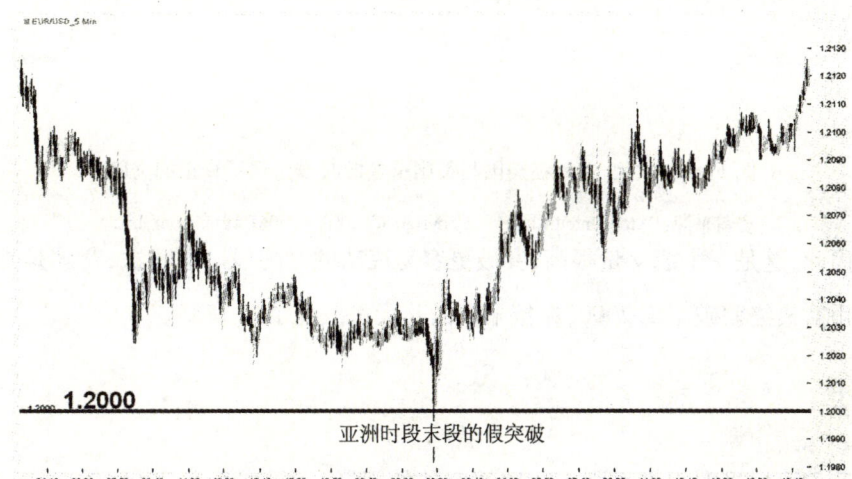

图11.7 欧元/美元在亚洲时段末段短暂地冲破到了支撑位以下

资料来源:FXtrek IntelliChart™. Copyright © 2001 - 2006FXtrek.com, Inc.

比较关注时段问题的交易者,可能已注意到亚洲时段末段和伦敦时段早段这段时间。众所周知,这段时间的成交量低,假突破率高。

因此,交易者应该对这段时间发生的突破保持高度怀疑的态度,并避免顺着突破的方向进场交易。事实上,如果突破发生在成交量低的时间段,就可以进行"败位"交易(利用突破失败进行交易——译者注),或者说是逆着突破方向进行交易。换句话说,交易者认为低成交量时间段的突破会失败。

一个星期以后,在7月1日,这个货币对再次试图冲破支撑位,只有这一次突破是发生在格林威治时间约14:30(见图11.8)。这个时间,正处于伦敦市场开市的时间,而此时的纽约市场也正进行得如火如荼。

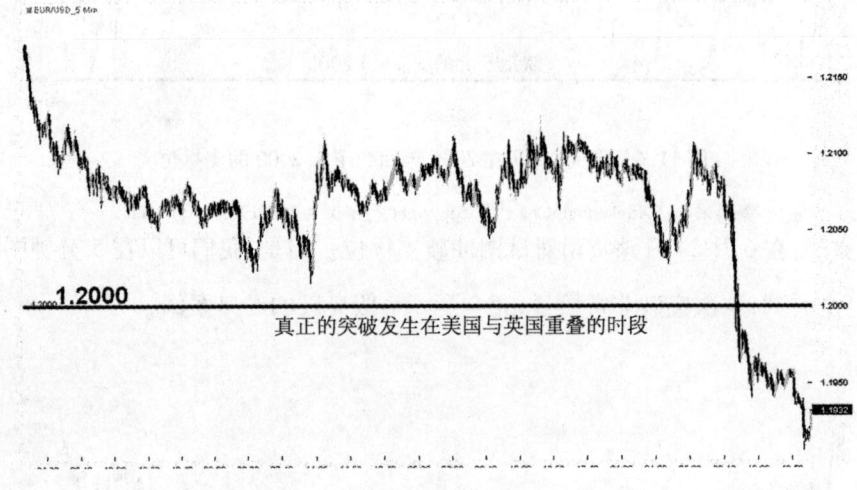

图11.8 欧元/美元在美国与英国重叠的时段出现了真正的突破

资料来源:FXtrek IntelliChart™. Copyright © 2001–2006FXtrek.com, Inc.

因此,这是一个成交量很高,突破更容易成功的时间段。这一次,突破是真的。该货币对最终跌破了1.2000,在接下来的几天里跌到了1.1865。

总结

我们可以采取很多手段来减少假突破的问题。通过运用三角形形态、查看突破前的主要趋势方向,以及利用各时段的特点,我们可以提高我们成功的几率,并避免被假突破所骗。这只是一些交易者可用以获得优势的细微差别。

第12章 旗形和三角旗形

假想你必须尽可能快地爬上10层楼梯。你飞速地登上前5层后,停下来喘气。在短暂的停顿后,你又继续朝着第10层楼梯飞奔而去。

我们这是在为奥林匹克运动会或铁人三项做准备吗?不是的,这个行为实际上与一种交易现象有关。货币对的汇率在上涨一段时间后,暂停,然后继续上涨的情况并不少见。同样,我们也常常看到价格快速下跌之后,盘整,然后继续下跌。

汇率"休息"的这段时间被称为盘整或整固。我们说这是一个货币对(或者股票、商品)在继续前进之前,在巩固它的收益(或亏损)。这种表示汇率会继续朝着原有的方向前进的盘整形态称为持续形态。

旗形和三角旗形都是短期的持续形态。在这种形态形成之后,汇率会倾向于继续朝盘整之前的方向波动。这种形态通常出现在短期或日内的走势图上。

就旗形和三角旗形来说,最初的波动是突然地、急剧地单方向推进。不管这个推进是向上还是向下,都不重要,关键是推进的速度。这种突然的爆发在我们的短期走势图中创出了一根或者是一系列长长的蜡烛线,这种蜡烛线就被称为"旗杆"。如果汇率的波动不是那么急剧或突然,就要对这个形态的可靠性表示怀疑。不管是向上还是向下,这种急剧的波动都赋予了这种形态以重要意义。

三角旗形

图12.1显示的是欧元/美元走势中形成的一个三角旗形。急剧的飙升创出了

"旗杆"，之后汇率开始进入对称的三角形整理阶段。这是潜在的突破发生之前的停顿。当汇率越过三角旗形的最高点时，进场做多的信号就发出了。让我们看看这个形态的具体细节以及如何利用它来盈利。

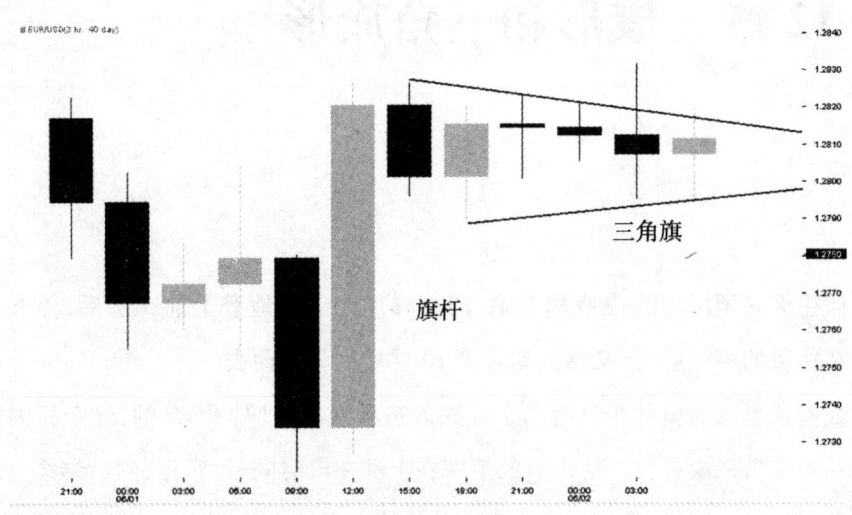

图 12.1　欧元/美元的走势中形成了一个三角旗形

资料来源：FXtrek IntelliChart™. Copyright © 2001－2006 FXtrek.com, Inc.

三角旗形包括两个部分：一根几乎垂直的旗杆和一个三角形的盘整区域。这个盘整区域非常像一个对称三角形，但是持续时间较短。这个对称三角形意味着交易者对目前的汇率感到舒服。但是，三角旗形是一个持续形态，意味着任何舒适的感觉或多空双方的"停战"都可能是短暂的。

交易这种形态的第一步是测量旗杆（见图 12.2）。在本例中，旗杆是一根单独的长蜡烛线，从最低点到最高点的波幅有 100 点（蜡烛线的最低点是 1.2727，最高点是 1.2827）。

接着，当汇率进入三角形盘整区域时，我们要判断未来交易的入场点。我们会通过计算旗杆高度的 10% 来确定我们的入场点。在本例中，10% 等于 10 点（旗杆的高度等于 100 点，100 点的 10% 就等于 10 点）。

我们会在旗杆的最高点以上设置入场单。由于旗杆的最高点是 1.2827，在最高点上加上旗杆的 10%（在本例中是 10 点），于是得到入场点 1.2837（见图 12.3）。

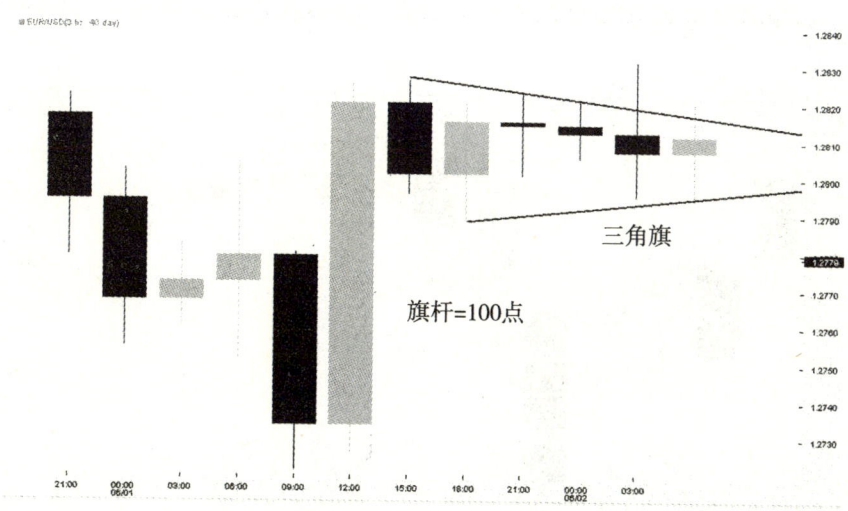

图 12.2 测量旗杆以计算入场点和止损点

资料来源：FXtrek IntelliChart™. Copyright © 2001–2006FXtrek.com, Inc.

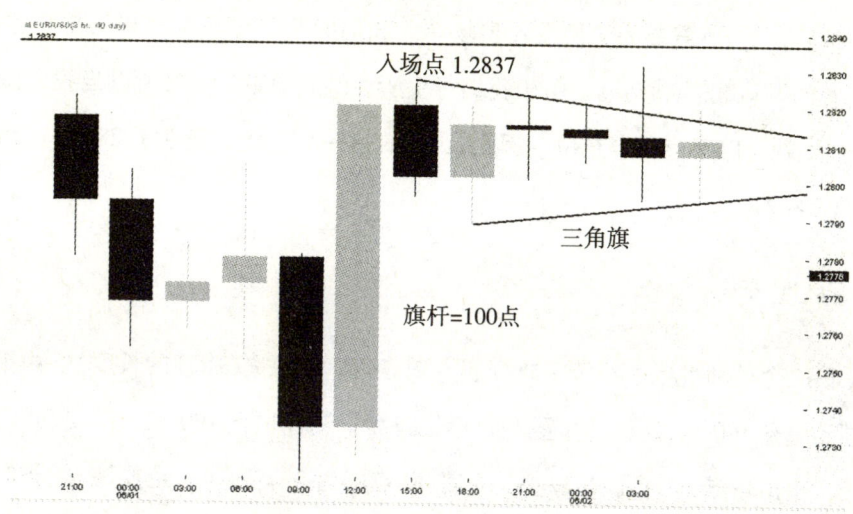

图 12.3 入场点位于旗杆和三角旗之上

资料来源：FXtrek IntelliChart™. Copyright © 2001–2006FXtrek.com, Inc.

当然，如果我们真的进了场，就需要设置止损。止损的幅度是通过计算旗杆的 25% 得到的。所以，由于旗杆的高度是 100 点，止损就会被设置在入场点以下 25 点的地方(见图12.4)。请注意,止损是设在入场点以下25点,不是设在旗杆最高点以下25点。由于入场点是1.2837,1.2837减去25点,就得到我们的止损点1.2812。

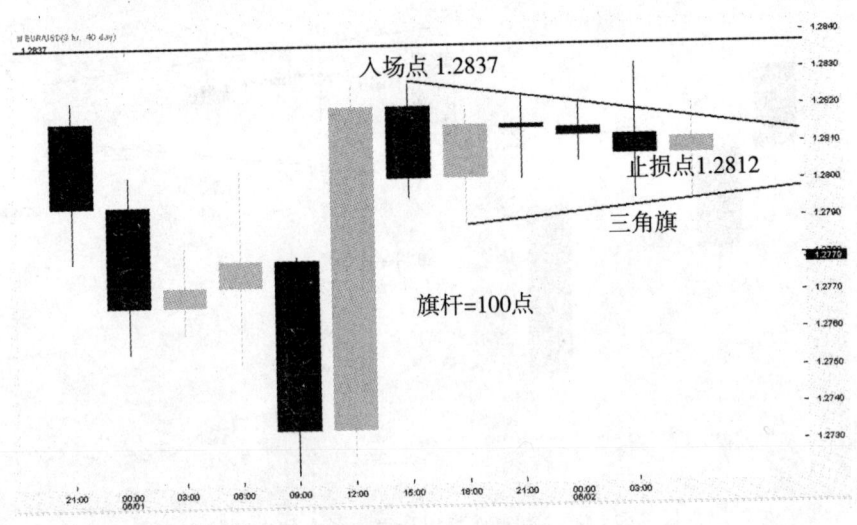

图12.4 计算止损

资料来源:FXtrek IntelliChart™. Copyright © 2001-2006FXtrek.com,Inc.

最后,我们还需要为交易设置出场单。我们的第一个盈利目标会等于本次交易所冒的风险数额(每手)。由于我们每手所冒的风险是25点,所以当我们盈利达25点时,就可以平掉一半仓位。因此,我们的第一个出场点设在1.2862(1.2837 + 25 = 1.2862)。

管理交易

第二个盈利目标大约等于旗杆起点到三角旗的距离(旗杆的长度)。由于旗杆从顶到底是100点,所以这个盈利目标位将高于旗杆顶点100点。于是,我们得到了第二个出场点,位于1.2927——有着90点的潜在盈利。一定要注意,我们是在旗杆的顶点上面加100点(1.2827),不是在入场点上(1.2837)(见图12.5)。

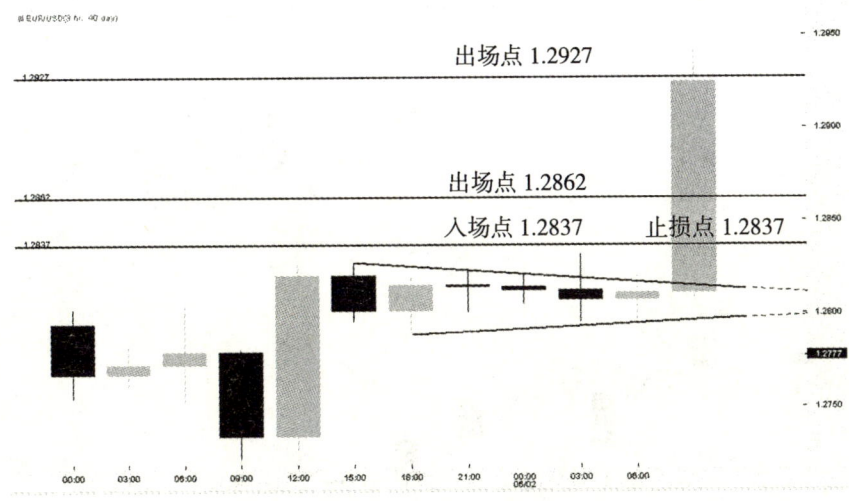

图 12.5 确定出场点；入场单和出场单均被触及。

资料来源：FXtrek IntelliChart™. Copyright © 2001–2006FXtrek.com, Inc.

如果汇率达到了第一个位于 1.2862 的出场点，我们就把止损提高到 1.2837 的入场点。这会消除交易的剩余风险，并且最坏的结果是第一部分头寸获利 25 点，而第二部分头寸"退出比赛"（盈亏平衡）。

在本例中，货币对经过一波强烈的上涨之后，形成了一根旗杆。之后，货币对进入了三角形盘整区域，表明现在交易者们暂时还拿不定注意，多头和空头已经"宣布停战"。你可以看到其中有一根蜡烛线上面的烛芯突然越过了三角旗的顶部，但是还没有高到可以触及位于 1.2837 的入场单。

两根蜡烛线之后，汇率开始出现报复式的上涨，并触及我们位于 1.2837 的入场单。不久之后，我们设于 1.2862 的第一张出场单也被触及。在这根蜡烛线结束之前，汇率达到了 1.2941 的高点，足以超过我们设于 1.2927 的第二个出场点。

新闻的效应

这里有另外一个例子。美联储发布了一个稳健的货币政策后（导致交易者认为他们不会提高利率），美元对大部分主要货币应声大跌，包括英镑。因此，货币对英镑/美元很快大涨了约 200 点，从 1.8100 开始一路上涨到约 1.8300 的最高点

（见图12.6）。

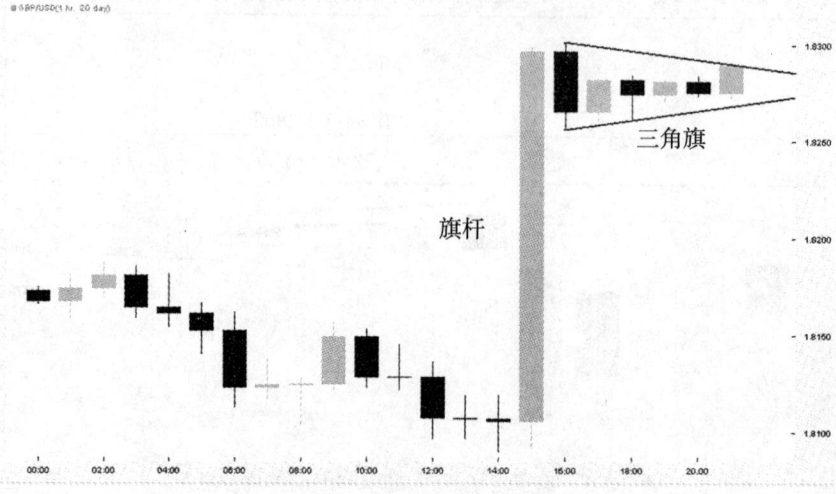

图12.6　英镑/美元大涨了约200点，形成了三角旗形。

资料来源：FXtrek IntelliChart™. Copyright © 2001–2006FXtrek.com, Inc.

汇率这种突然的变化吸引了那些坚信"有起必有落"的空头们。当然我们知道这不一定是事实，因为重力定律不会管辖任何交易市场。当多头和空头暂时达成了均衡时，一个三角旗形就形成了。

外汇交易者立即计算出旗杆的长度是200点，入场点将位于旗杆顶点之上，距离等于200点的10%。因此，我们的入场点将位于旗杆的顶点以上20点的地方，即1.8320（见图12.7）。这会帮助我们避开所有越过三角旗的假突破。

接着，交易者要计算止损的点位。止损的幅度必须等于旗杆的25%。200点的25%就是50点，所以我们的止损将位于1.8270，或者说是入场点1.8320以下50点（见图12.8）。如果突破失败了，汇率将回到三角旗形中，我们将止损离场。

第 12 章 旗形和三角旗形 ▶ 159

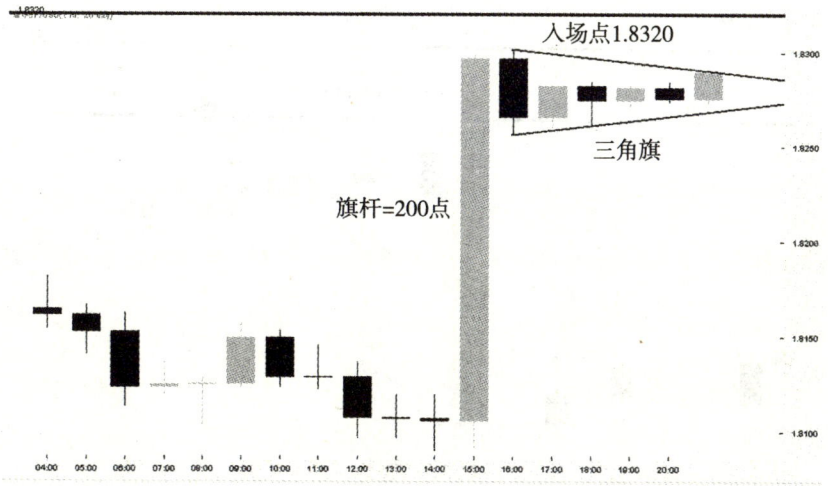

图 12.7 入场订单被设置在旗杆和三角旗之上

资料来源：FXtrek IntelliChart™. Copyright © 2001 - 2006FXtrek.com, Inc.

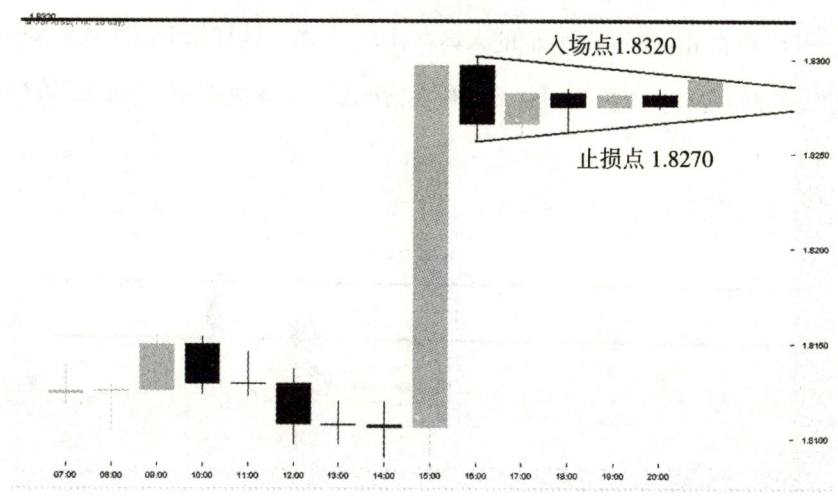

图 12.8 计算止损。这个工作要在进场前就做好。

资料来源：FXtrek IntelliChart™. Copyright © 2001 - 2006FXtrek.com, Inc.

终于，汇率突破了三角旗形。我们第一张出场单的风险报酬率为 1∶1（见图 12.9）由于我们最初所冒的风险为 50 点（每手），所以我们第一个盈利目标将是 50 点。于是，我们的第一个出场点位于 1.8370（1.8320 加上 50 点）。

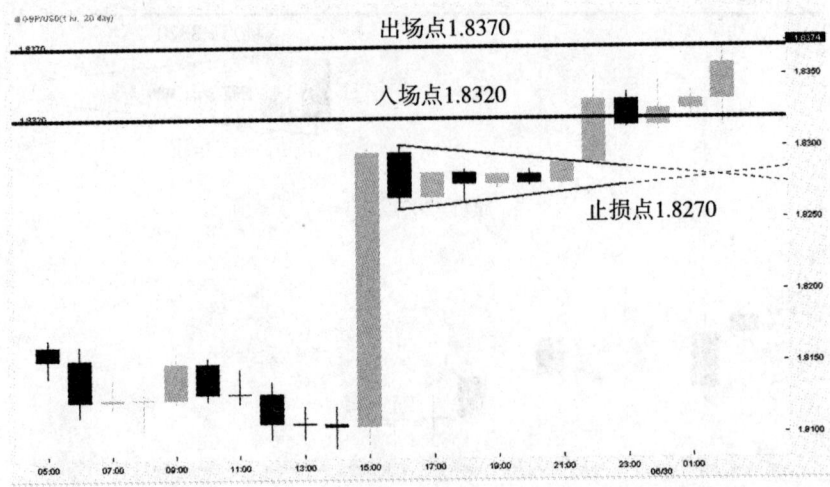

图 12.9 最初的盈利目标的风险报酬率为 1∶1。

资料来源:FXtrek IntelliChart™. Copyright © 2001–2006FXtrek.com, Inc.

当第一个 1.8370 的盈利目标达到后,我们将兑现 50 点的利润。同时,也会把最初位于 1.8270 的止损提高到我们的入场点,即 1.8320。这样就消除了我们剩余头寸任何进一步的风险,并且给我们留下的最坏情况是一次盈利的交易(见图 12.10)。

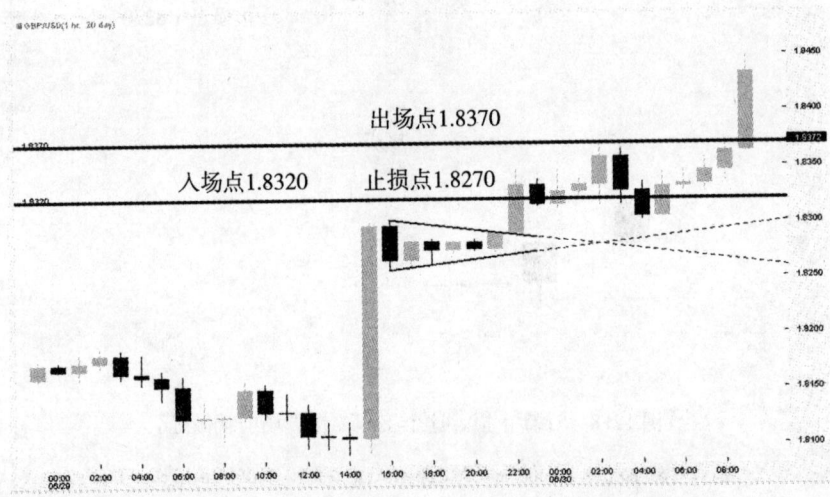

图 12.10 当第一个出场点达到后,提高止损,兑现一部分利润。

资料来源:FXtrek IntelliChart™. Copyright © 2001–2006FXtrek.com, Inc.

现在，我们已经锁定了一部分利润，并消除了既有头寸的任何进一步风险，让我们确定我们的第二个出场点。我们知道，旗杆的高度是 200 点，旗杆的顶点是 1.8300。这意味着我们的第二个出场点将位于 1.8300 以上 200 点（旗杆的高度），即 1.8500（见图 12.11）。请记住，我们是把 200 点加在旗杆的顶点上（1.8300），不是入场点上（1.8320）。

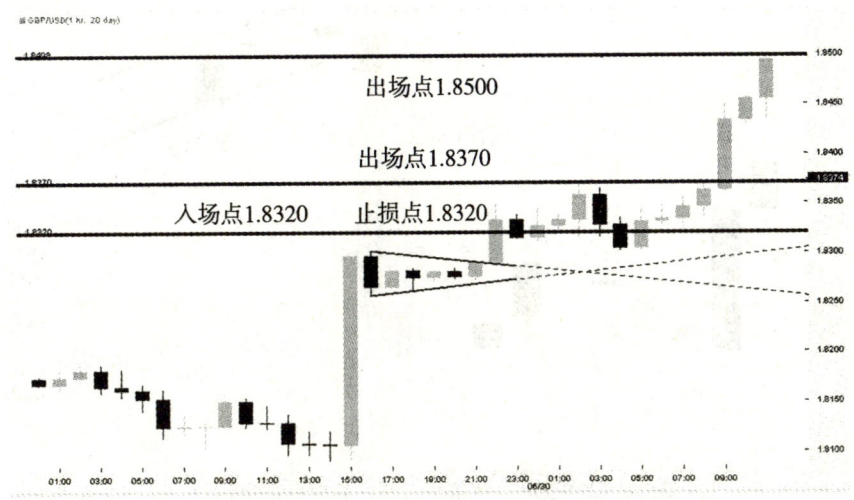

图 12.11　汇率上涨到第二个出场点

资料来源：FXtrek IntelliChart™. Copyright © 2001–2006 FXtrek.com, Inc.

在本例中，汇率在向下滑落之前，几乎差点就达到我们的第二个盈利目标。虽然这第二张出场单没有被触及，但我们仍然锁定了一部分利润，并移除了任何进一步的风险，保护了自己。这留给我们的最坏结果是一笔盈利的交易，这正是我们想要的情况。

旗形

旗形与三角旗形非常相似，它们都是从一个急剧的波动开始（称为旗杆），随之而来的就是一段时间的盘整。它们都是持续形态，意味着盘整之后最可能的情况是出现与旗杆方向相同的突破。

　　三角旗形与旗形有一个主要区别：三角旗形的两条线分别向着对方倾斜（类似于一个对称三角形），而旗形的两条线相互平行，并且朝着与旗杆相反的方向倾斜。图12.12显示的就是旗形。

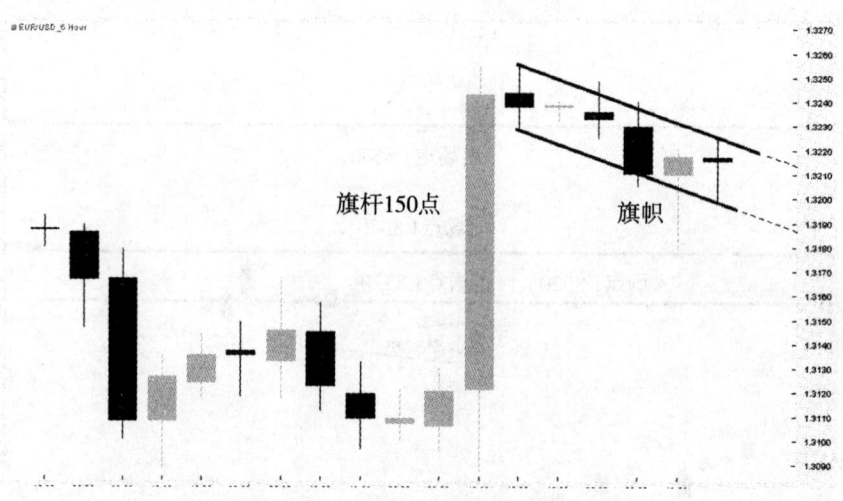

图12.12　旗形的两条平行线向着旗杆底部倾斜

资料来源：FXtrek IntelliChart™. Copyright © 2001-2006 FXtrek.com, Inc.

　　试着按照这样的方式来思考：首先，有一个急剧的方向性波动——在本例中，就是向上波动。我们可以把这种剧烈的波动解读为多头的决心非常坚定。因为他们非常热烈地把汇率往高处推。他们似乎只在乎买进的数量，不太关心买入的价格。

　　接着，空头有了反击的机会。我们可以看到空头只能缓缓地把汇率拉下来——事实上，他们并不如多头那么激进，也没有对该货币对施加太多的抛空压力。多头明显占据着上风，他们深信汇率将会上涨并据此采取行动，而空头则对他们在市场上的立场不太确定。

　　由于多头更激进，对此次交易更有信心，所以他们更可能继续做多。而空头因为风险较小，所以更可能是"软弱的手"①，倾向于更快地出场以摆脱困境。

---

① 指外汇市场上的一些零售交易者，他们遵从着传统的看法，在形态被破坏时就离场。——译注

旗形的交易方式与三角旗形的交易方式类似。首先,我们要测量旗杆。本例中,旗杆从1.3100开始,顶点约为1.3250,整个高度约150点(见图12.13)。我们的入场点将位于旗杆之上的一个点位,离旗杆顶点的距离将等于旗杆高度的10%。由于150点的10%等于15点,所以我们将把入场单设在1.3265,这个点高于旗杆顶点15个点。

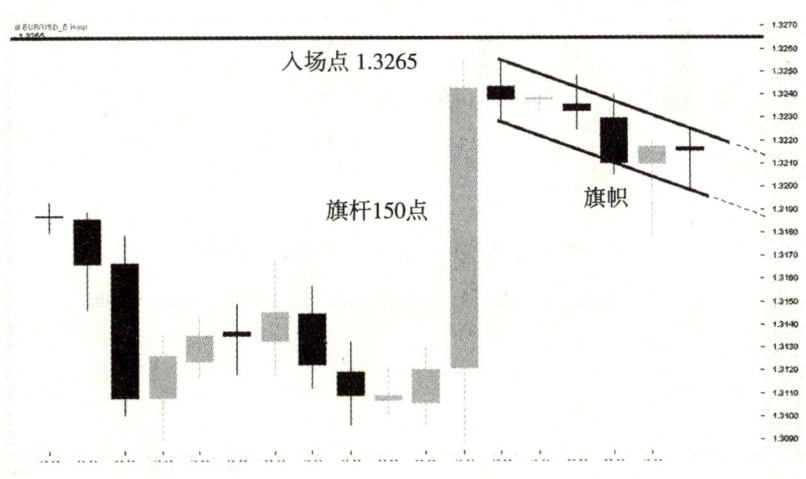

图12.13 测量旗杆高度,计算入场点

资料来源:FXtrek IntelliChart™. Copyright © 2001-2006 FXtrek.com, Inc.

接着,必须要计算止损位。止损幅度将等于旗杆高度的25%。因为本例中旗杆的高度是150点,而150点的25%等于37.5点(我们可以取整数38),所以我们的止损将位于1.3227(1.3265减去38点等于1.3227),见图12.14。请注意,止损是设在入场点以下38点,不是旗杆顶点以下38点。通过这种方法来确定我们的止损,就会保护我们的账户不受假突破的影响。

几根蜡烛线之后,我们的入场单被触及,汇率也一直上涨。就像我们在三角旗形时的做法一样,我们的第一张出场单的盈利幅度将等于我们每手头寸所冒的风险。由于我们每手头寸所冒的风险为38点,所以我们的第一个出场点将位于入场点之上38点。在入场点1.3265之上加38点,将得到我们的第一个出场点,位于1.3303(见图12.15)。

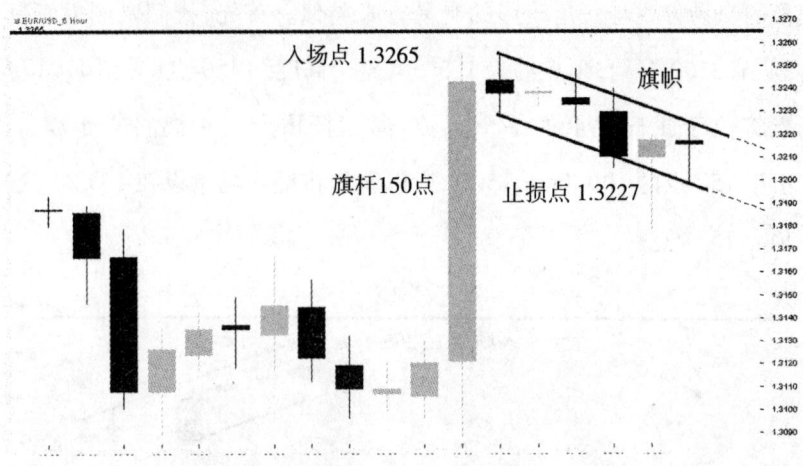

图 12.14　止损的计算方式类似于三角旗形

资料来源：FXtrek IntelliChart™. Copyright © 2001-2006FXtrek.com, Inc.

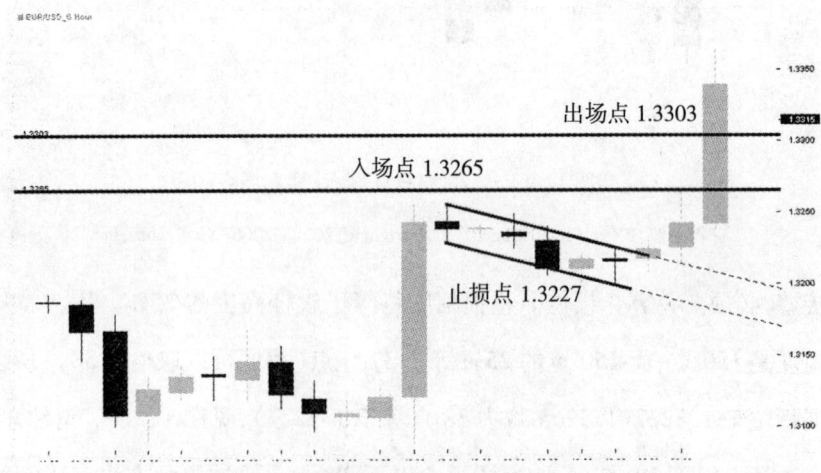

图 12.15　第一个出场点的盈利幅度等于每手头寸所冒的风险

资料来源：FXtrek IntelliChart™. Copyright © 2001-2006FXtrek.com, Inc.

当 1.3303 的第一个出场点达到之后,我们将兑现 38 点的利润。与此同时,我们将提高止损位,以消除交易任何进一步的风险(见图 12.16)。现在,我们最坏的情况就是第一部分头寸获利 38 点,第二部分头寸处于盈亏平衡状态。

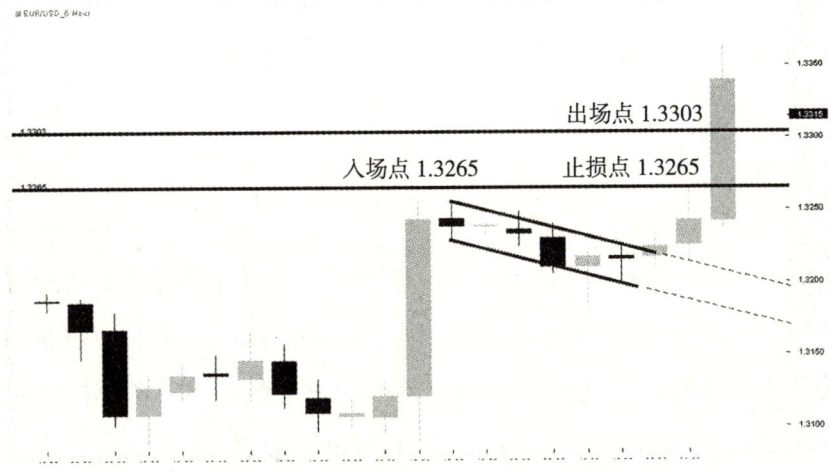

图 12.16　第一张出场单被触及,兑现部分利润,并提高止损。

资料来源:FXtrek IntelliChart™. Copyright © 2001 – 2006 FXtrek.com, Inc.

我们已经锁定一部分利润,并消除了任何进一步的风险,现在让我们设定第二个出场点。我们知道旗杆的高度是 150 点,顶点位于 1.3250。这意味着我们的第二出场点将位于 1.3250 以上 150 点,即 1.3400(见图 12.17)。

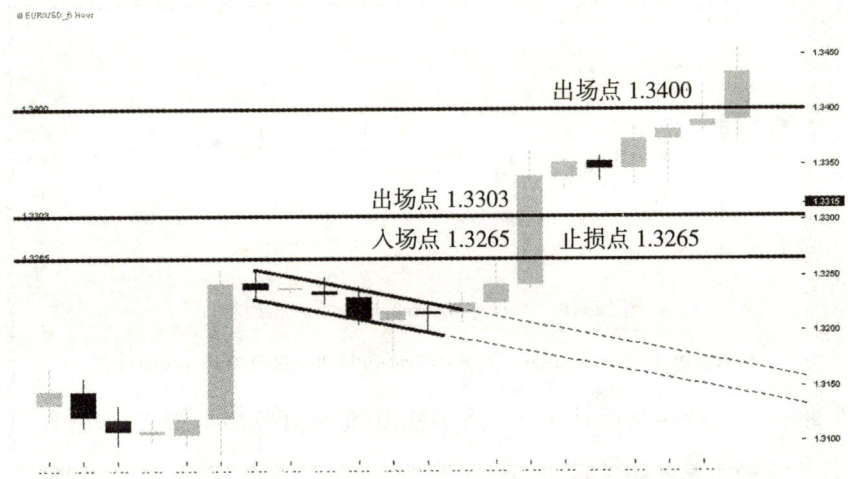

图 12.17　汇率达到了第二个出场点

资料来源:FXtrek IntelliChart™. Copyright © 2001 – 2006 FXtrek.com, Inc.

在本例中,我们可以看到,欧元/美元轻易地到达了我们的第一个盈利目标,然后逐渐爬上我们的第二个盈利目标。持续按照这种方式来交易，可以有效地把亏损控制在合理的范围内，最终将使盈利的数额大于亏损的数额。

过滤入场点

就像任何一个形态、策略或者技术一样，旗形和三角旗形也不是百分百可靠的。这里就有一个出现在欧元/美元的 10 分钟图上的旗形。我们可以从图上看到，汇率一直在横向整理，之后突然出现急剧的上涨，创造出了一根旗杆（见图 12.18）。旗杆从约 1.2820 的价位一直延长到 1.2940，高度有 120 点。

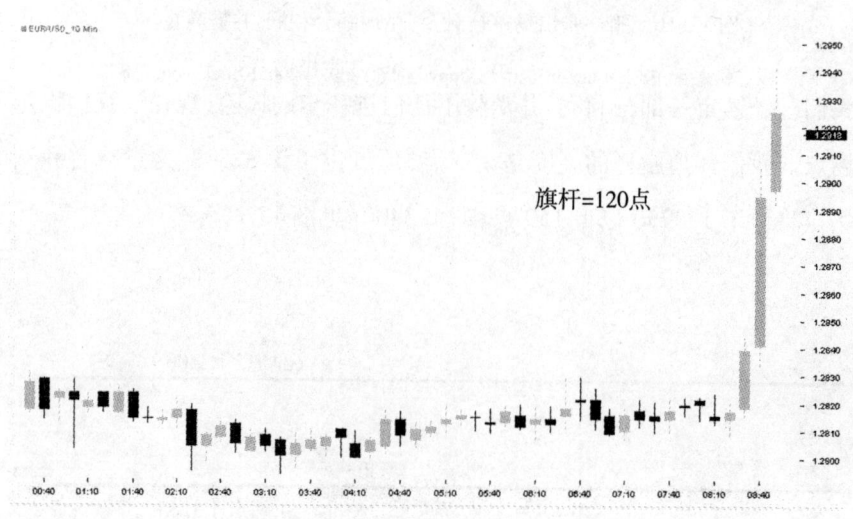

图 12.18　当汇率飙升时，形成了一根旗杆

资料来源：FXtrek IntelliChart™. Copyright © 2001－2006FXtrek.com, Inc.

在旗杆形成后，该货币对开始了旗形整理，汇率开始向下跌去，如果我们画上两条线，旗形的边界就非常明显（见图 12.19）。

旗杆的高度是 120 点，我们的入场点就将位于旗杆顶点以上 12 点（120 点的 10%等于 12 点），即 1.2952（旗杆的顶点 1.2940 加上 12 点，等于 1.2952）。要注意，为了得到一个入场信号，汇价必须超过旗形的最高点。在本例中，旗杆的最高

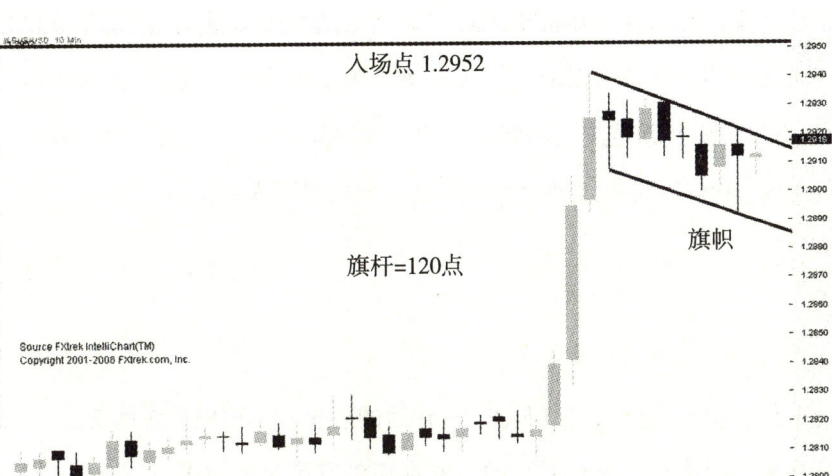

图 12.19 测量旗杆并计算入场点

资料来源:FXtrek IntelliChart™. Copyright © 2001－2006FXtrek.com,Inc.

点(1.2940)一直没有被超过,所以位于1.2952的入场点也一直没有达到,没有发出入场信号(见图12.20)。

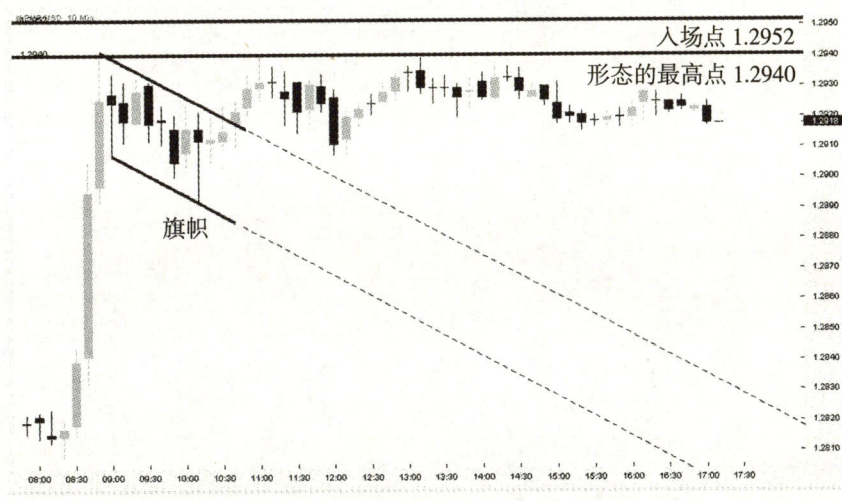

图 12.20 汇率没有达到入场点,没有建仓

资料来源:FXtrek IntelliChart™. Copyright © 2001－2006FXtrek.com,Inc.

一些急躁的交易者会在价格越过旗帜的上边线时就进场,而不等待价格达到正确的入场点位。这是错误的。如果汇率逃脱了旗形的束缚,但没有越过旗杆的最顶点,就没理由相信这个交易将会成功。通过等待汇率越过旗形的最高点,达到旗杆的10%,我们就可以过滤掉那些将会失败的糟糕入场信号。

总结

请记住,这个方法(或者任何方法)背后的思想不是要做最多的交易,而是要做最好的交易。即使是在一些适当的标准都还没有满足的情况下,很多交易者就开始变得不耐烦,然后着急进场。在本次交易中,以及其他很多时候,他们"扣动扳机"的愿望将会落空。耐心和纪律,以及按照交易计划来执行的能力,将会帮助我们避免落入陷阱,并让我们一直保持在通往成功的大道上。

第13章 波动率收敛策略

我们在前面提到过,大部分好的交易策略都是从一种市场倾向开始的。交易者注意到市场倾向于以某种方式行动,于是制定出一个策略,以期利用这个倾向。让我们来看一个旨在利用外汇市场波动率的策略。

波动的周期

外汇的波动通常以周期形式出现。也就是说,波动率高的时段之后紧随而来的往往是波动率低的时段。原因很简单,当一个市场处于趋势市时——外汇市场常常如此,在交易的方向上,市场参与者们就有一个明确的选择。

这种周期性几乎可以在所有的交易市场找到,但它与期权交易的关系最为紧密。期权交易者在波动率高的时候卖出期权合约,以收取"权利金"——合约的成本。当市场波动率较高时,这些合约的权利金通常也会更高。

期权合约卖出者认为市场波动率以后将回复到正常水平,那时他可以以较少的权利金买回合约。在期权交易界,这种做法被称为"出售波动率"(selling volatility)。在外汇市场上也可以发现波动率的这种周期性。

观点推动市场

当一个货币对的趋势开始发动时,交易者会显示出对货币对中某个货币的强烈偏好。在强趋势市时,市场波动率较高,因为价格一直在移动不停。关于价值的观点已经改变,价格必须移动,以反映观点的这种变化。

在趋势持续一段时间后,货币对将到达一个让市场参与者认为汇率合理的点位。这时,多头和空头一致认为——至少暂时——这个货币对被合理地定价。

此时,趋势暂停,货币对进入了盘整时期。对汇率来说暂时没有理由向一个或另一个方向突破,价格在一个狭窄的区间里稳定下来。盘整的时间可能很短暂,也可能很漫长。

盘整最终一定会结束。也许多头和空头已达成暂时的休战,但最终新的信息将会传入市场,一旦信息被消化,对于货币对价值的看法将会改变。

经济指标通常是导致这种观点发生改变的激发因素。意外的新闻事件可以引发汇率突破其窄幅盘整,然后一路上涨或下跌,直到达到多空双方再次暂时休战的新价格区域。

基本面影响波动率

例如,在2005年的春天和夏初这段时间,很多问题导致市场对欧元产生了消极的看法。这些问题包括欧盟宪法没有被通过,欧盟的预算问题也没有达成一致。

此外,欧洲各国都陷入了低经济增长加高失业率的困境。为了刺激经济增长,欧洲利率似乎随时准备下调。

许多有经验的外汇交易者都很清楚,低利率往往会导致货币走软,因为固定收益投资者希望他们的投资能尽可能获得高的收益。这些投资者常常会从一个国家抽离资金,然后到其他国家寻找更具吸引力的收益。

这会造成资金从那些利率正在降低(或者预期未来将会降低)的国家流出,导致货币(在本例中是欧元)走软。投资者预期利率有可能降低,于是卖出欧元。

欧元和美元的基本面

在欧洲各国遭遇上述困境的同时,美国却正在享受着相对较强的经济增长和逐步改善的就业前景。

当时的美联储正处于加息进程中,这使得美元债券和其他固定收益工具对国外的投资者来说更具吸引力,从而产生了提振美元的效应。资本将会流入能提供更高收益率的国家,因此会提振该国的货币(在本例中就是美元)。

因为当时美国的利率比欧洲高,所以做多美元做空欧元的交易者都能从中赚取息差,并获得资本的增值。

与此相对的,那些做多欧元兑美元的交易者就必须支付息差。同时,市场上似乎有大量很好的理由来买入美元,却几乎没有充分的理由来持有欧元。

这些事件导致交易者对于两个货币的相对价值产生了强烈的看法,交易者们毫不留情地抛弃欧元支持美元。欧元/美元的汇率急剧下跌,从3月11日的约1.35一路跌到7月5日的1.19以下,跌幅接近1600点。

在7月中旬,交易者似乎觉得欧元已被惩罚够了,在夏季即将结束的时候,该货币对进入了一段相对窄幅的震荡时期。这时就应该开始寻找价格突破的形态。

移动平均线和波动率

很多交易者利用移动平均线来指示波动率。在图13.1中,我们可以看到20日指数移动平均线在趋势市期间一直急剧下降。

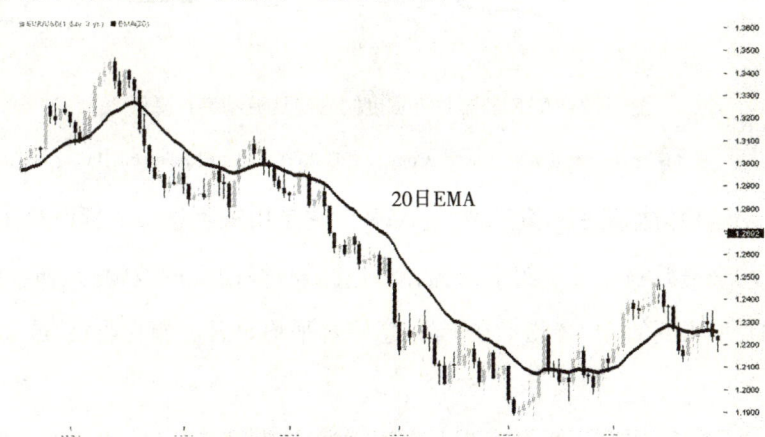

图13.1　在趋势市时期,20日EMA急转直下。
资料来源:FXtrek IntelliChart™. Copyright © 2001–2006 FXtrek.com, Inc.

因为该货币对在夏末时进行横盘整理,所以20日指数移动平均线也相对平缓地横向移动。平缓的20日指数移动平均线意味着趋势暂停(至少暂时),价格已进入盘整阶段。

进一步的确认指标

为了确认这个盘整代表了一种交易结构,我们还需要参考两个进一步确认的指标(见图13.2)。简单地说,这两个指标是专门用来测量波动率的。指标下跌,波动率也下降。一旦波动率降低,货币对就进入盘整阶段,盘整过后将出现强有力的突破。

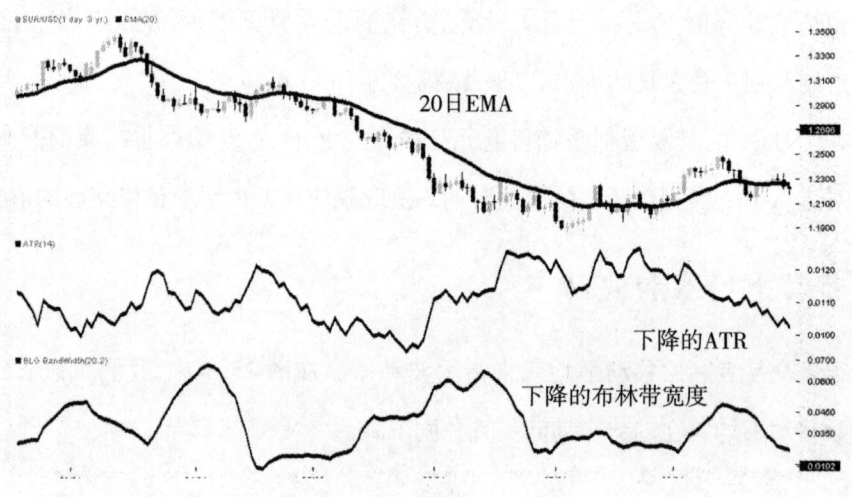

图13.2 ATR和布林带宽度同时确认波动率在降低

资料来源:FXtrek IntelliChart™. Copyright © 2001-2006FXtrek.com, Inc.

第一个这种指标是平均真实波幅(ATR),它是用来测量一个货币对在一定时间内的平均交易波幅。在本例中,我们测量的是日线图上的波幅,默认参数为14天。正如我们看到的,ATR指标在下降,意味着平均每日波幅在收缩,波动率在降低。

布林带也可以测量波动率。当波动率较高时,布林带张口;当波动率降低时,布林带收缩。我们不是使用布林带本身,而是使用布林带宽度指标,这个指标测量的是布林带上下轨的距离。我们可以从图中看到,布林带宽度指标正在降低,再次确认我们正处于盘整时期,波动率正在降低。

为突破做准备

我们已经确认波动率在下降,但这不会给我们关于突破方向方面的指示,因为波动率没有方向偏好。我们不知道接下来的波动方向,只知道一个急剧波动将要发生。因此,我们需要为任一方向的突破做好准备。

我们可以在走势图上增加趋势线,以向上或向下的趋势线突破作为趋势交易的入场点。如果趋势线上轨被突破,我们就做多;如果趋势线下轨被突破,我们就卖空。

为了预防假突破,在做多时,我们将在趋势线上轨以下设止损;卖空时,在趋势线下轨以上设止损。注意,两条趋势线形成了一个对称三角形,这是波动率低的时期的常见形态(见图13.3)。

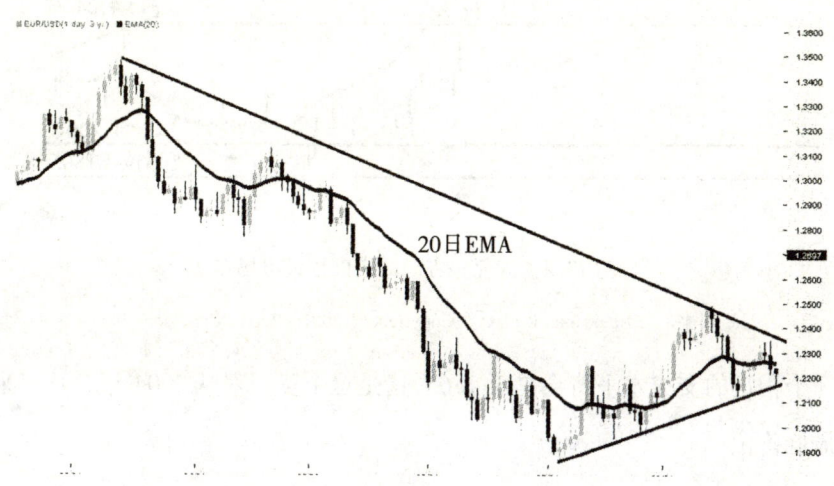

图13.3 趋势线形成了一个对称三角形,这在低波动率时期很常见。

资料来源:FXtrek IntelliChart™. Copyright © 2001 – 2006FXtrek.com, Inc.

离场

我们已经有了入场点,现在需要确定我们的出场点。在判断出场点时,我们要考虑之前作为支撑位或阻力位的价格区域,以及重大的菲波纳奇回撤位和整数位。

比如,如果价格向下穿越了趋势线的下轨,启动了卖空交易,1.2000 的价位水平就是一个明显的出场点选择。虽然这个区域在 7 月初被短暂地"袭扰"过,但它从 2004 年夏天开始,已多次扮演了重大支撑位的角色,并在 2005 年 7 月末被"袭扰"后,仍然多次坚守。同时,它也是一个整数位,常常可以扮演心理上的支撑位或阻力位(见图 13.4)。

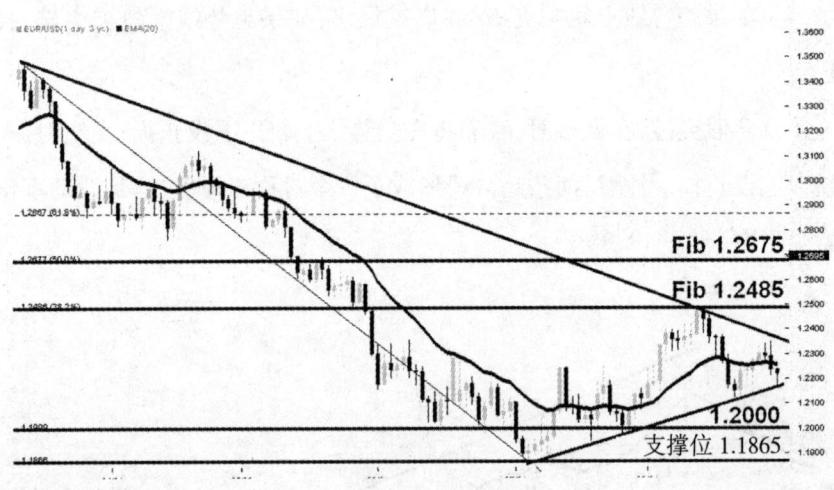

图 13.4　为任一方向的突破预设出场点

资料来源:FXtrek IntelliChart™. Copyright © 2001 - 2006FXtrek.com, Inc.

一个稍远的支撑水平将会是 1.1865,这是这个货币对从 2004 年 5 月以来所达到的最低价位。

如果交易者决定了结部分头寸,这第二个支撑水平就会证明非常有用。当第一个出场点达到,交易者就可以了结一半头寸,并把止损下移至盈亏平衡点。这样,交易者就可以锁定一部分利润,并通过移动止损至盈亏平衡点来消除剩余头寸的风险,给予剩余头寸斩获巨额利润的机会。

如果价格向上突破了趋势线的上轨,表示我们可以进场做空,又会怎样呢?对于阻力位,我们可以在 1.3485 至 1.1865 的这波下跌趋势上画菲波纳奇回撤线。这波下跌趋势 38.2% 的菲波纳奇回撤线,位于 1.2485 附近,可以成为特别具有说服力的出场点,因为它已在 2005 年 8 月 11 日至 12 日经受住了考验。

此外,它也位于另一个大型整数位 1.2500 的附近。的确,我们有三个极好的理由在价格到达 1.2485 – 1.2500 区域时,平仓出场。这三个理由分别是:前期成功通过考验的阻力位,38.2% 的菲波纳奇回撤位,以及 1.2500 的大型整数位。

随后的阻力区域将是 1.2675,这是这波下降趋势 50% 的菲波纳奇回撤位。再一次,如果达到了第一个出场点,我们可以平掉一半仓位,并把剩余头寸的止损提高到盈亏平衡点。

盘整越久,突破越强

盘整花的时间越长,往往突破就越强。为什么会这样?想想看,在价格处于一个窄幅的区间交易时,同时有多头和空头在持有头寸。

由于价格不太移动,这些交易者几乎很少有理由去了结头寸。但是如果价格朝任一方向突破时,很可能有大量交易者做错了方向——不管突破是朝哪个方向。当这些交易者回补他们的仓位,就为突破提供了助力,帮助推动价格更加远离盘整区域。

在 2005 年 9 月 1 日星期四这天,一篇对美国经济不利的报道推动欧元/美元货币对快速突破了盘整区域,并达到多头交易的第一个盈利目标(见图 13.5)。该货币对波动率急剧上升,到达了发生突破这天的最高点 1.2525——200 点的波幅几乎是日均波幅的 2 倍。

虽然这个特例是发生在日线图上,但类似的情况也可以发生在其他时间框架上。这种情况背后的逻辑,以及外汇市场在盘整过后发生突破的倾向,都适用于做多与卖空的时间框架。

波动率突破策略

在 2005 年末,英镑/美元货币对处于强劲的下跌趋势中。在 2006 年春以前,

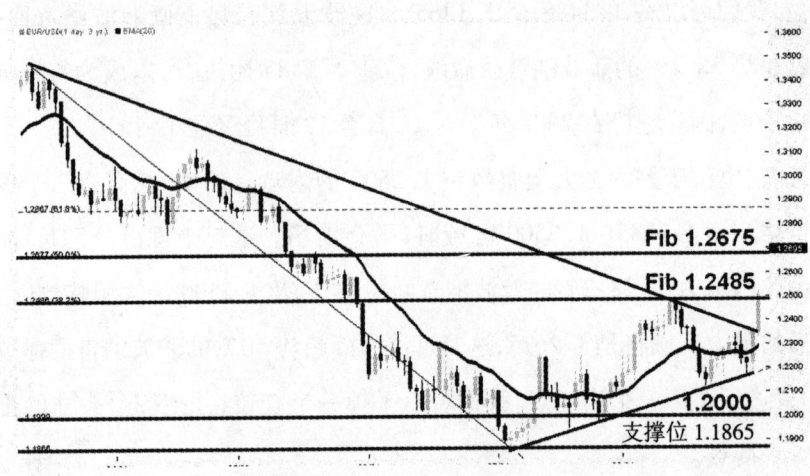

图 13.5 波动率急剧上升,欧元/美元到达了它的第一个目标位。

资料来源:FXtrek IntelliChart™. Copyright © 2001-2006FXtrek.com,Inc.

该货币对进入了窄幅的横盘整理(见图 13.6)。

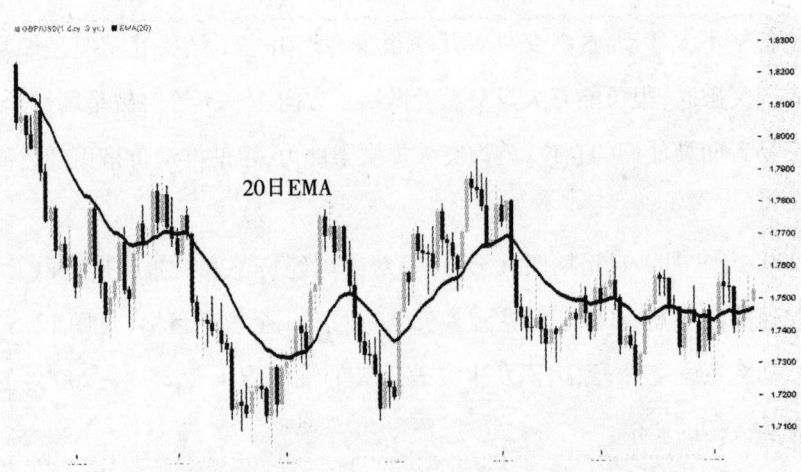

图 13.6 在日线图上,英镑/美元在高波动率时期过后进入了盘整。

资料来源:FXtrek IntelliChart™. Copyright © 2001-2006FXtrek.com,Inc.

当货币对从高波动率转向低波动率时,20 日 EMA 开始横向移动。平缓的 20 日 EMA 表示趋势已经结束,至少是暂时结束了,价格已经进入了盘整时期。

为了确认一次交易机会正在形成,交易者加上 ATR 和布林带宽度指标(BBW)以测量波动率。ATR 指标正在下降,意味着日均波幅正在收窄。布林带宽度指标已经下跌到接近其最低值,再次确认我们正处于盘整时期(见图13.7)。

图13.7　ATR和布林带宽度指标表示波动率正在下降

资料来源:FXtrek IntelliChart™. Copyright © 2001－2006FXtrek.com,Inc.

然后,加上趋势线以确定入场点和止损点。随着趋势线加入到图上,一个明显的对称三角形出现(见图13.8)。

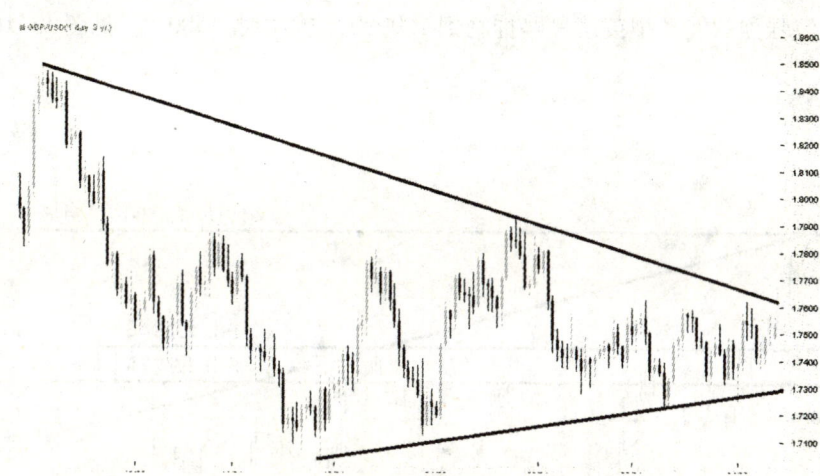

图13.8　随着波动率下降,英镑/美元形成了一个对称的三角形。

资料来源:FXtrek IntelliChart™. Copyright © 2001－2006FXtrek.com,Inc.

接下来的一步就是判断出场点。由于我们不知道接下来的波动方向,所以必须为任一方向可能出现的突破做好准备。为了确定出场点,我们会结合使用之前的支撑和阻力水平、整数位和菲波纳奇回撤水平(见图 13.9)。

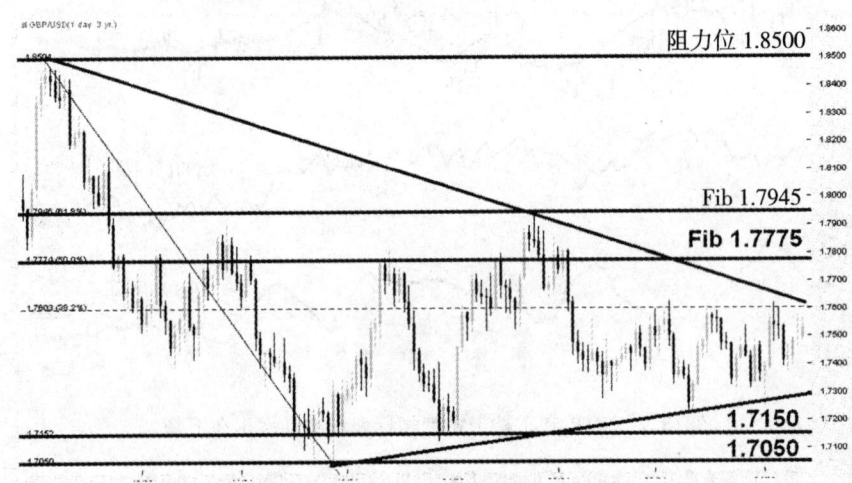

图 13.9　结合使用支撑/阻力位、整数位和菲波纳奇回撤位来确定出场点
资料来源:FXtrek IntelliChart™. Copyright © 2001 – 2006FXtrek.com, Inc.

最终,随着波动率再次快速上升,英镑/美元突破了三角形,并快速抵达其目标位。这波强烈的波动把英镑一路推高到 1.9000,波幅接近 1500 点(见图 13.10)。

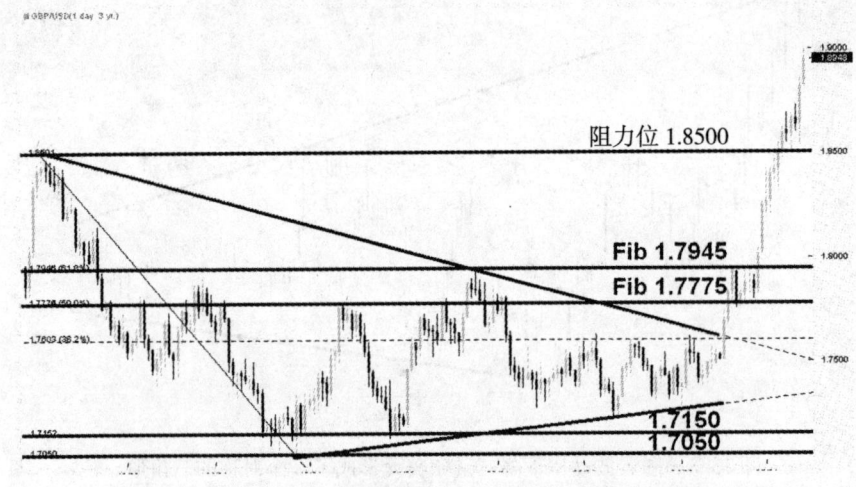

图 13.10　英镑/美元的大型突破推动该货币对穿越了它的各目标位
资料来源:FXtrek IntelliChart™. Copyright © 2001 – 2006FXtrek.com, Inc.

重复形态

交易者会看到这种结构一而再、再而三地出现(见图 13.11)。它如此有效是因为波动率循环周期,这种周期常常是由人类行为引起的。市场会随着时间改变,交易者也来了又去,但是人类天性基本保持不变。是人类天性制造了这些市场倾向,能够识别这种倾向的交易技术将在未来许多年里发挥作用。

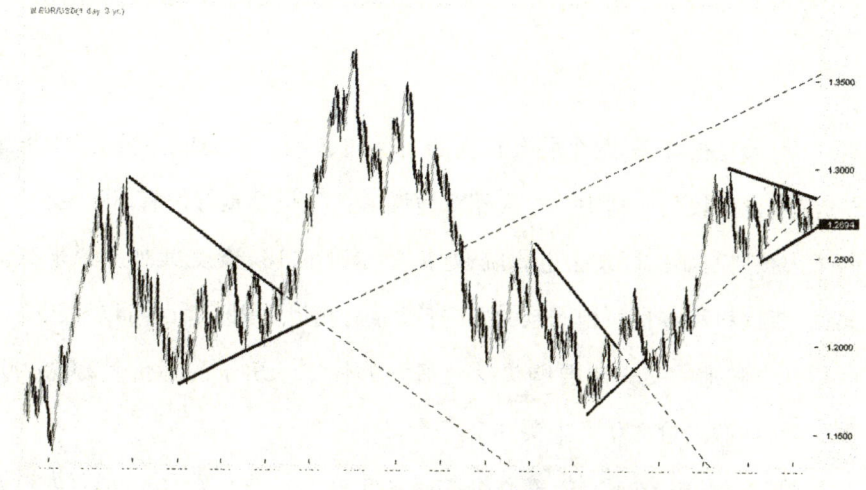

图 13.11　欧元/美元货币对的波动率周期非常明显

资料来源:FXtrek IntelliChart™. Copyright © 2001－2006FXtrek.com,Inc.

第 14 章　整数点位震荡策略

有一天,天气很炎热,两个朋友正在步行穿过公园。当时的温度有 94 华摄氏度,空气湿度也比较高。其中一个人随意地说道:"这里感觉好像有 100 度!"

一个小孩要与她的朋友去电影院,她需要精确的 18.35 美元加上税来买一张电影票、一瓶饮料和零食。她问她的妈妈:"妈妈,我想要 20 美元,可以吗?"

一位女士和她的丈夫想要购买一处海滨的住宅。房子的标价是 2 095 000 美元。第二天,他们出价 200 万来买这个房子。

这些看似毫不相关的事情,有什么共同之处吗?在每个例子里,都有人避开更精确的数字,偏向于整数。

事实上,我们都被整数,或以零结尾的数字吸引。华尔街的交易者格外喜欢"零",尤其是出现在他们奖金支票末端的"零"。整数也在交易中扮演了重要的角色。

为什么整数会吸引我们的注意?

在 1999 年 3 月,道·琼斯工业指数第一次接近 10 000 点,指数在最终收于 10 000 点之上以前,戏弄了投资者差不多两个星期。这个事件广受关注,因为这是一个如此重要的里程碑。

在 7 年多以后的 2006 年 9 月,这个受到广泛关注的指数到达了 11000 点附近。那些在道指 10000 点顶峰时疯狂做多的投资者并没有多少欣喜之情,因为在超过 7 年多的时间里,他们只获利了差不多 10%。这些投资者可能希望他们买的是房地产,而不是股票,因为在这段时间房地产市场的表现大大地优于大部分股票市场。

回想起来,道指 10000 点只不过是另一个数字而已。然而关于它的消息却占据了当时报纸杂志的整个头版,财经新闻频道也进行了连续 4 小时的专题报道,来吹捧这一"里程碑"。那时候,整个市场都对这个数字痴迷不已。

为什么这种所谓的整数令我们如此着迷?一些科学家认为人类创造十进制的算数法,是因为我们生有 10 根手指和 10 根脚趾。因为这个原因,我们开始以 10 为终结和圆满的方式来思考问题。

为什么整数点位有效?

投资者和交易者有强烈的倾向在整数位下单。或许在某个时候你曾听到某个分析师说,"我会建议在股票 XYZ 下跌到 20 美元时买入"或者"我会在 40 美元的价位卖掉股票 XYZ"。

试想一下,很多交易者在 20 美元每股的价位设置股票 XYZ 的买单,因为他们认为这个价格的这只股票比较便宜。如果价格真的跌到了 20 美元,会怎么样呢?

那时,该只股票会遭遇大量的买单。在这些订单被触及时,他们可以释放巨大的购买力。当多头数量超过空头,或者比空头更为激进时,价格就会上涨。

从本质上讲,买方已经在 20 美元的价位制造了一条支撑线,因为有很多订单聚集在那个价位。交易者把它称为心理支撑位,因为它不是基于任何以前的价格行为。

虽然本例中的股票是我们假设的,但是这种现象却是事实,并且会出现在所有交易品种中,特别是在外汇市场。为什么货币、商品和股票都容易受到整数点位的影响呢?因为受整数吸引是人类天性的一部分,它可以出现在人类交易的任何市场中。

整数点位和外汇

整数点位在外汇市场上的影响可以非常深远。比如,在图 14.1 中我们看到,在 2005 年初,美元/加元反复在 1.2000 的价位找到支撑。

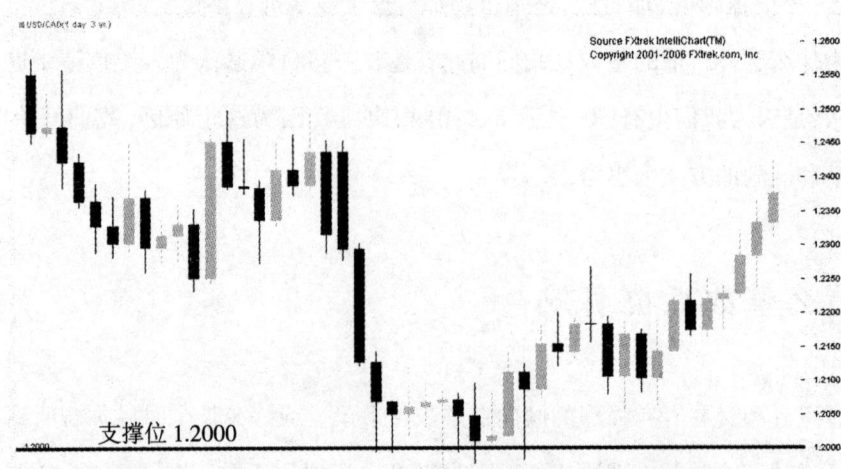

图 14.1　美元/加元反复在一个大型的整数位(1.2000)找到支撑

资料来源:FXtrek IntelliChart™. Copyright © 2001－2006FXtrek.com,Inc.

在 2006 年初,欧元/美元的多头反复在 1.2700 附近进场(见图 14.2)。那些把整数位当作入场点的交易者获得了非常可观的回报。现在,让我们来看一个可用来从这种市场倾向中获利的详细方法。

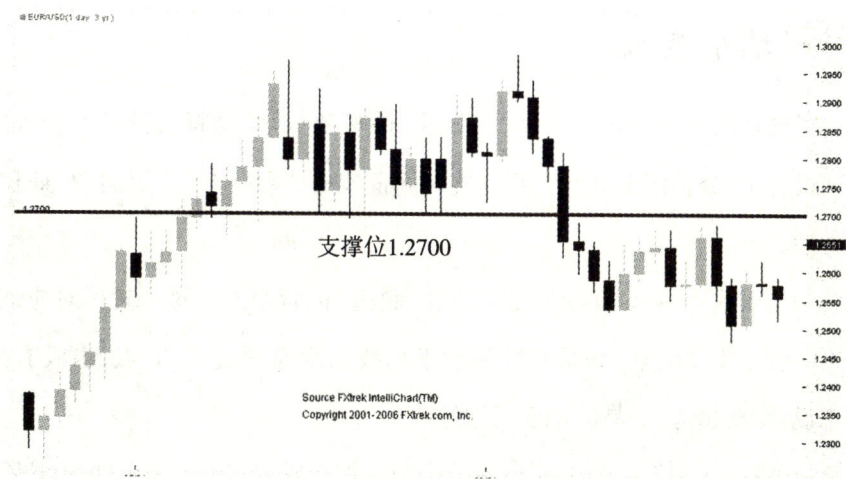

图 14.2 欧元/美元屡次从 1.2700 处反弹

资料来源：FXtrek IntelliChart™. Copyright © 2001 – 2006 FXtrek.com, Inc.

你可能还记得之前讲过的一个策略,就是大量订单可以制造一个具有吸引力的目标位,因为当这些订单被执行时,银行可以赚得佣金。由于订单通常聚集在整数价位,因此我们在制定策略时会把这种倾向考虑进去。

首次反弹是最好的反弹

这个时间框架对这个日间交易策略来说非常短。这是因为从整数的支撑位或阻力位的第一个反弹往往是最好的反弹,所以我们要确定我们正在经历第一个反弹。较长的时间框架可以在一根蜡烛线里隐藏许多反弹,所以它们不能用于这个策略。

每当汇率到达整数位时,订单就会被执行,大量订单制造的支撑位或阻力位也会失去其影响力。一旦剩余订单的数量不足以抵抗汇率时,支撑位或阻力位最终被破坏也是很正常的情形。

这就是我们一定要交易整数位的第一个反弹的原因,因为这是可触发反向订单最多的时候。我们也可以交易后来的反弹,但是第一个反弹的潜力最大。

利用移动平均线

为了确认我们不是在用一个已"失效"的整数位,交易将安排在 5 分钟图、10 分钟图或者 15 分钟图上进行。在这些时间框架中,货币对常常沿着 20 期移动平均线移动。

我们要寻找突然从 20 期移动平均线"脱逃"的货币对。这个货币对应该远离移动平均线至少 20 点。如果它离移动平均线的距离超过了 20 点,也没有关系。通常来说,距离越远,交易的机会就越好。

造成这种"远离"的原因,可以是一个经济指标或者其他新闻事件,但这不是必要条件。在这种短线交易中,波动背后的原因不如波动本身来得重要。

如果货币对正靠近可能有成群订单聚集的整数位,那么银行交易员就有可能试着给予汇率一点额外的"推力",以执行那些订单。一旦订单被执行,这些交易者就没有理由再继续给汇率施予压力,该货币对常常会快速反转。

这里有一个例子。在图 14.3 的 5 分钟图中,美元/加元货币对正沿着其 20 期移动平均线移动。突然,该货币对迅速远离其 20 期移动平均线,朝着整数位 1.1400 而去。汇率触及这个价位,导致设于 1.1400 的所有订单都被执行,然后退回至 20 期移动平均线。

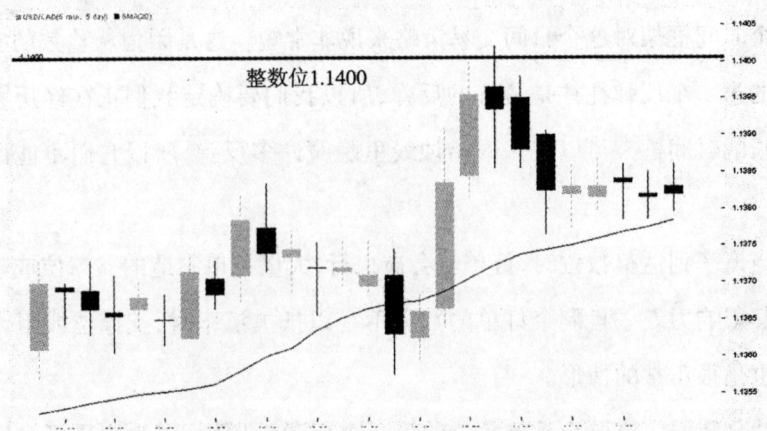

图 14.3　美元/加元快速远离 20 期移动平均线,朝着整数位 1.1400 而去。
资料来源:FXtrek IntelliChart™. Copyright © 2001–2006 FXtrek.com, Inc.

如果货币对离开20期移动平均线至少20点,我们会在整数位附近进场交易。在汇率上涨时,我们会在那个价位卖空;汇率下跌时,我们会在整数位做多。

设置止损

保护性止损点将距离入场点15点,当然还要加上点差。所以,如果你交易的货币对有3点的点差,那么你的止损点将距离入场点18点;如果是4点的点差,止损幅度就有19点。

在任何情况下,你都绝对不要使用这个策略来交易点差超过5点的货币对。这是因为点差对短线交易的影响要大于对长线交易的影响。交易点差较大的货币对会降低你成功的几率,因为日内交易者的活动是在较小的"竞技场"上进行,这里的每一个点都具有关系盈亏的重要意义。

策略的运用

我们已了解了这个方法,现在让我们仔细看看一系列运用这个技术的交易。首先美元/加元的汇率开始远离其20期简单移动平均线(SMA)。这时,它与移动平均线的距离还没有达到20点的最低要求,但是这种情形值得关注。交易者要为可能出现的入场机会做好准备(见图14.4)。

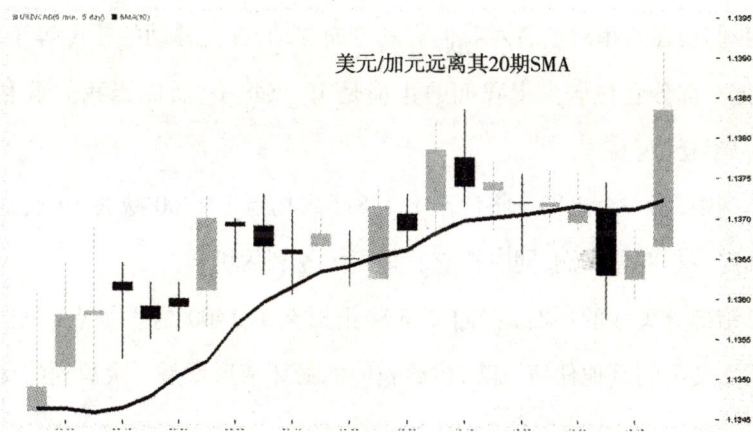

图14.4 美元/加元汇率正远离其20期简单移动平均线
资料来源:FXtrek IntelliChart™. Copyright © 2001–2006 FXtrek.com, Inc.

该货币对继续朝着 1.1400 前进。在到达这个价位以前,该货币对已高于其 20 期 SMA 逾 20 点。交易者在 1.1400 附近建立了空头头寸(见图 14.5)。

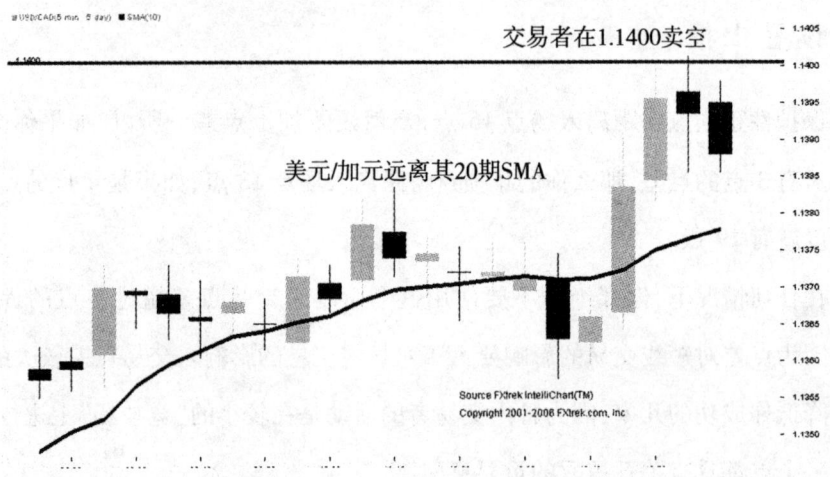

图 14.5　美元/加元位于 1.1400 的卖空机会

资料来源:FXtrek IntelliChart™. Copyright © 2001-2006FXtrek.com,Inc.

本例中,美元/加元的点差是 4 点,所以我们的止损要设于 1.1419(入场点以上 15 点,加上 4 点的点差)。请记住,当货币对的点差大于 5 点时,永远不要尝试运用该技术。

现在我们需要确定我们的出场点。就像我们之前介绍的其中一个趋势跟踪策略一样,我们会在货币对朝着对我们有利方向移动,并且移动的幅度等于止损的幅度时,平掉一部分仓位。由于我们的止损是 19 点每手,所以当我们盈利达 19 点时,平掉一半仓位。

在本例中,第一个出场点将位于 1.1381(入场点 1.1400 减去 19 点)。这会帮助我们锁定一小部分利润,同时拥有获得更大盈利的机会。

在了结部分头寸的同时,我们要下移止损至 1.1400 的入场点(见图 14.6)。这将会消除交易的其他任何风险,留给我们的最坏情形就是一次盈利的交易。

第14章 整数点位震荡策略 187

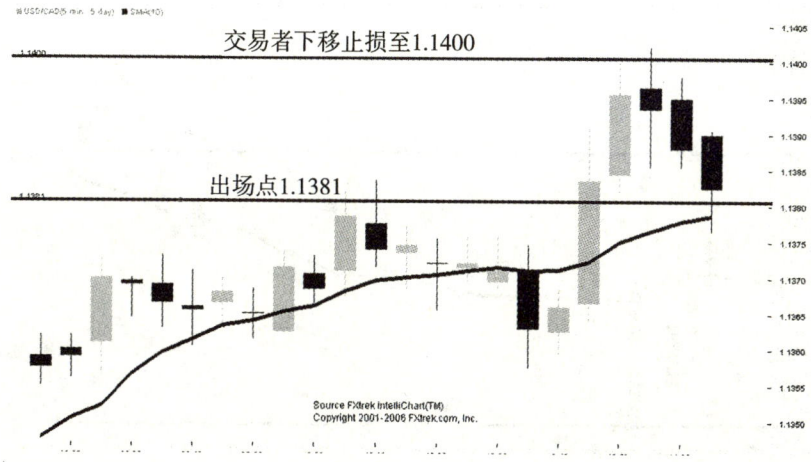

图14.6 第一个出场点已达到,下移止损至盈亏平衡点。

资料来源:FXtrek IntelliChart™. Copyright © 2001－2006FXtrek.com,Inc.

  你可能会注意到19点相对于我们之前的例子,是一个非常小的盈利。在这个时候,常有人问我为什么不让最初的那笔头寸的利润继续增长。答案是这个方法是为短线交易设计的,只是对冲着大量订单而去的突然波动作出的快速反应。

  试图修改这个策略是不明智的做法。每个策略都是设计来抓住某种市场倾向的,而这种对整数位作出反应的波动往往快速而短暂。它不是一个长期的结构形态。

  此外,你也会注意到在图14.6中,汇率突然退回到20期SMA。这是否表示20期SMA是一个很好的出场点？不一定。将20期SMA作为出场点存在很多不确定性因素。

  例如,在本例中,当我们建仓后,汇率与移动平均线的距离略超过20点。如果是超过60点又会怎么样呢？使用20期SMA来判断我们的出场点,会产生一个与最初那个出场点非常不同的出场点。

  我更喜欢的了结剩余头寸的方法是寻找前期的支撑水平。请记住,价格是终极的指标。在图14.7中,我们可以看到在最近的一波大幅抛售之后,汇率从1.1325的附近区域急剧反弹,所以我们将把这个价格水平当作我们第二个出场点。

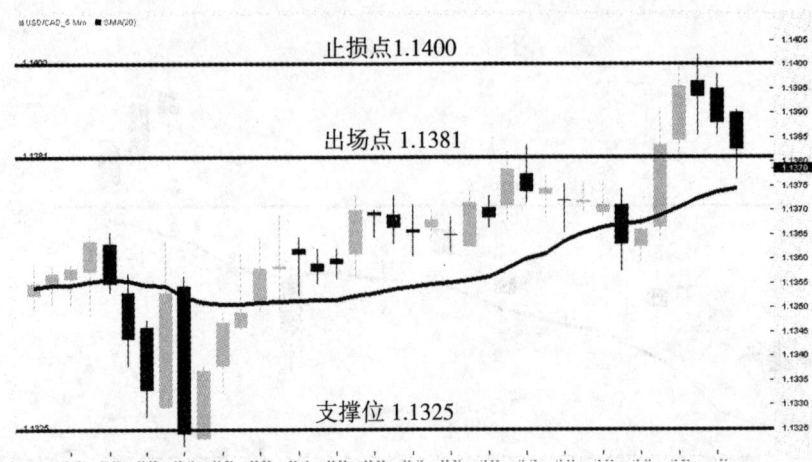

图14.7 前期的支撑位已确定在1.1325附近,这是我们的第二个出场点。

资料来源:FXtrek IntelliChart™. Copyright © 2001–2006FXtrek.com, Inc.

在进入第二天以前,1.1325的出场点已被触及,我们获利75点。注意看,汇率穿过我们的1.1325的出场点之后继续下跌,一直下跌到——你猜——整数位1.1300。

汇率快速下跌到整数位,导致价格与20期SMA的距离超过了20点。这又创造了另外一个基于相同原理的结构形态——这是我们刚刚讲过的,只是这次我们将要站到多头这边(见图14.8)。

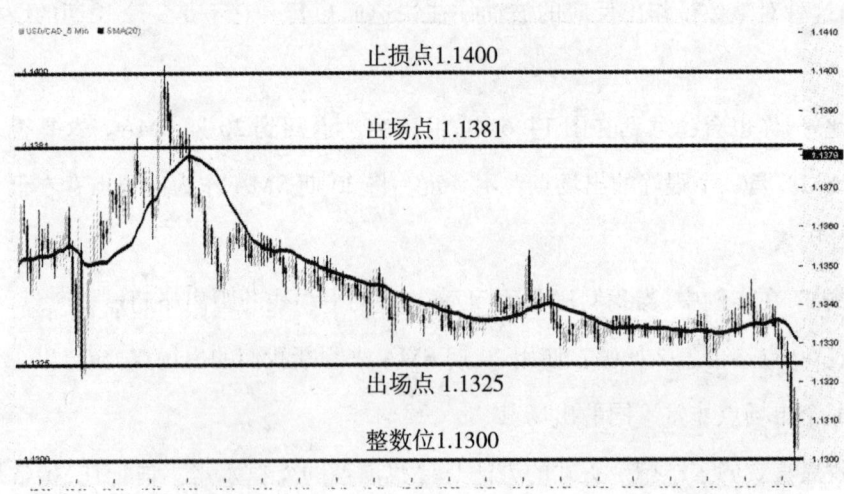

图14.8 美元/加元的第一笔交易结束后,又产生了一个位于1.1300的多头入场点。

资料来源:FXtrek IntelliChart™. Copyright © 2001–2006FXtrek.com, Inc.

1.1300 的整数位将是我们做多交易的入场点。你可能还记得我们的第一笔交易,那次交易的止损点位于入场点以上 19 点。这次,我们将采用相同的 19 点的止损幅度(15 点加上 4 点的点差)。由于这次是做多,止损将设在我们入场点以下 19 点。于是我们止损点的最初位置是 1.1281(见图 14.9)。

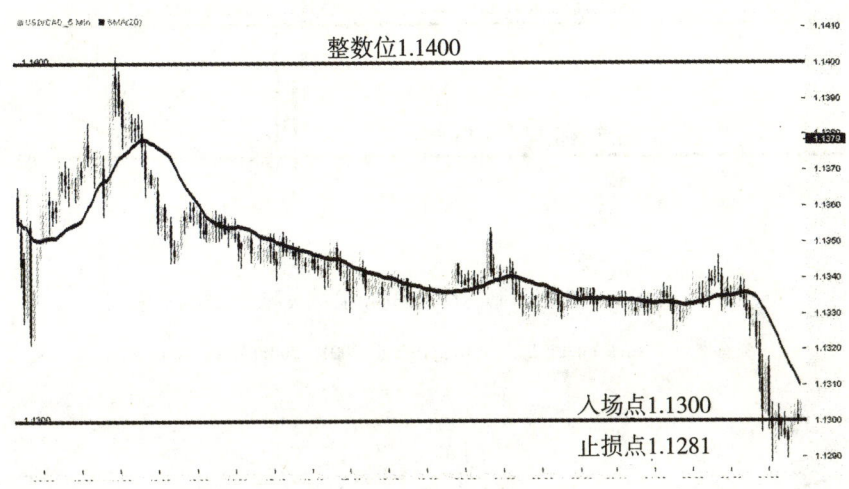

图 14.9　最初的止损点位于 1.1281

资料来源:FXtrek IntelliChart™. Copyright © 2001-2006 FXtrek.com, Inc.

这一次,汇率吓了我们一跳,它下跌到 1.1300 以下并接近我们位于 1.1281 的止损点。不过幸运的是,这个货币对跌到 1.1290 后就开始转而上涨。

当盈利幅度等于风险幅度时,我们会了结一部分头寸。由于此次交易所冒的风险是 19 点每手,所以我们的第一个出场点将位于 1.1319(1.1300 的入场点加上 19 点的风险)。在兑现部分利润的同时,我们要上移止损至 1.1300 的盈亏平衡点(见图 14.10)。

我们仍然需要确定我们的第二个出场点。在图 14.11 上有一个非常明显的阻力区域,即从 1.1330 到 1.1340 的水平区域。虽然这个盈利幅度比起之前的交易显得比较缺乏"志气",但是这条阻力水平已经限定了我们的出场点。我们会把止损刚好设在这条阻力带的中间位置,即 1.1335。几个小时以后,汇率触及了我们的出场单,获利 35 点。

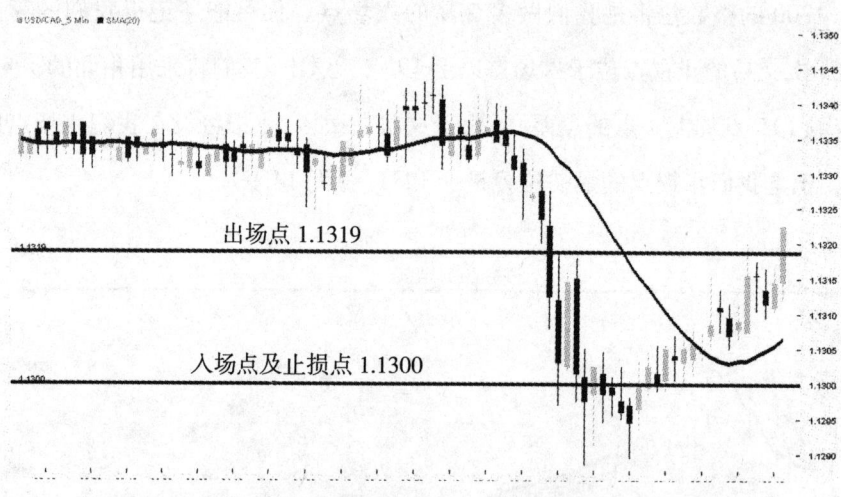

图 14.10 第一个出场点到达后,提高止损至入场点(盈亏平衡)。

资料来源:FXtrek IntelliChart™. Copyright © 2001–2006FXtrek.com,Inc.

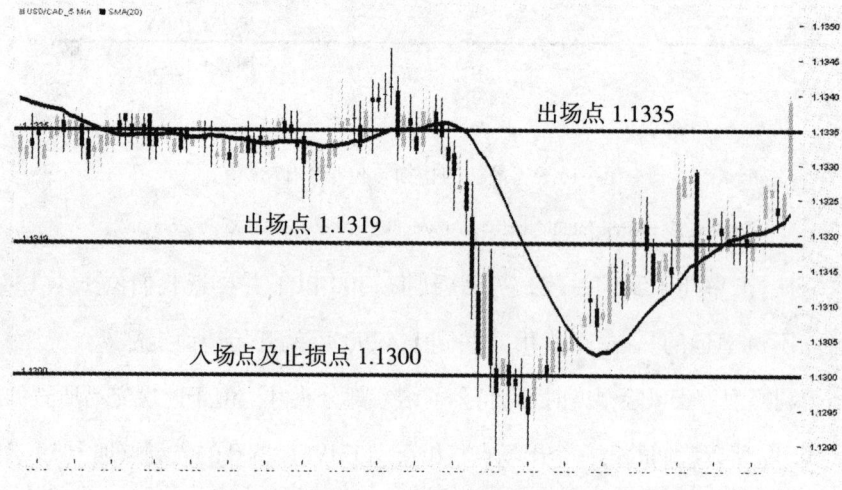

图 14.11 位于 1.1335 的第二个出场单被触及

资料来源:FXtrek IntelliChart™. Copyright © 2001–2006FXtrek.com,Inc.

在我们的出场单被触及后,价格又再次下跌并再次找到支撑——在整数位 1.1300(见图 14.12)。整个交易过程再次启动,还是相同的入场点、相同的止损位以及相同的出场点。

请记住,虽然我们更偏好交易第一次反弹,但是我们也可以在整数位的后续反

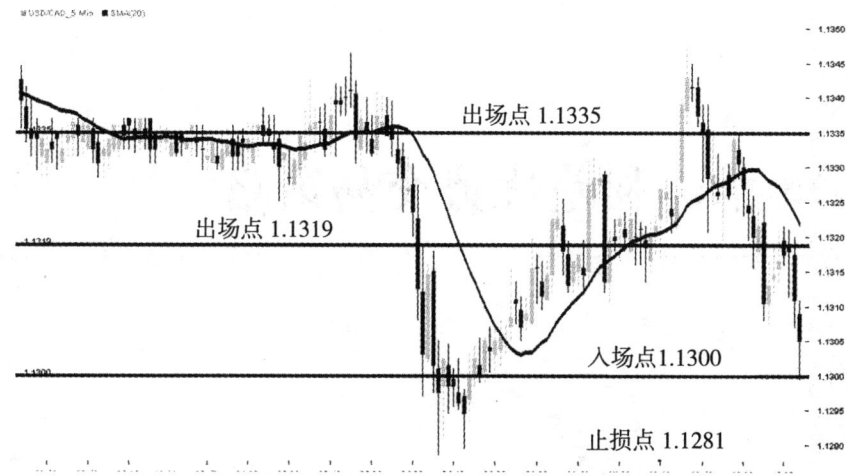

图 14.12 美元/加元的汇率再次跌到 1.1300,创造了另一个入场机会。

资料来源:FXtrek IntelliChart™. Copyright © 2001－2006FXtrek.com, Inc.

弹中进行交易。只是要注意,每一次后续考验,聚集在那里的订单数量都会减少,交易成功的几率也会降低。

这种"乒乓效应"会出现,是因为除了整数位之外,现在还有前期被更早的反弹制造的价格支撑位。一个机警的交易者可以用这种方式抓住一系列好的交易机会。

一些货币对似乎比另外一些货币对对整数位现象更敏感,不过这也没关系,不管怎样也不会限制这个策略,因为整数位可以在任何时候影响任何货币对。比如说,整数位就常常在美元/加元以及英镑/美元走势中发挥重要作用。

为什么某些货币对比其他货币对更容易在整数位找到支撑或阻力,我还没有找到任何富有逻辑性的解释。这只是我逐步观察到的结果。

我还发现整数的支撑位或阻力位还频繁出现在一些日元货币对中,特别是欧元/日元以及美元/日元。在这些货币对中,整数位之间的中间点(比如 114.50,或者 137.50)也可以扮演支撑位或阻力位的角色。那么纳入了这种"半整数位"后,交易者还可以采用这个策略吗?或许可以吧,但如果你盯住真正的整数位——那些以两个或多个零结尾的价位,那么你获得成功的几率将会更高。

第15章 利差优势交易策略

不劳而获岂不很美妙？如果下次你加气（或油）时，加气站的工作人员给你额外加几加仑的燃气（或者几升油，给我国外的朋友）且不收费，岂不是好极了？

或者是你去吃晚餐，在一顿豪华的法国大餐之后，餐厅侍者总管拒绝收费。"这一餐我们请客，"她说，"欢迎您再次光临！"又会怎么样呢？

听上去好得令人难以置信，不是吗？这是因为我们习惯认为如果有什么事情听起来好得让人难以相信，那么肯定是假的。在现实世界中，总是有隐蔽的"陷阱"。但是偶尔也有方法可以"打破这种规律"。

例如，如果下次你做外汇交易时，即使汇率不变你也可以获利，岂不很好？即使在市场不配合时，你的交易仍能赚钱，岂不很棒？你认为这会让交易变得容易些吗？

如果你回答是，你也会是正确的。虽然这对于不谙此道的人来说有点牵强，但这正是"大玩家们"——银行、对冲基金和其他机构交易者——参与外汇游戏的方式。

像大玩家一样思考

这个技术需要我们扩大思路，同时考虑潜在的利润和时间。长线外汇交易者的观点与机构交易者类似，因为对冲基金和机构每次持有外汇头寸通常都会长达数月之久。

利率差异

本章介绍的这个策略的核心在于利率差异的套利交易,以及每个货币都有一个与自身经济相符的利率这一事实。这个利率是由国家或者使用同一货币的地区的中央银行决定的。比如,美联储决定美国的利率,欧洲央行决定德国、法国和其他欧洲货币联盟国家的利率。

由于货币是成对交易,每个货币都有一个与自身经济相符的利率,所以每个货币对里都有两个不同的利率。通常情况下,这两个利率都稍有不同,所以几乎所有货币对中的一个货币的收益要高于另一个货币的收益。

这就是大机构交易者设法利用的利差优势。在每次外汇交易中,交易者都会买入一个货币并卖出另一个货币。交易者买入货币对中收益较高的那个货币,将会获得利息差额。

相反,交易者卖出货币对中收益较高的那个货币,必须支付利息差额。不管交易者是获得还是支付,那个数额都是建立在利率差异的基础上,而利率差异只是两个货币的利率差值。

利差优势交易的过程

假设这次交易的是虚构的货币对 ABC/XYZ。货币 ABC 的利率是 4.0%,货币 XYZ 的利率是 1.0%。

因此,ABC 是两个货币中收益较高的货币。交易者买入 ABC 并卖出 XYZ,就会收获 3.0% 的利息,也就是货币 ABC 与 XYZ 的利率差额(4.0% − 1.0% = 3.0%)。记住,你必须做多高收益货币以获得利率差额。

相反,交易者买入 XYZ 并卖出 ABC,将必须支付相同的 3.0% 的利率差额。套息交易者买入高收益货币,只要他们持有这个货币对,就可以每天获得利率差额。

我知道这看起来简单,但是这个策略不仅仅只是高收益货币与低收益货币相配对。理想情况是,交易者在可以判断出利率差异很可能在未来逐步扩大时,采用这种策略。

这会导致买入高收益货币的交易者获得更大的利率收益。当利率差异明显将在未来停止扩大甚至将缩小时,交易者要退出这个策略。

变化的利率差额

让我们再用一下之前的那个例子。再次假设我们正在交易货币对 ABC/XYZ,并且正在获得利息,因为我们是买入 ABC 并卖出 XYZ。

如果 ABC 的经济增长很强劲,ABC 的中央银行很可能提高利率,以抑制经济增长并控制通货膨胀。当央行采取了行动,ABC 的利率从 4.0% 提高到 4.25%,就会导致利率差异从 3.0% 扩大到 3.25%(4.25% - 1.0% = 3.25%)。

同样的,如果货币 XYZ 的经济增长疲软,那么 XYZ 的中央银行很可能降低利率,以刺激消费需求并促进经济增长。XYZ 的利率从 1.0% 降到 0.75%,而利率差异现在已增长到 3.5%(4.25% - 0.75% = 3.5%)。

交易者受到扩大的利率差异的鼓舞,纷纷进场做多 ABC 并卖空 XYZ,以赚取额外的利息。如果足够多的交易者被引诱进场做多 ABC 并做空 XYZ,那么这将对 ABC 施予积极的上行动力,而对 XYZ 施予消极的下行压力。因此,货币对 ABC/XYZ 开始上涨。

这制造了一种"鸡生蛋、蛋生鸡"的情况。是因为交易者想要赚取利息才导致货币对上涨呢,还是因为两个经济体的相对强弱导致货币对上涨,而利率差异扩大仅仅是一个副产品呢?

事实上,这两种解释都是正确的,因为它们并不是相互独立的。做多 ABC/XYZ 货币对的交易者享有了两者的优点,因为他们现在既可以从汇率上涨中获利,也可以从利率差异中获利。

什么是大买卖?

这时候,读者可能想知道为什么交易者热衷于获得3.0%或3.5%的利率差异呢。虽然这个利率差异初看起来似乎意义不大,但是仔细研究过后就会发现对冲基金和机构为何偏爱这个策略的秘密。

交易者在交易中赚取3.5%的利息,要知道这3.5%是基于没有任何财务杠杆的交易。比如,如果一个交易者做多一手美元/日元货币对,那他就是在做多大概10万数额的美元并做空等值的日元。

我们假设利率差异是3.5%,这就意味着一年下来,如果交易者是做多高收益货币(美元),那将获得差不多10万美元的3.5%,即约3500美元的利率差额。

这是最绝妙的部分:由于外汇市场提供的巨大财务杠杆,交易者不必提供货币对价值100%的资金来控制这笔投资。例如,一个交易者使用50比1的财务杠杆,就只需要投资2000美元就可以控制一手该货币对,而不是整个10万美元。

交易者不会因为使用财务杠杆被处罚,并且即使只需要投资其中一部分(2000美元),仍然会收获整个10万美元3.5%的利息(3500美元),。

这就给投资创造了更高的回报,并有助于解释这个技术为何如此流行。同时也一定要注意,财务杠杆是把"双刃剑",既可以导致快速盈利,也可以导致快速亏损。

赚取息差

交易者认为这个技术的优势在于,不管汇率的波动方向是不是其期望波动的方向,他都能盈利。比如,如果交易在几个月内都能保持平稳,只要交易者已赚得了利息,他就可以盈利出场。这提供了一个巨大的优势。

比较一下那些交易方向与上述相反的交易者的情况。他必须每天支付息差,不管汇率是否按照他期望的方向波动。交易者卖出高息货币,要想盈亏平衡,就必须赚回损失的利息。

利率波动对货币影响的一个不错的例子可以在美元/日元中找到。为了对抗通货膨胀,日本多年来一直保持接近于零的利率。这个极低的利率导致日元成为外汇套息交易中普遍被卖出的货币。

日本的央行,即日本银行最终提高利率,结束了零利率政策。但是,以下例子涉及的整个时间段中,日本的利率实际上为零。

美元/日元

在 2002 年到 2004 年期间,美元对日元持续下跌(见图 15.1)。在经过了 20 世纪 90 年代末的显著经济增长后,美国经济陷入了衰退。

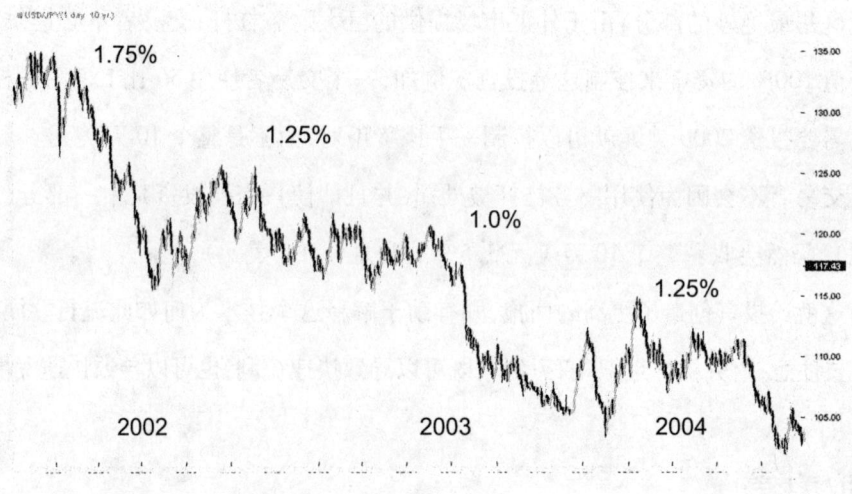

图 15.1　由于利率差异收窄,美元对日元下跌。

资料来源:FXtrek IntelliChart™. Copyright © 2001 – 2006FXtrek.com, Inc.

为了刺激经济增长,当时处于艾伦·格林斯潘(Alan Greenspan)领导下的美联储,把美国的隔夜拆借利率降低到接近历史最低位,在 2003 年年中,美国联邦基金利率已降到 1.0% 的谷底。

由于美元与日元的利率差异是 1.0%,而美国的经济不景气,交易者几乎没有动机去做多该货币对。美元/日元的汇率应声大跌超过 3000 点,从 2002 年初的 135 日元每美元,下跌到 2004 年末的 105 日元每美元以下。

美联储延长其低利率政策,加上减税,逐渐刺激了美国经济的增长。在 2004 年年中以前,美联储开始反转其货币政策,逐步进入加息周期。

美国央行认为有必要逐步退出经济刺激政策,让经济增长和通货膨胀维持在可控的范围内。因此,美元与日元间的利率差异开始扩大,这在最近几年里还尚属首次(见图 15.2)。

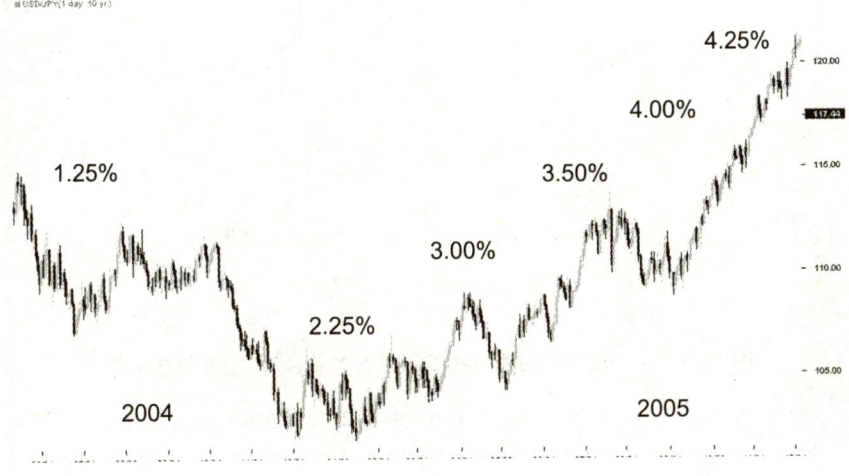

图 15.2 由于利率差异扩大,美元对日元升值。

资料来源:FXtrek IntelliChart™. Copyright © 2001－2006FXtrek.com,Inc.

长期交易

美联储在整个 2005 年继续提高利率,同期的日本银行仍然维持其零利率政策不变。随着利率差异的扩大,为了抓住利差,并从美国经济的恢复中获利,交易者越来越多地持有美元/日元的多头。

由于越来越多的交易者建仓或者增加其多头头寸,美元/日元发生了惊人的上涨,并持续了2005年的一大部分时间。交易者享受着加息和升值带来的双重利益,因为该货币对在这一年内上涨了近2000点。

在2005年末以前,美元/日元货币对的利率差异已扩大到4.25%,然而该货币对还是经历了一次急剧的下跌。在2006年初,利率差异继续扩大,但该货币对失去了拉力,曾经强劲的上涨趋势终结,转而进入一个交易区间(见图15.3)。

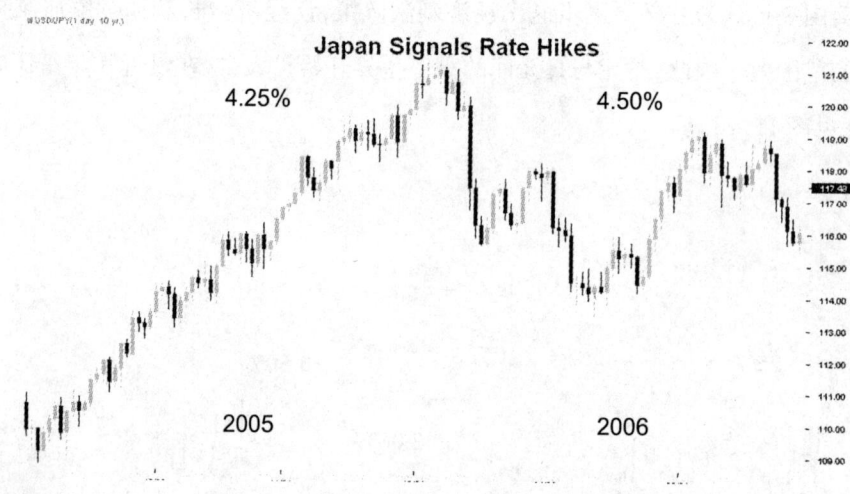

图15.3　由于美国和日本的央行表示政策将改变,上涨趋势终结。

资料来源:FXtrek IntelliChart™. Copyright © 2001－2006FXtrek.com,Inc.

展望未来

乍一看,美元/日元的下跌似乎与扩大的利率差异相矛盾,但是我们不要忘记,金融市场是前瞻性的。

在接近2005年末的时候,美联储虽然仍然提高利率,但是已表示货币政策即将改变,持续已久的加息进程也即将结束。美元与日元的利率差异将到达顶峰。

大约在相同的时间,有迹象显示日本的通货紧缩已处于控制之下,日本银行表示过度宽松的货币政策时代即将过去。利率差异即将缩小,套息交易者立刻开始平仓出场,其中有些交易获得了十分惊人的成功。

想要从利率差异中获利的交易者必须要有一个长期的视角,并做好每次持有头寸长达数月的准备。因此,这些交易者要富有远见地关注外汇市场。

交易者在采取行动之前不会等待政策发生确切的变化,就像国际象棋高手一样,他们会提前计划好自己的行动。对这些交易者来说,来自各个央行暗示其货币政策即将改变的言论,都是众所周知的不祥之兆。兑现利润的时候已经到来,离场,然后寻找下一个很好的外汇交易机会。

第16章 区间回归交易策略

迄今为止,我们已经讨论了各种各样的策略,每一个策略都建立在外汇市场的某种倾向上。不过还有一种倾向我们还没有讨论过——外汇市场在交易日的某些时候表现出非常安静的倾向。

从美国外汇交易时段结束时开始,到亚洲时段开始前,有一段几小时的时间,这段时间的成交量通常最低。虽然澳大利亚和新西兰外汇市场在这个时段也很活跃,但是整体成交量相对很小。

这是因为世界"三大"外汇交易市场(英国、美国和日本)在这个时段几乎不活动。在这样的情况下,货币对波动缓慢,并且在这个市场上的任何波动都值得高度怀疑。

交易假突破

发生在这段时间的突破是出了名的不可靠,因为它们几乎总是发生在成交量非常低的时段。趋势技术会不适用于这些时段,因为总体缺乏市场方向。由于这个时段发生的任何波动都不可靠,并且很可能折返,所以我们可以创造一种策略,这种策略通过"败位"或者建立相反头寸来抓住这些假突破。

由于一天中的这个时段也被看作是一个交易日的开始时段,所以这也是很多(不是全部)做市商收取或者支付利息的时候。但是,不像套息交易策略,这种短线交易不是用来赚取利息。

我们会加入一个保护性措施来预防我们在东部（纽约）时间下午17点后进场被收取息差。这个时间也是格林威治时间晚上10点，也称为"夏令时间"的格林威治时间晚上9点。不管哪一个，这种交易将总是在美国东部时间下午5点以后进行。

交易策略

这种策略是特别为欧元/美元货币对设计的。这个计策是在市价的上方设卖单，以便在更高的位置做空；同时在市价的下方设买单，以便在更低的位置做多。在两个操作中，我们都假设任一方向的波动是假的，汇率很可能发生折返。

这样的方向性波动很可能是被一笔大型订单驱动的，但这样的大单在一般的市场环境下还不足以影响市场波动。由于这时的成交量极低，在这样清淡的市场状况下，这些订单就有能力制造市场波动。

设定策略参数

卖单将设于"开盘"价以上15点的位置，买单设于"开盘"价以下15点。我们的止损幅度将有15点，使得本次交易的风险报酬比为1:1（每1点潜在的盈利含有的风险为1点）。

由于这个交易只是为一个货币对，即欧元/美元设计的，所以我们可以设定固定点数的参数。如果试图把这个技术运用于其他任何货币对，就必须调整参数以适应波动率的差异。

交易者也必须考虑到一点，即大部分货币对的点差要大于欧元/美元。由于这种交易的"竞技场"比较小，所以每一点点差都显得非常重要。

这是一个短期的、"弹弓"式的交易，是专为快速盈利设计的，尤其对欧元/美元来说最为理想。这个货币对通常只有很小的点差,使其成为短线交易的理想对象。

建仓交易

让我们看看这个技术具体怎么操作。在美国东部时间下午5点,欧元/美元的5分钟图上的开盘价是1.2583(见图16.1)。我们将在开盘价以上15点的1.2598设定卖出订单,在开盘价以下15点的1.2568设定买入订单。

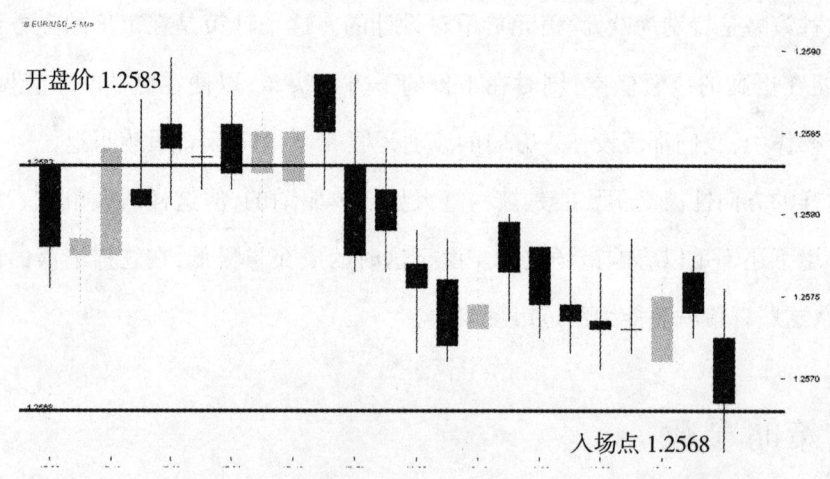

图16.1　欧元/美元在1.2583开盘,买入订单在1.2568被执行。

资料来源:FXtrek IntelliChart™. Copyright © 2001-2006FXtrek.com, Inc.

如果在两小时内我们的订单还没有被执行,我们将取消全部买单和卖单。在这时,进行这种交易的理由不再有效,因为亚洲市场开始活动,成交量和波动率都将提高。当真正的成交量进入市场,市场的波动就很可能是真的,所以过滤假突破交易不适用于这样的环境。

在最初的冲高之后,汇率下跌,买单在1.2568被执行(见图16.2)。我们的止损位设于入场点以下15点,即1.2553。我们立即取消了设于1.2598的卖单——这一点非常重要。我们的目标位比较适当,设于开盘价的位置,即1.2583。

在几小时内,汇率慢悠悠地向 1.2583 的出场点移去,交易完成(见图 16.3)。这个交易可以选择全部平仓,或者平掉一部分仓位,并把止损移到盈亏平衡点。

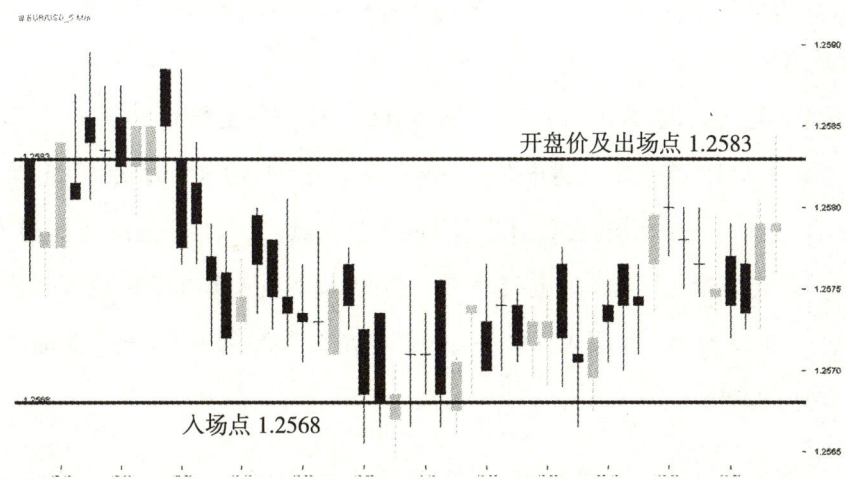

图 16.2　1.2583 的开盘价也是出场点

资料来源:FXtrek IntelliChart™. Copyright © 2001 - 2006 FXtrek.com, Inc.

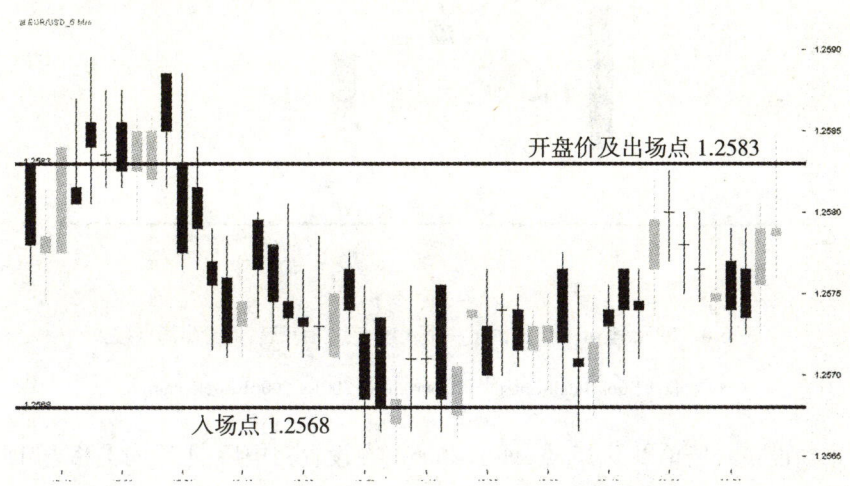

图 16.3　汇率到达了 1.2583 的出场点

资料来源:FXtrek IntelliChart™. Copyright © 2001 - 2006 FXtrek.com, Inc.

简单但有效

这个方法很简单,却也有效,因为汇率很少在美国与亚洲时段之间的这个"死寂时段"有大的波动。

要想到达止损位,欧元/美元的汇率必须在一个方向上移动 30 点——15 点来触及入场单,另外 15 点来到达止损——这在每个交易日的这个时段很少出现。

这里还有另一个例子:在美国东部时间下午 5 点,汇率的开盘价是 1.2636(见图 16.4)。交易者在开盘价以上 15 点的 1.2651 设下一张卖出订单,在开盘价以下 15 点的 1.2621 设下一张买入订单。买入订单在 1.2621 被执行,我们立即取消设在 1.2651 的卖出订单。

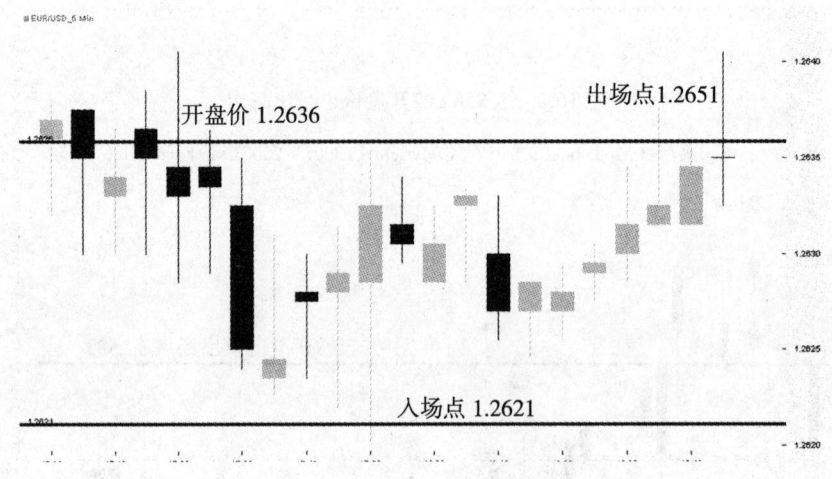

图 16.4　欧元/美元下跌提供了一个入场点,之后反转,向着出场点移去。

资料来源:FXtrek IntelliChart™. Copyright © 2001 – 2006 FXtrek.com, Inc.

止损设在入场单以下 15 点,即 1.2606。在设置完毕后,汇率向上移去,回到了 1.2636 的开盘价位,这也是我们的出场点。

这个策略会是你交易技术装备库里一个不错的加入者,它是专用于那些交易机会很稀少的"安静时段"的。它的宗旨是快进快出。虽然这个盈利不大,但是胜算很高,因为此时市场倾向于不断上下漂移。

这里还有更重要的一点需要考虑：这个策略是假设息差将会在每个交易日的一个具体时间点收取或支付。虽然很多做市商是在美国东部时间下午 5 点收取或支付利息，但这不是统一的惯例。各个做市商支付或收取利息的规则都不一样，所以在尝试使用这种策略进行交易前，一定要搞清楚你的做市商的这些重要细节。

第四部分

掌控你的交易命运

交易除了技术和形态外,还涉及很多东西。在通往成功的道路上有很多阻碍。只有真正地懂得了交易环境——以及我们自己——我们才有机会发挥我们最大的潜能。

Copyright © 2006 Josep Giró. All rights reserved.

第 17 章　如何获得惊人的收益

在 14 岁的时候,我用自己全部的积蓄 100 美元买了一部坏了的二手吉他和一个扩音器。在经过几年的日常练习之后,我最终胜任了主音吉他手,并且在 17 岁以前,我以专业音乐人的身份进行了首次登台演出。

我喜欢摇滚音乐。在很多年里,我特别喜欢学习弹奏一些最难、最激昂的经典摇滚吉他独奏曲。我尽力模仿一些很厉害的吉他手,比如吉米·亨德里克斯(Jimi Hendrix)、兰迪·罗兹(Randy Rhoads)、吉米·佩奇(Jimmy Page)、瑞奇·布莱克默(Ritchie Blackmore)、布赖恩·梅(Brian May)和乔·塞奇尼(Joe Satriani)——他们不仅精通技术,也非常懂得如何通过音乐来传达各种各样的情感,并描绘出一幅幅鲜活生动的听觉景象。后来,我开始写歌,通过我自己的文字和音乐来表达自己。

由于对音乐的狂热,我交了许多朋友并认识了很多真正令人称奇的人。多亏了音乐,我曾四处游历,与漂亮女孩约会——总的来说,我受到了摇滚巨星般的待遇。我曾听到成百上千的人同时大喊我的名字。我音乐生涯的一些经历是如此珍贵并无可取代。现在,我仍然在玩吉他,它已经成为我生命的重要组成部分。

总体来说,最初 100 美元的投资还不错。这就是我所说的惊人回报。

请注意,我并没有在第一天拿起吉他时就开始弹奏《天堂之梯》(Stairway to Heaven)。确实,要到达一个稳定水平,然后再为更好的水平奋斗,是一个漫长而渐进的过程。我刚开始的目标比较容易达到,就是练习简单的三和弦。在整个第一年，我弹出来的声音听起来都非常糟糕，但是一段时间后，一切都变得很有意思，音乐上的一些困惑也开始一一解开。我进入了下一阶段的学习，之后再进入下一阶段，直到我发现自己可以在现场观众面前很专业地弹奏。

在某种程度上，玩吉他很像做交易。我会向你演示如何达到稳定水平，然后再为更好的水平奋斗。这样下去，你会收获知识、经验、自信并逐步解开各种交易谜题。或许，交易也会成为你生命中的重要组成部分。

注意看路

大约在我学习弹吉他的同一段时间，我也在学习开车。我永远也无法忘记刚开车那前几次——我几乎不能把父亲的福特汽车保持在路上！就像很多十几岁的小驾驶员一样，我是车上的危险之源，直到我获得了一点经验，情况才有所改观。那时的我简直是车祸的首选对象。

如果你是交易新手，或者是即使经验丰富但不守纪律的交易者，都像那个十几岁的小驾驶员一样。你还不具备好的驾驶员——以及好的交易者——拥有的能预见并避开麻烦的经验。你是给你账户造成重大损失的首要候选人。

作为驾驶员或者交易者，我们的目标必须要考虑我们当前所处的位置。只有驾驶学习执照的十几岁小孩不应该抱有赢得"代托纳500"（Daytona 500）汽车赛的目标。他的目标应该只是集中精力驾驶汽车环绕街区，并且不撞到任何东西。

同样的，交易新手也不应该抱有一夜之间就使账户翻倍的目标，而是应该集中精力避免打爆账户。

惊人的收益还可能获得吗？当然是，但是不要期望所有事情一夜之间就搞定。就像吉他手或驾驶员一样，我们将从一个容易达成的目标开始，一旦征服了第一个目标，我们就可以朝下一个目标前进，然后再下一个。

设定适当的目标

交易者在初涉交易时,往往非常激动,都想要一夜暴富,获得令人侧目的成功。毕竟,成功的交易会带给我们前所未有的生活方式、很短的工作时间,以及最重要的是自由——自己当老板,自己安排时间表,去远方旅行想呆多久就多久。我肯定我们都希望我们的生活中至少多一点点自由,对自己的命运多一点点掌控。

因为这个"奖品"是如此丰厚美妙,所以交易新手很容易陷入兴奋,对交易失去客观理性的思考。兴奋这种情绪会搅乱我们的判断,并且常常引起一些不切实际的期望。交易要求我们远离情绪,保持冷静,这样才可以做出明确、合理的决定。当你梦想着拥有一栋海滨别墅或者一架湾流(Gulfstream)的私人喷气飞机时,这就会变得困难重重。

那些试图一夜之间改变生活的交易者常常这样做,但是不会有任何好的变化。很多交易者带着很高的期望进入这个游戏,然后很快被打败。记住一点,失败的交易者永远比成功的交易者多,而交易新手的失败率尤其高。我们需要的是一个设定目标的合理方法。

我们必须要做的第一件事情就是去掉我们那些不切实际的期望。我常常从那些我们看到、阅读到或听到的事情中获得这些期望。比如,也许你曾听到一个朋友吹嘘自己赚到了数量惊人的一笔钱,而你认为既然他都可以做到,你自己也同样可以。

我想随着时间的推移,你会发现真正好的交易者很少谈论自己的成绩。他们知道市场会让那些被胜利冲昏头脑,或者对自己以及自己的交易评价过高的交易者颜面扫地。

有很多交易者刚入市就立即获得巨大的回报,但是后来都会把这些钱送还市场。任何人都有一点运气,可以在短期内从市场上赚到钱,不过这最可能是因为他们使用了短期成功几率高,而长期成功几率极低的方法。

这些新交易者还没有认识到好的交易和盈利的交易之间的区别。好的交易未必总是盈利的交易，而盈利的交易未必总是好的交易。

不要把你的眼光放得太高，要设定一个可达到的目标。这里似乎有点自相矛盾的地方是，你可以达到极高远的目标，只要你愿意把这个目标分成一级级小而近的目标。所以，不要问"需要多少时间才能把我的账户翻倍"（如果你采用的是长期能获得成功的方法，也能取得一些成绩），为什么不把那个大目标分成几个小的目标呢？

采用这种方法的好处是，你不需要让你的账户过于冒险，来达到你的目标并获得可观的收益。当交易者试图达到一个不切实际的目标时，很可能违反他们的风险管理规则。

分解你的目标

取得重大成果的方法是设定一个大胆的目标，然后把它分解成容易达到的几个小目标。

在我给一群交易者上研讨课或发表演说时，我有时会问下面这个问题："在这个房间里有多少人认为每年收益率达100%是一个比较激进的目标？"这时，房间里很多人会举手，因为每年100%的回报确实像是一个充满野心的目标。

接着，我会再提出一个问题："你们中有多少人认为每月收益率持续为6%的目标太过激进？"那些举起的手纷纷放下来，因为几乎没有人认为这是一个激进的目标。

好笑的是，这两个目标竟然是同一个目标，它们是相同的。如果一个交易者能够坚持每月让其账户资金增加仅6%，那么他会达到每年收益率100%的目标。

我知道你们中有些人会说："等一下——每月6%的收益率乘以每年的12个月，就是72%的年收益率，不是100%！艾德的脑子肯定因为吵闹的摇滚乐出毛病了，一定是这样！"

或许是,但是现在先不急着对我下这样的定论,现在请迅速拿出计算器完成下面的联系:从基数100(账户资金)开始,乘以1.06(6%的收益率)来计算你第一个月的成绩(106)。然后用这个结果再乘以1.06,并且一直这样计算下去,直到你计算完了整个一年(12个月)的结果。你会得到这样的结果(请注意,一些数据经过了四舍五入的处理,但对结果没有实质性的影响):

1月:100×1.06=106.00

2月:106×1.06=112.36

3月:112.36×1.06=119.102

4月:119.102×1.06=126.248

5月:126.248×1.06=133.822

6月:133.822×1.06=141.852

7月:141.852×1.06=150.363

8月:150.363×1.06=159.385

9月:159.385×1.06=168.948

10月:168.948×1.06=179.084

11月:179.084×1.06=189.830

12月:189.830×1.06=201.219

这个账户在一年的时间里从基数100一直涨到200多,年收益率刚好超过了100%。要把这个结果运用到其他不同规模的账户上,必要时可以在基数上加零。换句话说,如果基数是1000、10000,或者100000,这个收益率也会是一样。因为收益率持续是6%,我们每个月都将建立在一个更高的基础上。这就类似于复利的威力。

盈利的可持续性是关键

这不是表示每月6%的收益率很容易达到,而只是证明把目标分解为可控目标的威力。持续是关键。在某个月份达到6%的收益率并不是难事,但如果每个月收益率都能达到至少6%,则相当困难。

开始我们就说过,我们应该从相对容易的目标开始,然后沿着这个方向逐步迈向下一台阶。为什么一开始就是月收益率6%那么高的目标,为什么不以1%或2%的月收益率作为起始目标呢?像这样的目标不太可能给交易者施加太多的压力,这样就很好——交易可以非常紧张,但是不要有任何额外的压力。

达到月收益率仅1%的目标会让你远远超过其他大部分交易者,因为大部分的交易者都亏钱。虽然每月2%的目标听起来不会让人惊叹,但是如果我们能够持续达到这一目标,那么年收益率差一点就达到27%——你将超过大部分共同基金和对冲基金。

如果你能连续3个月成功达到你适度的目标,那么就把你的目标提到下一高度——从1%的月收益率提高到2%,或者从2%提高到3%,以此类推。不要急于缩短这个过程。要记住,当你获得了经验和自信时,你将在未来成为比现在更好的交易者,你将更适应于更激进的目标。

这里有一个月目标及其对应的年目标数据的列表(请再次注意,有些数据经过了四舍五入处理,但不会对结果造成实质性影响):

每月1%　= 每年13%的收益率

每月2%　= 每年27%的收益率

每月3%　= 每年42%的收益率

每月4%　= 每年60%的收益率

每月5%　= 每年79%的收益率

每月6%　= 每年100%的收益率

每月7%　= 每年125%的收益率

每月8%　= 每年151%的收益率

每月9%　= 每年181%的收益率

每月10%　= 每年214%的收益率

在你由低到高逐步能够稳定达到月收益率3%,然后4%的时候,你将积累起数量可观的收益,并且获得多个月的宝贵经验。

这时,你不再像那个只有驾驶学习执照的小孩。相反,你会更像那个坐在驾驶室里感觉舒适和自信的驾驶员,能够完全掌控你的车辆,并且有能力在麻烦发生之前就预见到。你一定会朝着更高的台阶迈进。

当然,还有需要奋斗的目标。如果你能稳定达到月收益率5%或6%,你会真正加入精英的队伍。这时,你可以继续提高你的目标,或者你也可能找到你的"自在区"。请记住,如果你觉得自己还没有准备好——或者仅仅是你不想这样,就没必要继续提高你的目标。你对你的目标感到舒适自在,也是一件需要考虑的事情。

当我达到目标时该怎么样?

一旦达到了你的目标,你不需要停止交易,你可以采取一些保护措施来保护你的利润。在交易中,我们每次交易都会使用止损来限制亏损和保护利润。为什么不按照同样的交易理念来保护你每月的收益?

例如,假设一个交易者的目标是每月收益率稳定达到5%。在达到这个目标后,他继续交易,并且这个月的收益率上升到10%。现在,这个交易者为整个账户计算"止损",这时的收益率目标等于5%。如果月收益率从10%下降到5%,他这个月就停止交易,这样仍然可以达到他的月收益目标。他可以在这个月剩下的时间里继续交易模拟账户。

如果你遇到不能达到你的目标的情况,又该怎么办呢?如果你连续不能达到你的目标,那么这个目标可能太过激进。试试一个容易一点的目标。如果情况变得很糟糕,就停止真实交易,转向模拟交易,直到你恢复稳定。一些交易者看不起模拟交易,但是如果你真的喜欢作为交易者来赚钱,有时必须放下你的自尊。

第18章 外汇竞技场

如果你要看并且看得懂美式足球,你就会理解这种运动的精妙之处。你也明白聪明的呼叫战术(play calling)、假装突击的骗术以及特别组球员的独特角色的重要性。

如果你不懂这些,你就是在看一群大个子在球场上东跑西跑,相互冲撞。

如果你要看并且看得懂汽车大赛,你就会知道燃油里程策略,时速200英里/小时时"尾流"的空气动力学,以及给右后轮增加额外1/4磅气压的影响。

如果你不懂这些,那么你就是在看一队车辆在跑圈圈。

如果你懂得外汇竞技场上的动力学,你就会理解计算几率的能力,短线交易的结果,以及利率差异的重要性。

如果你不懂这些,你就是在玩火。

输赢的几率相等

交易非常难,为了把它变得容易些,一些交易者采取了快速出场的策略。"赚100点很难,"这些交易者阐释道,"我只会在每笔交易上赚10点"。这看起来似乎有道理。当然了,赚10点是要比赚50点或者100点容易些。交易者不想冒险,只想稳重取胜,这似乎是交易界值得称赞的特质。

但是,如果我告诉你这个交易者这样做的结果不是把事情变简单,而是把他的生活变得更艰难,你会怎么想?为了明白这个道理,我们需要稍微深入研究一下博弈论。

庄家具有优势

假设有一个赌场的轮盘,你走近桌子并在红色或黑色数字上下了赌注。你获胜的几率是多少?

如果你从来没有玩过轮盘,你可能会认为这个几率是50%。毕竟,有一半格子的号码是红色,另一半是黑色。是这样吗?

不是!除了红色和黑色的格子外,至少还有一个格子既不是红色也不是黑色。这个号码为"0"的格子轻微地改变了我们输赢的几率。

在欧式轮盘中,只有一个"0"格子,这给庄家增加了一点优势。在这种赌桌上,我们玩家输赢的比率是53:47。在美式轮盘中,有两个"0"格子,分别是"0"和"00",这增加了庄家约5.3%的优势。这会进一步对我们玩家不利,降低玩家成功的几率。

在外汇交易世界里,这个"0"格子就代表了点差。成功的机会永远都会略偏向"庄家",也就是外汇中的做市商。点差越大,交易者就必须战胜越多的"0"格子。就像每增加一个"0"格子,就会降低轮盘玩家的胜算一样,每增加一个点差,也会降低交易者的胜算。

把竞技场扩大

在外汇市场,由"庄家"来决定点差,点差就相当于轮盘中的"0"格子。我们没有办法控制这个点差——它仅由做市商决定,正如由赌场来决定轮盘中"0"格子的数量一样。

唉,但是如果我们可以掌控红格子和黑格子的数量,会怎么样呢?假设我们大幅度增加轮盘中红格子和黑格子的数量,并且保持"0"格子数量不变,这会对输赢的几率有什么影响呢?获胜的几率将会增加,因为"0"格子占潜在结果的比例将会缩小。

只要轮盘中有"0"格子,成功的机会就永远不会偏向我们。但是通过增加额外的红格子和黑格子到轮盘中,我们就可以减少赌场的优势,并把输赢的比率推向50%。我们增加越多的红、黑格子,我们的胜算就越高。从某种意义上说,我们可以把这个轮盘——在本章节中,就是指外汇"竞技场"——变大。

当然,我们不可能增加格子到轮盘中。赌场太聪明了,不会允许我们削弱他的优势。虽然这个优势不是不可战胜,但它已足够保证赌场在足够多的样本中,获胜的次数多于失败的次数。

但是在外汇交易中,我们可以扩大竞技场的规模,从而提高我们交易获胜的几率。不像在赌场,我们只能被动接受庄家定下的规矩。

这是如何做到的?我们通过扩大盈利幅度和止损幅度,通过使用更长的时间框架以及谋求更大的盈利来扩大这个竞技场。你已经了解了本书讲述的各种技术的要点,所以让我来问你一个问题:我以前有把10点盈利作为目标吗?

其他交易导师的观点

没有,但是我知道很多交易者就是在追求这个目标。事实上,的确有一些杰出的交易指导老师教他们的学生在平仓前只追求小小10点或15点的利润。他们教学生这样交易的动机是什么呢?

嗯,或许你的"交易教练"曾经要求你在某个经纪人或做市商那里开户。如果的确如此,你可能已签署了一份佣金提成书,这份东西会让这个交易教练在你每次下单的时候赚取一点酬金,这是作为他把你介绍给做市商的报酬。

如果你只下很少的单,你的交易教练也只能赚取很少一点钱,但是如果你下很多单,你的教练就可获得相当优厚的回报。所以,你下越多单,对交易教练(以及做市商)越有利,即使这对你并不是那么有利。所以如果下次有一个所谓的交易指导老师试图说服你以每单10或15点作为盈利目标,要好好想想看。

让我们来做数学

一次交易的盈利目标很小时,成功的几率如何呢?下面这个例子会让短线交易者明确知道他们正面临什么。

让我们假设正交易一个有着3点点差的货币对,因为外汇市场中这个大小的点差非常普遍。

我们的交易者只想盈利10点。这个目标应该很容易达到,对吗?要先确定一点,交易者在进场后就立即亏掉点差(3点)。所以,为了把亏损头寸转为盈利10点,交易者实际上需要汇率朝对他有利的方向移动13点。

$$10 + 3 = 13$$

我们已经知道创造一笔盈利的交易需要什么了,现在让我们看看要制造等额的亏损,必须怎么样。这就是我们判断成功或失败的几率的方法。

为了产生10点的亏损,交易者只需要7点的不利波动就可以了。这是因为一建仓就会立即遭致3点的亏损,这个亏损源于3点的点差。

$$10 - 3 = 7$$

我们已经计算出我们的交易者需要13点的有利波动才能获得10点的利润,但只需7点的不利波动就会导致同样10点的亏损。原以为的10点盈利对10点亏损的"初始"比率,现在应该这样表示:

$$13/7 = 1.857 : 1$$

所以,实际的输赢比率是1.857∶1,或者近似于2∶1。这真是让人开了眼界,是不是?现在,你知道为什么盈利目标小的交易很难挣钱的原因了——竞技场太小了!这就等于在轮盘的红格子上下赌注,而近2/3的格子不是黑格子就是"0"格子一样。

我们当然可以通过采用好的策略和固定的风险管理,来提高任何交易的获胜几率,但是很难看到哪个人可以一直战胜这种"初始"的盈亏比率。如果你曾用这个方法交易并且失败了,那么现在你知道是怎么回事了。你在把做市商变得富有,也可能把经纪人变得富有,但你却很可能是众多亏损交易者中的一个。

改变劣势

我们要如何改变这个输赢比率,才能让我们有更高的几率在外汇交易中获胜呢?我们如何才能把这个竞技场变得公平?通过把竞技场扩大——你是知道的。如果我们瞄向了更大的盈利目标,点差在交易中的比率就会变小。这就像是往轮盘中加入更多的黑格子和红格子。但又不像轮盘,我们在外汇交易中可以选择竞技场的规模。

让我们回顾之前的交易状况,只是这一次我们将扩大这个竞技场。我们再一次假设点差是 3 点,只是这一次交易者会试着获利 100 点,而不仅仅是 10 点。为了把初始的亏损头寸变为盈利 100 点,交易者实际上需要汇率朝着对他有利的方向移动 103 点:

$$100 + 3 = 103$$

要产生 100 点的亏损,交易者只需要汇率发生 97 点的不利波动。这是因为交易者在一建仓时,就立即遭受了 3 点的亏损。

$$100 - 3 = 97$$

我们已经判断出交易者需要 103 点的有利波动才能获利 100 点,而只需要 97 点的不利波动就可以导致 100 点的亏损。原以为的 100 点盈利对 100 点亏损的"初始"比率,现在可以表示为:

$$103/97 = 1.06:1$$

现在这个输赢比率对交易者来说好很多了,因为它们更接近 50-50。正如我们之前讲的,只要存在点差,每笔交易最初的输赢比率都会高于 50-50。但是,如果我们运用好的交易技术和风险管理,或者如果我们在交易中赚取息差,就可以忽略这个对我们稍微不利的输赢比率。

当然,我不是说你每笔交易必须瞄准100点或更多的盈利目标,而是希望你明白如果外汇交易的竞技场大一点,那么你获胜的几率将大大提高。此外,瞄准更大盈利目标的交易者,往往持仓的时间也较长,所以进出场(以及支付点差)的频率也比较低。

你的做市商和你的经纪人对你的喜爱可能要少些,但是你的账户资金会感激你。最终,你会是唯一一个享受利润或者遭受亏损的人。

大众为什么不这样做?

那么为什么大家不都以更大的利润为交易目标呢?为什么如此多的交易者都陷入了这个令人惊愕的输赢比率的陷阱中?有两个可能的答案:

1. 他们不知道他们正在累积对自己不利的输赢比率。
2. 他们对交易的本质有着有害的先入为主的观点。

问题是交易不会永远都是我们认为的那样,或者希望的那样。我明确知道我希望的交易是什么样子,就是:我在早上起床,交易一个小时,赚了很多钱,然后平仓出场,在这天剩下的时间里做任何我想做的事。交易应该像电子游戏,我们想什么时候玩就什么时候玩。我们玩游戏的时间越多,我们的得分也越高。我们拥有的财富多得超出了我们的想象,却只需要最小的努力。

在我看来,这就是最理想的,但是你可能已注意到这些策略不允许我们这样做。那是因为策略需要在真实交易世界运用,而不是在我们幻想的世界中。可问题是很多交易者不知道他们对于交易的认识并没有建立在事实的基础上。他们正在交易的市场存在于他们的梦想中,而不是现实中。

最小的努力获得最大的收益!

我们是如何形成对交易这种不好的看法的呢?我想罪魁祸首就是那些鼓吹每天只几分钟就赚得巨额利润的电视节目。你可能看到过这些冗长的广告,它们常常制作得看起来像是正规的电视节目,里面一些睁大眼睛的投资者骄傲地宣称他们只用最小的努力就获得了最大的收益。

最小的努力获得最大的收益!

这听起来很棒,而且并不是巧合。你正在被告诉的正是你想听到的。现在,我不会讲你喜欢听到的话,我将要告诉你事实——交易是个辛苦的工作。短线交易者正在累积对自己不利的输赢比率。世上没有用最小的努力就可获得最大收益这样的事。

当我说我们需要扩大竞技场,于是持有头寸时间需要长一点时,这可能不是你想听到的话。为什么会这样?因为我们想要用最小的努力获得最大的收益。

为什么电台里铺天盖地都是只用最小努力就可获得最大收益的承诺?因为推销员知道这正是你想听到的,而且他们还知道如何让你大掏腰包。无论什么时候,如果有人告诉你的正是你想听到的,请赶快离开他。

我们可从"智慧钱"那里学到什么?

想想那些所谓的"智慧钱"在市场上的交易方法。那些对冲基金和机构交易者会去追逐10点或15点的利润吗?当然不会——他们明白这里运行的动力学。他们不仅不会对10点利润感兴趣,也不会去追逐100点利润。很多这种"大人物"只会满足于几千点的利润——这种交易会把输赢的比率尽可能地推向50-50。

机构投资者不仅懂得在更大的竞技场上活动的价值,他们进行这样的交易还可以赚取息差——从而让他们成功的几率更高于50-50!如果这是一个赌场,他们应该很快就会被赶出去。现在你知道他们为什么被称为"智慧钱"了吧!

现在离开那里并且获胜

好消息就是我们也可以像"智慧钱"那样交易,并避免采用相反的交易方式。现在你已明白了外汇竞技场的动力学,你对交易的理解就比大部分人都多。大部分人都会进场,失败,然后离开,离开的时候没有带走一点对他们参与的游戏本质的认识。这种游戏不是那种不需要认真对待的游戏,而是参加就是为了取胜的游戏。

"参加就是为了取胜"对你意味着什么呢?是否意味着你会按你的方式做事,按你自己的喜好玩游戏,并且如果每件事都进展顺利,就非常美好?或者是否意味着为了登上领奖台,你愿意不惜一切努力——包括放弃你对正在参与的游戏的先入为主的观点?如果你是真的想赚钱,你最好愿意付出比别人多的努力。

第 19 章 来自生活的交易启示

交易如果完全像现实生活,就会容易得多。不幸的是,交易和现实世界在很多方面都不一样。交易如此出人意表,是因为看起来是对的或者感觉起来是对的的事情,往往是错误的,反之亦然。

例如,你在购物时,看到一样你想买的东西正在低价出售,那真是一件很棒的事情。在交易中,当价格或者汇率看起来很便宜时,它不会总是划算的买卖——它可能意味着有什么地方出错了。

虽然生活中的一些经验会在交易中误导我们,但是生活中还是有些地方可以在交易上给予我们很多启示。

海滩上的惊惶

我最好的几个朋友中有一个家伙,名叫马里奥(Marlio),在高中时常被叫做"蒙戈"(Mongo),他搬到了西部的洛杉矶,去追寻他作为编剧的梦想。

有一次,在洛杉矶的一个研讨会结束后,我约上我这个老朋友,去马里布(Malibu)海滩玩身体冲浪[①]。在冲过几个小浪以后,慢慢地,这些小浪开始变大变汹涌。

终于,我赶上了一个大浪,然后向海滩冲去。突然,这个浪变得非常凶猛,把我

[①] 利用人体的自然曲线,借助海浪本身的推力,把身体变成浮具,随着海浪冲回岸边。——译注

重重地摔向海底。我可以感觉到这个狂暴海浪的冲击力,因为我被海浪卷得晕头转向,就像正在滚筒洗衣机里被脱水的衣服。

在被彻底地"美泰克"②以后,我终于挣扎着浮出水面。当我终于可以喘口气时,我发现了更残酷的事实——我的泳裤不见了,我正赤身裸体地出现在众人面前,更糟糕的是此时的海滩因为加利佛利亚晴朗的好天气而正热闹非凡。

在巨浪拍打下,我摇摇晃晃地在周围找我的泳裤,不过只是徒劳,我的泳裤正慢慢地飘向海里。蒙戈不但对我毫无帮助,反而在一边笑得直不起腰来。唉,如果你的朋友意外地在这种情况下当了一回暴露狂,你都不能笑话,那还能笑话谁呢?

现在,海滩上的人们已经注意到他们中有一个裸男,正在波浪中追赶他的泳裤。当我终于追到我那正随波逐流的泳裤时,海滩上响起了巨大的欢呼声。

后来,在饭店里俯瞰太平洋的时候,我们又提起了这天发生的事情,都爆笑起来。太阳慢慢沉入海里,我们把酒言欢。

这件事情跟交易有什么关系呢?嗯,让我慢慢为你分析:坏事情将会发生在你身上——生活中以及交易上。事情会出错,交易错误也会发生。你的电脑系统会崩溃,市场会欺负、嘲弄以及贬低你。有时,你会感觉自己好像要失去理智。

当面对这些挑战的时候,我们有两个选择——挫败地低下我们的头,或者我们可以选择认为挫败只是暂时的,世上没有永久性的失败。在事情不顺时,我们可以选择扮演受害者的角色,也可以选择自嘲。我们可以学着别把自己太当回事。

当事情出岔子时,试着记住下面这句话:

"重要的不是你遭遇了什么,而是你对遭遇如何反应,这将决定你是成功还是失败。"

永无止境的比赛

乔伊(Joey)是我另一个好朋友。在我们8岁的时候,我们一起参加少年棒球

---

② 美泰克(Maytag)公司是美国四大家电生产公司之一。美泰克家电产品中洗衣机是全美品牌最好、知名度最高的产品。——译注

联盟。直到今天,我们仍是非常亲密的朋友。

我和乔都喜欢(非常)自己成为业余运动员。尽管完全不懂网拍墙球(类似壁球——译者注)的规则,我们还是决定开始这个游戏。但是我们打球的水平很糟糕,因此这个游戏变得十分有趣。

我们决定打一场小型比赛。我们只需要决定比赛持续的时间。是三局二胜制还是七局四胜制呢?我有了一个想法。

"要不看谁先胜100场?"

乔笑道,"好,就这么定了!"

所以我们开始玩起来。玩得越多,我们的表现也越好。乔会带来一种新的发球方式,让我无法接招,于是那段时间他会一直赢我;之后我会找到反击他的方法,重回领先的位置。

每次无论我们中哪个带来更好的发球技术,或者球技提高,另一个都会学习到,然后两人重回平手的局面。我们都在不断提高水平,并毫不留情地挑战对方。

于是一件有趣的事情发生了。我注意到我们不再惧怕网拍墙球。虽然技术不怎么样,但是不再害怕。

直到我写这本书的时候,我们已经在过去7个月里打了120场。目前,乔赢了60场,我也赢了60场。我们的水平仍然差不多,但是现在我们都可以定期发滑稽的、对抗地球引力的球,并且接住似乎不可能接住的发球。

这与交易是如何关联的?如果你可以找到与你志趣相投、认识水平相当的一个伙伴、一个朋友或者一群朋友,你会学得更快。你们可以相互分享信息和技术,相互测试知识,并且进行脑力激荡。你们可以相互促进,并且加速学习进度。

一些支援小组,比如聊天室,可以非常管用。个人交易者也可以组织他们自己的交易小组,或者通过网上聊天和邮件来保持联系。一旦你找到合适的一个人或一群人,你会惊讶地发现众多难题解决的速度是如此快。

总结

生活中有很多事情都可以让交易者得到启示。或许你曾听过这样一个故事,一个农场主为了对他的玉米进行套期保值,学习交易期货。在变成了一个交易能手之后,约翰·W·亨利(John W. Henry)离开了他的农场。现在,他是世界最成功的对冲基金经理之一,拥有一个期货公司,并且是波士顿红袜队(Boston Red Sox)③的股东之一。亨利先生认为自己是一个趋势跟踪交易者。

你可能还听说过这个绅士,他的第一笔 3000 美元的交易资金是从信用卡借的。今天,已拥有数十亿身家的布鲁斯·科夫纳(Bruce Kovner)会固定出现在年度收入最高的对冲基金经理排行榜上。在征服交易世界以前,科夫纳先生实际上曾在纽约开过出租车并在朱利亚德(Juilliard)④学习音乐。

关键点是:只要坚韧不拔、行事果断并且持有正确的态度,任何人都可以在交易上获得成功。

---

③ 是一支隶属于美国联盟东区的美国职棒大联盟球队。——译注
④ 是世界著名的表演艺术学校之一,位于美国纽约市的林肯中心。——译注

第20章 无知导致亏损

这是本书中一个会招来非议的小章节。如果你曾经听说我在神秘的情况下失踪了,那可能是因为本章节的一些内容。

接下来的几页内容不是想要吓唬你,而是想要告诉你一些关于交易的事实。我想要你知道潜藏在那里的一些陷阱,这些陷阱正在等待那些易轻信和不明真相的交易者。如果我可以让你不走弯路,并阻止你掉入这些陷阱,你成功的几率就将大大地提高。预先警告是为了预先准备。

你会常常听到惊人的回报。你也会听到推销员吹嘘约90%的胜率、95%的胜率,如此等等。你还会听到有人声称有可能一直连续很多笔交易获胜。

那么获胜有什么不对吗?获胜的感觉很棒,对不对?嗯,推销员试图卖给你一个承诺有如此高胜率(或者有时候是承诺一个荒谬的连续获胜次数)的产品或服务,依靠的是你那获胜的欲望把你的思维弄短路。

达到90%的胜率,但仍然亏损的情况很容易出现。与此相反的是,有很多成功交易者,他们的亏损单数量超过了盈利单数量。盈利单的比率与交易者最终的成功没有关联。频繁地提及交易胜率,只是一个销售策略而已,目的在于迎合交易者想要"获胜"的欲望。

高胜率的可笑之处

你想知道如何创造高胜率吗?只要下单的时候不设止损(打破风险管理的所

有规则,但这肯定会导致亏损),并且快速兑现利润就可以。那样的话,我们就可以坚守每一个头寸,直到头寸扭亏为盈或者收到追加保证金通知。

如果这听起来很可笑,那是因为它本来就很可笑,不过这一点必须要强调。我很难过地告诉你,这正是很多人进行交易的方式。他们开始会走运一段时间,获得比较不错的回报,然后就会遭遇一笔大的亏损,让账户缺个大口。他们盈利单和亏损单的比例仍然高得让人惊叹,但是他们的账户会严重亏损。

人们确实在教授所谓的交易技术,承诺可以连续多笔单盈利。我曾听到过承诺连续 20 笔单盈利、连续 50 笔单盈利,或者更多。

这就类似于连续抛一个硬币 50 次,期望每一次硬币落下时都是"头"朝上。这个交易者长期交易下来不仅几乎肯定亏损,而且更糟糕的是,他还是花钱从某人那里学习到了这种必定会导致亏损的技术。

知道何时撤退

执迷于盈利单与亏损单的比率就像一种疾病,我决心要制止这个疾病在我们交易人生中蔓延。

我要你把自己想象成一个将军,正在带领士兵打仗。你最重要的资产就是你的士兵。你要明智果断地运用他们。当进攻时,你把他们派出去战斗,但是如果战斗失利,你就必须撤退。否则,你就会无谓地牺牲你战士的生命并削弱你的整体实力。你的目标不是打赢每一次小仗,而是要获得整个战争的胜利。

交易也是相似的情况。为了赢得战争,你有时必须失掉一小部分战斗。或者更精确地说,你必须愿意用小损失来阻止大损失的产生。

大部分重大交易亏损都源于交易者不愿意承受小亏损,从尼克·里森(Nick Leeson)搞垮巴林银行(Barings Bank)[①]到长期资本管理公司(Longterm Capital

---

[①] 里森在 1995 年担任巴林银行驻新加坡交易员期间,未经银行批准购买了大量期货。交易亏损后,巴林银行损失了 8.5 亿英镑,约合 14 亿美元,不得不宣布倒闭。——译注

Management)的惨败,无一不是。还有其他很多数不清的重大交易亏损,都源于没有采取策略性。

"95%胜率的策略"

为了验证我的观点,我开了一个模拟账户,采用这个策略来下单,我会一直坚守亏损的头寸直到扭亏为盈,然后快速兑现非常小的利润(见图20.1)

Ticket	Account	Currency	Amt K	B/S	Open	Close	P/L	Gross P/L
5136521	00296793	EUR/USD	100	B	1.2623	1.2624	1	10.00
5136528	00296793	USD/JPY	100	B	113.34	113.35	1	8.82
5136658	00296793	GBP/USD	100	B	1.8392	1.8391	1	10.00
5136672	00296793	USD/CHF	100	S	1.2373	1.2372	1	8.08
5136750	00296793	AUD/USD	100	B	0.7623	0.7624	1	10.00
5136829	00296793	EUR/GBP	100	B	0.6857	0.6859	2	36.78
5136844	00296793	NZD/USD	100	B	0.6396	0.6395	1	10.00
5137249	00296793	NZD/USD	100	S	0.6389	0.6388	1	10.00
5137255	00296793	USD/JPY	100	S	113.39	113.38	1	8.82
5137256	00296793	EUR/JPY	100	S	143.11	143.12	1	8.83
5137262	00296793	USD/CAD	100	B	1.1071	1.1072	1	9.03
5137330	00296793	NZD/USD	100	S	0.6384	0.6383	1	10.00
5137723	00296793	USD/JPY	100	S	113.38	113.37	1	8.82
5137762	00296793	USD/CAD	100	S	1.1073	1.1072	1	9.03
5137861	00296793	USD/JPY	100	S	113.33	113.32	1	8.82
5137990	00296793	USD/JPY	100	S	113.30	113.29	1	8.83
5139239	00296793	USD/JPY	100	S	113.36	113.34	2	17.65
5139257	00296793	AUD/USD	100	B	0.7655	0.7656	1	10.00
5139300	00296793	EUR/USD	100	B	1.2612	1.2614	2	20.00
5139302	00296793	GBP/USD	100	S	1.8367	1.8404	-37	-370.00
Total			2,000				-15	-146.49

图20.1 很多交易者过高地评价了盈利单和亏损单比率的重要性。在本例中,有19笔盈利单和1笔亏损单,胜率即为95%。尽管胜率极高,但总体结果却是亏损。

资料来源:FXtrek IntelliChart™. Copyright © 2001–2006 FXtrek.com, Inc.

我总共下了20单,有19笔盈利单和1笔亏损单,胜率为95%。有人可能会认为95%的胜率一定会产生非常可观的利润,但是正如你看到的,事实并不是这样。

因为这个交易者太快地兑现利润,并且太愿意坚守亏损头寸了,尽管有着超高的胜率,但这个所谓的策略还是导致了亏损。不幸的是,这种情况太常见了。

但愿这个小实验能够对我们有所启发,并且帮助我们不被那些许诺有超常胜率的销售策略所洗脑。如果我们允许推销员用不现实或不可能的梦想来扰乱我们的洞察力,这只会延迟我们在真实世界交易成功的终极目标。

提防回溯检验的陷阱

对一个策略进行回溯检验,本身是没有什么问题的。事实上,回溯检验是策略发展过程中的一个非常有价值的工具。但是,一些不道德的操作员利用这个策略发展工具,把它变成一个用来对付易轻信的交易大众的武器。

回溯检验是利用历史数据来完善交易策略的过程。交易者对策略进行回溯检验,以判断它们在过去的效用如何。这个方法有个假设前提,即在过去有效的东西,在未来也会继续有效。

由于市场不是静止的,它在不断发展和变化,所以回溯检验不是万能的。过去并不等于未来。随着市场的改变,好的交易者在逐步适应,而最好的交易者就是能最快适应这个改变的人。

我们知道过去发生了什么,就很容易找到在过去成功几率较高的策略。由于我们不能回到过去去交易,这些策略的有效性就受到了限制。但这并没有阻止个别人把这种经过回溯检验优化的策略当作当下可行的赚钱机会来售卖。

据说有个人曾把经过回溯检验歪曲的回报作为真实回报,来从易轻信的投资者那里募集资金。现在,这个人遭到了商品期货交易委员会(Commodity Futures Trading Commission)的控告,据说是因为他篡改回测数据的绩效,从那些轻信的客户那里骗取了大量资金。

假设的回报

有个别不道德的人会试图把听起来令人印象深刻的假设回报作为销售工具,把经过回溯检验优化的策略兜售给那些轻信的人。

不管什么时候,如果有人试图用具有所谓的高额回报的策略来打动你,一定要问那个人这个结果是真实的还是假设的。太多的人会以为那个假设的回报就是真实的回报,但这不是事实。

假设的回报不是源于真实的交易,而常常是源于回溯检验。现在,我们已知道了一个人仅仅通过回溯检验,就可以多么容易地创造出表面看来非常不错的结果,所以很显然,我们永远不应该对那些假设的回报过于动心。

或许在遥远未来的一天,人类最终可以造出时间机器。如果真的出现那种情况,这个经过回溯检验优化的策略和假设的回报确实会变得极富有价值。但在那之前,由于我们不能交易过去的行情,所以这些工具的有效性受到了极大的限制。

第 21 章　两个交易者的故事

我很幸运，我不只为自己交易，也曾为几个对冲基金交易过。与对冲基金一起工作是非常棒的——他们会给你一大笔钱，然后让你独自操作。为个人交易则是辛苦的工作——他们会给你不多的一笔钱，然后绝对不会让你独自操作。如果你想为别人交易，机构的资金是不错的选择。

有很多机构资金正在寻找"归宿"。对冲基金在过去几年获得了极大的发展，管理的资产从 2000 年的 5000 亿美元飙升到 2006 年的逾 1.5 万亿美元。这些数字在未来还可能继续增长。这导致的结果就是一些对冲基金实际拥有的资金数量超过了他们可以合理运作的数量，于是他们会"外包"一些资产给像你和我这样的个人交易者。

如果你能拿出一份适当的交易记录，便有可能说服一个对冲基金同意你交易他们的一部分资金。一份好的交易记录由什么构成？答案可能会因为你看法的不同而不同。

个人交易者与机构交易者

如果你为个人交易，你常常会被问道："你会为我赚多少钱？"这也表明了大部分个人交易者是如何想的。他们更多关心的是回报，而不是风险。个人交易者会问这样的问题："我的资金需要多少时间才能翻倍？""我的账户什么时候才能到一百万?"

此外,如果你开始为个人管理资金,那么就要准备好回答一连串的问题,并且进行手把手的指导。你会发现你一直忙于向客户解释你的工作,都不能好好地进行交易。

在业内有这么一句老话:"业余交易者关心的是他们能赚多少钱,专业交易者关心的则是他们能亏多少钱。"请记住这句话,并把它写在便利贴上,贴到你的电脑显示器上。

没有一个对冲基金代理人曾问过我:"艾德,你今年将为我们赚多少钱?"是的,不会这样。你从对冲基金那里听到的问题很可能是这样:"你的最大亏损幅度是多少?"

专业投资者确实关心你能赚多少钱,但他们更关心的是你为了赚到那笔钱,愿意承担的风险是多少。他们从经验得知,交易者愿意承担的风险,最终都会真的亏损掉。

什么是最大亏损幅度?最好的解释就是账户资金由一次或一系列交易导致的亏损幅度,常常用顶峰到低谷所占的百分比来表示。所以,如果一个交易者的起始资金是50 000美元,在经过了一系列的交易以后,账户资金下滑到40 000美元,我们就可以说这个交易者遭遇了20%的最大亏损幅度。

业余交易者与专业交易者的区别

当评判你的交易记录时,一个机构投资公司首先会判断你的收益是由你出色的交易决定赚取的,还是只是你极端冒险的结果。

假设有两个交易者,起始资金都是50000美元。交易者A虽然在中途曾遭遇50%的最大亏损,但最终使最初这笔资金翻倍到100 000美元,收益率达100%。

交易者B的账户资金上涨到60 000美元,收益率只有20%,不过他的最大亏损幅度只占账户资金的2%。这两个交易者,哪一个更优秀呢?

到目前为止,交易者A的收益更高,但他迟早都会出意外。任何人,只要愿意亏损50%，或者说账户的一半，他就是打爆账户的最佳人选。这个交易者可能会坚守这个亏损的头寸，甚至还可能继续加仓，这就是这个行业里失败的标记。

交易者 B 是目前的优胜交易者，因为他可以用最小的最大亏损幅度来获得可观的收益。在这个时候，对冲基金通常会想知道交易者 B 能够自如交易的资金数额是多少，然后给他那个数额一定比例的资金。对冲基金会监视他的收益，如果交易者 B 能够继续赚取稳定的收益，将会分配到更多资金。

交易者 A 的收益是其最大亏损幅度的两倍，而交易者 B 的收益比他最大亏损幅度的 10 倍还多。根据这个结果，交易者 B 是交易机构资金的最佳人选。而交易者 A 可以考虑到"小账户之王"（King of the Tiny Accounts）比赛中一争高下，因为他偏好风险，意味着他可能不会拥有"标准账户"多长时间。对冲基金不会选择交易者 A，因为作为职业基金经理，他们以前就经历过这样的情况，并且对于这样的故事如何结尾——遭受毁灭性的亏损，太熟悉不过了。

第22章 最后的建议

交易的学问博大精深,我们不可能面面俱到。在本书中,我们只是试着从外汇的角度,用实用的策略和交易方法来介绍交易重要的技术面。此时此刻,我还想简单提几个重点,你会发现它们在你的交易中将非常有用。

好的交易不等同于盈利的交易

请永远记住,在交易中,结果不能为手段开脱。或者更确切地说,你交易的结果不错,并不一定表示你用于获得这个结果的方法也不错。有些交易者认为,只要交易是盈利的,不管交易的过程中打破了什么规则,都是好样的。

但是事实却是盈利的交易并不总是好的交易,而好的交易不见得总是盈利。有可能在某次交易的时候,什么都做错了,但是最后的结果仍然是盈利,就像在某次交易中,什么都操作正确了,最后却仍然亏损一样,都有可能。

你更愿意成为一个好的交易者还是幸运的交易者呢?要力争成为一个好的交易者,因为任何人都可以成为幸运的交易者——一段时间。不要用个别交易结果来评判你的交易,而是要看你是否遵循适当的程序。你有遵循预先确定的计划吗?你有正确合理地设置你的止损吗?你有一个出场策略吗?

如果以上这些你都能正确做到,但仍然还没有成功交易,至少你现在可以判断出,你的问题不是出在执行上,而是计划上。而计划可以修改。

正确执行是关键

如果问题出在我们自己——我们总是过于快速出场,或者在交易时不设止损,或者进场和出场只靠自己一时心血来潮——那么我们终究会失败,即使最初的计划并没有错。如果不正确地执行,即使有好的计划也无济于事。

这就是如此多交易者出错的地方。他们想获胜,所以预先制定交易计划。之后他们随意改变计划,因为他们没有遵循计划的纪律。最后,他们失败了,然后责怪计划。可是问题不是出在计划本身,而是出在他们没有正确执行计划。

当这样的交易者在现实中没有办法知道他们的计划是否有效时,他们会不断从一种技术更换到另一种技术(因为这个技术"无效")。当你能正确地执行计划时,尽一切努力来强化这个行为,不管个别交易的结果如何。

任何单次交易的结果如何,不是你能控制的范围,但是你可以控制你执行计划的能力。所以,我们只需要把注意力放在那些我们能控制的事情上(计划和执行),对于超过我们可控范围的事情(单次交易的结果),则应少操一点心。

相反,永远不要为你不顾计划或完全没有计划的获胜交易结果而欢呼。你应该认为这只是你一时幸运而已,按照这种方式长期下来,你不会获得成功。记住,如果你不断打破规则,最终规则就会让你遭到惩罚。

对你的行为负责

有些交易者喜欢推卸责任。他们会让你觉得他们糟糕的交易记录是由于做市商或机构的操纵,或者其他一些客观因素。他们会告诉你,他们没有成功完全不是因为他们的错。

逃避责任在处理生活中的很多事情时,或许是有效的方法,比如,在工作中或者与你另一半在一起时,但是这无益于交易。

主要问题在于：如果我们不从自己身上找原因，反而去埋怨，这对我们绩效的提高毫无益处。如果错误在于其他什么人，我们也没有必要去放大或学习。难道你的账户会关心是谁犯错导致你亏钱的吗？

为你下的每一笔单承担责任。你接受盈利时的称赞，对吗？那么也接受亏钱时的责怪吧。当我们为自己的行为承担责任时，我们就掌控了局势。不愿为自己的交易承担责任的人，绝对不会在任何交易市场获胜。

保持简单

正如前面提到的，很多不遵循计划的交易者常常会弃计划于不顾，因为他们觉得计划"没有用"，然后换到另一种计划。我曾注意到一件事，特别是高智商交易者，他们认为要想成功，计划必须复杂详细。

他们已经陷入了越来越复杂难懂的技术的世界。他们使用超级神秘的指标。他们的研究已深入到了次要的非核心问题，好像在探寻一些他们捉摸不透的秘密。计划越复杂就越好，是这样吗？

当然，事实并不是这样。复杂的技术会有效吗？当然！但是如果简单的技术能够被正确地执行，也可以很有效。

把交易策略想象成一台机器。如果机器的运动部件越少，那么可以被破坏的部件就越少，机器出错的地方也就越少。

学习各种各样复杂的交易方法，总是有趣且明智的行为，但这并不表示简单的方法就不会有效。如果你曾在使用简单方法的时候遭遇了困难，这就是找出问题所在的好机会，到底是因为计划不好呢，还是因为没有正确执行计划。

交易中的身心之道

我认为关于交易的任何综述，如果没有涉及身体健康和心态方面的问题，都不算完整。在这个行业中,身心都很容易感到疲倦,尤其是面对24小时全天候交易的市场。所以一定要尽可能地做些运动,因为身体的兴奋确实可以增加大脑的灵敏度,并提高你的决策力。

可以尝试每天去健身房,或者至少做些什么运动。你会感觉更舒服,交易也可能变得更好。老是整天坐在电脑前对身体不好,所以一定要每天抽出固定的时间来休息。

市面上有大量用于提升心态的书籍和资料,我觉得你可以以开放的心态来接受它们。当我知道很多很成功的交易者都喜欢这类书籍时,我真是感到惊讶。我有这种体验,读者的信念会极大地影响其对资料学习的成果,或者根本没有任何成果。

我这话的意思是,如果你认为阅读这一类书籍会对你的交易产生积极的影响,那么你就是对的,而如果你认为它们不会有这样的积极影响,你也是对的。所以这就是为什么在进行这方面的学习时,一定要有开放的思想和心态。我就一直很喜欢拿破仑·希尔①(Napoleon Hill)的作品,也有其他同类著作。

记住,如果你让自己太过疲倦或厌烦,你的身体会造反的。心理学家认为如果工作太辛苦,为了逃离这个工作并回到正常的状态,人会下意识地破坏自己的工作。

这种现象也不断出现在交易者身上,以交易错误的形式出现。如果你发现自己每天坐在电脑前16个小时不停地下单,那么一定要提醒自己最初是为什么开始交易的。我肯定你交易是为了提高自己的生活质量,而不是为了降低它。就像我父亲说的那样,"不要忘记享受你的生活!"

结束语

在要结束的时候,我要感谢你能抽出时间来学习和研究这些资料。外汇交易

---

① 20世纪美国著名的成功学大师,曾经得到过钢铁大亨卡内基的支持,从事成功人士研究。——译注

提供了很多益处,花些时间来学习如何交易外汇,这会是你所做过的最好的交易决定。

你可以通过网站 www.edponsi.com 和 www.fxeducator.com 了解关于我的方法和技术的更多内容,也可以发邮件到 info@fxeducator.com 与我联系。

我祝你交易顺利,愿好运常伴你左右。